瑪麗亞・蒙特梭利 Maria Montessori 著 楊潔 譯

蒙特梭利早期教育法

The Montessori Method:
Scientific Pedagogy as Applied to
Child Education in the Children's Houses

尊重天性 × 感官訓練 × 激發潛能，
從「兒童之家」到全球課堂，自由與紀律並存的全面發展之書

【為孩子創造環境，而非干預他們的天性發展】

◎感官訓練與生活技能相結合，讓學習變得自然高效
◎理解孩子的內在需求，尊重個性，激發創造力與自律性
◎教具設計精妙，透過實踐掌握知識，培養觀察力和專注力

目 錄

引言 007

第一章　新教育學與現代科學關係的深度思考　025

第二章　蒙特梭利教育法的起源　045

第三章　「兒童之家」創辦儀式上的演講　059

第四章　「兒童之家」的教學方法　077

第五章　紀律　087

第六章　如何為兒童授課　103

第七章　生活實踐練習　113

第八章　合理安排兒童的飲食　119

第九章　體育鍛鍊　127

第十章　農業勞動中的自然教育：培育動植物　137

第十一章　手工勞動——陶藝和建築　149

第十二章　感覺訓練　155

第十三章　感覺訓練和教具說明：總體感覺、觸覺、溫度感覺、壓覺和立體知覺　169

第十四章	感覺訓練中的注意事項	197
第十五章	智力教育	205
第十六章	閱讀和寫字的教學方法	221
第十七章	教育法及相關教具的詳細說明	241
第十八章	兒童期的語言	271
第十九章	數字教學：算術入門	285
第二十章	練習的順序	295
第二十一章	關於紀律的一些觀點	303
第二十二章	結論和印象	323

蒙特梭利博士正在教授觸摸幾何嵌板的課程

引言

　　許多讀者對這本非凡之作興趣盎然，期盼著它被翻譯成本國文字。多年以來，沒有哪一部教育學著作受到如此熱切的期待和廣泛的關注。這要歸功於幾篇充滿熱情、觀點新穎的文章，它們刊登在 1911 年 5 月版、1911 年 12 月版及 1912 年 1 月版《麥克盧爾雜誌》(*McClure's Magazine*)上；但是在這些文章出現之前，一些英國和美國教師已經對蒙特梭利博士的工作進行了細緻的研究，他們認為她的工作是開創性的，具有重要的價值。蒙特梭利教育體系首次亮相，就受到如此空前的熱烈歡迎，這或許還無法預測其在英國和美國的前景如何；但是，至少可以初步證明，蒙特梭利教育體系得到了一些訓練有素的教師和相關專業人員的認可，並被推薦給教育工作者們，而這些教育工作者將最終確定其價值，並廣泛應用相關方法，並讓這一體系適應各國的實際情況。這篇引言既是為這些教育工作者、也是為普羅大眾而作。

　　毋庸置疑，蒙特梭利博士的工作不同凡響、與眾不同，並且具有重要的價值，它代表了一位女性做出的建設性努力。在此之前，無法找到任何一個由女性所構想和開創的教育體系，可以在系統的完整性和實踐應用方面與之媲美。我們可以從中看到女性的同情和直覺、開闊的社會視角、科學化的訓練、對於教育問題深入和持續的研究，以及作為一位教師和教育領導者多樣化的獨特經驗。在兒童教育領域內，沒有哪一位女性能像蒙特梭利博士那樣，可以為這個體系帶來如此豐富多樣的個人資源。並且，她將這些資源熱情且義無反顧地投入到自己的工作中，就像裴斯塔洛齊 (Pestalozzi) 和福祿貝爾 (Froebel) 那樣，她滿懷著使徒般的非凡熱誠，闡述自己的觀點。如此嘔心瀝血而成的教育體系，無疑是

引言

具有重要價值的。而且,就這一體系本身而言,我們可以發現如下令人矚目的成就:改良了最初用於特殊兒童的教具,將其應用於正常兒童的教育;旗幟鮮明地提出要讓學生自由;引進了分別針對感覺、運動和智力的正規訓練;讓兒童可以迅速、輕鬆、充分地掌握閱讀、寫字和算術的各個要素。只要隨手翻閱一下這本著作,讀者們就可以清晰地找到這些內容。

當然,上述這些在教育學領域並非完全是獨創性的。我們都可以找到之前的相關理論,而其中一些已經或多或少地應用到實踐中。例如,我們必須不失公允地指出,位於貝弗利的麻薩諸塞特殊兒童學校主管華特‧弗納爾德(Walter S. Fernald)博士所使用的教具,很多與蒙特梭利博士的教具幾乎相同,並且弗納爾德博士始終認為,這些教具可以在正常兒童的教育中產生良好的效果。(讀者們或許有興趣了解,塞根(Séguin)曾經擔任貝弗利學校的校長,而蒙特梭利教育法正是建立在塞根工作的基礎之上的)。同樣,對於各種心理生理過程的正規訓練,相當程度上是由於眾多實驗教育學工作者,特別是梅伊曼(Meumann)的推動。但是在蒙特梭利之前,並不存在這樣一個教育體系,可以完整地將上述部分結合起來。是她構想了這個體系,並在實踐中將其細緻化,並在學校中建構起這一體系。正如蒙特梭利博士本人所述,這一體系是她自身及其偉大先驅者們多年實驗的最終成果;但是將這些實驗運用於正常兒童的教育,則是蒙特梭利博士個人的傑出貢獻。

因此,任何基礎教育專業的人員都不能忽視這個教育體系。毫無疑問,這一體系並未解決幼兒教育中的所有問題,它提出的一些解決辦法可能是有失偏頗的,有些可能無法在英、美兩國的學校裡得到實踐。但是即使不夠完美,這個教育體系也很值得我們去研究、調查和嘗試的。蒙特梭利博士兼容並蓄,並不固執己見,她抱著科學的態度,不反對別

人對她的理論進行仔細的審查,對其結果進行徹底的驗證。她明確表示,這一體系並不完美。事實上很有可能,我們學校最終採用的教育體系,會是蒙特梭利體系和自由派、保守派幼兒園體系的結合。在實際操作中,學校工作必須始終有包容性。完全應用或者完全摒棄某一個體系的策略,就無法避免失敗,因為大眾對體系本身並不感興趣,他們並不相信哪一個體系是完美無缺的。這種態度在根本上也是正確的。即使我們不顧實用主義者的反對,固執地堅守教學思想的絕對性,我們也仍然會對這些思想被簡化為實踐的邏輯,心存懷疑 —— 至少在任何固定的教學方案中。無論如何,我們還沒有理由僅僅因為一個教學方案的哲學基礎最為簡單易懂或者鼓舞人心,就完全將其他教學方案排除在外。我們還必須嚴格地進行實際的檢驗。我們必須嘗試幾種組合,觀察並記錄結果,比較它們,並謹慎地進行新的實驗。這樣的程序適用於教育的每個階段和年級,尤其是早期階段,因為這個階段的嘗試最少,難度最大。當然,蒙特梭利博士的體系非常先進、明確和成熟,為早期教育方法的深入比較研究,提供了非常重要的新材料。即使不完全接受這個教育體系的每一個細節,甚至不完全接受它的基本思想,人們仍然可以認可它的重大價值。致力於早期教育研究的教育家會發現,我們有必要界定蒙特梭利體系與其他體系之間的核心差異,並對從各種體系及其可行性組合方案中獲得的結果,進行仔細的檢驗。

　　本篇引言就提出了這樣一種組合方案,並將討論蒙特梭利體系在家庭中可以發揮的作用。但首先,我想介紹一下,與現代兩種主流幼兒園體系相比較,蒙特梭利體系有哪些突出的特點。

　　顯然,它們在教學思想上是有某些相似之處的。蒙特梭利博士關於兒童的觀點在某些方面與福祿貝爾是一致的,儘管總體來說她的觀點更為激進。雙方都捍衛鼓勵兒童採取主動的原則,透過各種調查和創造性

引言

努力來探索環境、開發自身內在資源的權利。教育應該對活動進行引導，而不是壓制。環境不能創造出人類的力量，只能提供活動空間和物質條件，進而引導或者喚起人類的力量。教師的任務首先是滋養和幫助，是觀察、鼓勵和引導，而不是干涉、規定和制約。對於大多數美國教師和所有的幼兒園教師來說，這一思想早已耳熟能詳；從當代角度對這一思想做出的新穎而堅定的論述，他們持歡迎的態度。然而，在對這一思想的實際詮釋中，蒙特梭利學校與幼兒園體系之間存在著明顯的分歧。蒙特梭利的「指導者」不以分組形式授課，也不對他們提出實際的要求，無論是以多麼「委婉」的方式。蒙特梭利的學生可以隨心所欲，只要他不傷害自己或別人。

蒙特梭利和福祿貝爾都贊成感覺訓練是必要的，但蒙特梭利的訓練方案比福祿貝爾的方案更為詳盡和直接。她用塞根的教具為感覺的正規訓練設計了一個全面而科學的方案；福祿貝爾則發明了一系列的器具，讓孩子們更廣泛、更具創造性地使用它們，但這些器具並不是為感覺辨識訓練量身訂做的。蒙特梭利的教材貫徹了裴斯塔洛齊的基本思想，他想在自己的體系中展現這一思想，但並沒有成功：透過反覆練習，分別對學生的幾種感覺以及辨別、比較和處理一般物體的能力進行訓練，可以「逐一發展學生的心理能力」。在幼兒園體系中，尤其是在對「自由」的修正中，感覺訓練是伴隨著建設性的和富有想像力的活動而進行的。在這些活動中，孩子們追求的是更大的目標，而不僅僅是形狀或顏色的排列。即使在圖案的學習中，孩子們也在「畫畫」，並被鼓勵說出那像「星星」、「風箏」、「花朵」等等。

在身體鍛鍊方面，這兩種體系在相當程度上是一致的。它們都認同兒童需要自由的身體活動和節奏練習。對於肌肉控制的發展，幼兒園安排了具有想像力或社交內容的小組遊戲，蒙特梭利體系則強調透過專門

設計的特殊練習，對單一個體的身體機能進行正規訓練。

儘管這兩種體系在根本上有很大的一致性，蒙特梭利體系在實踐中卻更加貼近生活，它肯定了兒童需要接受社會實踐訓練。在傳統幼兒園，會在小組遊戲中不斷進行這方面的訓練。遊戲通常是想像性或者象徵性的：孩子們扮演農夫、工廠老闆、小攤商、母親和父親、鳥類、動物、司機或士兵。他們唱歌，進行一些半戲劇化的活動，如「開放農場」、「割草」、「向駕駛們問好」，諸如此類。每個人都參與到一些典型社會場景的活動中。這些遊戲所涉及的社會訓練是形式上的，因為孩子們並不在現實生活中參與這些場景；而蒙特梭利的孩子們往往會參與一個真正的社會活動，例如做晚餐、打掃房間、照顧動物、建造玩具屋或建造花園。必須強調，即使是最傳統的幼兒園，原則上也不會排斥這些「真實」的活動，但在三個小時的課程時間裡，這些遊戲進行得很少。而自由派幼兒園會進行更多這樣的遊戲，特別是在歐洲，那裡的課程時間往往更長。蒙特梭利體系也沒有完全排除富有想像力的集體遊戲。但是，蒙特梭利博士顯然不僅對社會訓練感興趣，而且對美學、理想主義甚至宗教發展都感興趣，但她以一種隨意和貶損的方式談到「遊戲和愚蠢的故事」，這表明她還不熟悉美國幼兒園教師在使用這些資源方面的非凡技巧和能力。（當然，美國的幼兒園老師不使用「愚蠢」的故事，但確實會使用故事，並取得了良好的效果）。無論是在學校的日常生活和學生的手工勞作中，蒙特梭利體系涉及許多直接的社會經驗，幼兒園則透過想像拓展了孩子的社會意識。蒙特梭利的分組基本上是自由和不受管制的，而幼兒園的分組往往是正式和規定的。

在這一點蒙特梭利體系與保守派幼兒園是一致的，但和自由派幼兒園意見相左：它直接為掌握學校課程做準備。毫無疑問，蒙特梭利博士設計了一個特別成功來教孩子們寫字的方案，一種順利閱讀的有效方

引言

法，以及早期進行數字學習的優質材料。當然，保守派和自由派幼兒園都會提高孩子的一般表達能力：幼兒園的活動增加了孩子的知識儲備，喚醒和引導他的想像力，增加了他的詞彙量，並訓練孩子有效地使用詞彙。在一個好的幼兒園裡，孩子們聽故事，講故事，講述自己的經歷，唱歌，背誦詩歌，所有這些都是在一個友好但有些挑剔的聽眾陪伴下進行的，這比在家裡更能激發和引導表達。但即使是保守派幼兒園也不教孩子寫字和閱讀。孩子們會學到很多關於數字的知識，而且幼兒園體系在這個領域也做了很多基礎性工作，並不遜於蒙特梭利體系。透過從部分創造整體，並將整體分解為部分，福祿貝爾具體說明了整體和部分的概念。數字的這一方面至少和數列同等重要，透過數列兒童學會了數數，蒙特梭利的「長樓梯」為此提供了很好的材料。福祿貝爾的材料可以很方便地用於數數，然而蒙特梭利的材料讓孩子們可以學習數字合併和分開。就算術準備而言，把這兩種材料結合起來既可行又可取。與此同時，自由派幼兒園放棄了數學方面的玩具和活動，也不打算讓學生直接為小學課程做好準備。

與幼兒園相比，蒙特梭利體系主要展現了以下這些不同之處：

它從根本上貫徹了不受限制的自由原則；

它的材料可以直接進行正規的感覺訓練；

它使用了旨在幫助兒童身體發育的工具；

它的社會訓練主要是針對當前和實際的社會活動來進行的；

它為小學課程提供了直接的準備。

另一方面，幼兒園則包含一定數量的小組教學，在這種教學中，當其他方法無效時，管理者可能會引導孩子進行指定的活動。幼兒園的教學材料主要供兒童創造性地使用，並為數學分析和圖案教學提供使用。幼兒園

的課程包含豐富的想像性。應該明確和強調的是：在這些方面，兩個體系並沒有完全對立。幼兒園有很多自由的活動，所遵照的思想並不完全來自「兒童之家」，他們有自己的規範。幼兒園也進行直接的感覺訓練，蒙特梭利體系也採用了一些用於建築和組合圖案的福祿貝爾積木。幼兒園裡有許多純粹的肌肉鍛鍊活動，蒙特梭利也會使用一些常見的幼兒園遊戲。幼兒園有園藝、照料動物、建造和家務，蒙特梭利體系也允許一些想像性的社交遊戲。這兩個體系（但不包括自由派幼兒園）直接與小學課程銜接。由於這兩個體系的區別只在於安排、重點和程度不同，因此我們可以把它們結合起來，以了解教學體系適應英、美學校的狀況。

蒙特梭利學校和幼兒園之間的巨大差別似乎是：蒙特梭利的兒童幾乎把所有的時間都花在學習活動上，主要是根據他們的個別差異傾向給予個別適性的指導；而幼兒園的孩子一般都從事小組活動和想像性遊戲。對兩個體系進行折衷的思想可能是：對用於進行正規感覺、運動和智力訓練的相關活動應該單獨進行，或者在純粹自願的群體中進行；想像性和社會活動應該在受管控的群體中進行。這一原則只是針對幼兒園的孩子，因為隨著兒童年齡的增長，他們必須在課堂上接受教育，自然地學會如何在自由的群體中進行想像性和社交活動。我們不能認為，這個想法是放諸四海而皆準的。這只是一般的任務假設，其價值必須在實踐中加以檢驗。儘管幼兒園教師自己早就注意到，小組合作使用福祿貝爾材料，特別是涉及幾何分析和正式組合圖案的活動，很快就會使孩子們感到厭煩。但有人認為，幼兒園教師可以仔細觀察學生們是否感到疲倦，並且在跡象出現時立即停止活動，這樣學生就不會失去興趣或出現倦怠。對於能夠輕鬆愉快地完成這類活動的、年齡較大的孩子來說，小組教學不可避免的束縛，無疑是一個可以忽略不計的因素，任何一位合格的幼兒園老師都可以預防這種疲勞效應。但對於年幼的孩子們來說，

引言

完全自由的管理似乎能帶來更好的結果,至少就處理學習活動而言是這樣。另一方面,在遊戲中,小組教學的約束很少,整個過程也不那麼令人疲憊。在方法上對這兩種活動進行區分,可能是將它們都納入有效教學方案的最好方式。

說到有效的教學方案,就必須提及蒙特梭利體系的一個重要方面,它與幼兒園體系無關,但是必須在此提及。這就是社會因素,我們蒙特梭利博士關於創立第一所學校的故事中可以找到相關的說明。在討論蒙特梭利體系進入英、美學校,特別是在美國公立學校和英國「董事會」學校的應用時,應牢記蒙特梭利博士在羅馬早期工作的兩個基本條件:第一,學生在校時間很長,從早晨到傍晚;第二,她的學生大部分來自勞工階層的家庭。如果我們早上只有兩、三個小時讓學生在我們的指導下學習,我們就不能指望取得蒙特梭利博士所取得的成果,也不能指望如果遵照她的建議,就可以在更敏感、更活躍、更不容易接受暗示的孩子們那裡取得完全相似的成果。如果我們要實際應用蒙特梭利體系,就不能忽略對它進行不同社會條件下的改良。

蒙特梭利博士最初在羅馬創辦學校的社會條件,在世界各地的大城市中並不鮮見。當人們讀到她激昂的「就職演說」時,會不由自主地希望在每一個近在咫尺的城市街道中就有一所「家裡的學校」,那是充滿希望的兒童生活中心。更理想的情況是,沒有鳥巢般的城市公寓,每個家庭都能擁有自己的獨棟房屋,可以給孩子空間,「在草地上快樂玩耍」,每位父母都能在某種程度上成為兒童心理和衛生方面的專家。但是現實中,有如此多不幸的人們仍然生活在現代城市的高樓大廈中,因此我們必須擁抱蒙特梭利博士對其「兒童之家」社會功能的廣大構想,認為這是為城市民眾服務的學校新福音。無論這些學校使用什麼樣的教學手段,他們都應該向蒙特梭利博士學習延長課時、對孩子的全方位照顧、與家

庭更為密切的合作，以及更為遠大的教育目標。在這樣的學校裡，蒙特梭利博士構想的兩個基本特徵──她的自由思想和她的感覺訓練方案──也很可能得到最完整和最富有成效的應用。

然而一旦忘記了最初「兒童之家」的社會地位，這些基本特徵就會受到最猛烈的攻擊。我們可能會聽到所有學校都提及人體測量、洗澡、個人自理訓練、提供伙食、園藝和照顧動物等等條件，甚至在狀況與義大利聖洛倫索相似的學校，自由思想和感覺訓練都被取消了。當然，沒有一個實用主義的教育家會真的為所有學校提供浴缸。毫無疑問的，對於將家庭所履行的某一功能轉移到學校，很多明智之士會有保留意見。更加難以解決的是，如何將蒙特梭利對於紀律的觀念和蒙特梭利感覺訓練應用到所有學校。個人自由是一項放諸四海皆準的教育思想，還是當學校缺乏像最初的「兒童之家」那樣的社會地位時，我們必須對它加以修改？是所有的孩子都需要感覺訓練，還是只有那些有遺傳問題和家庭環境不理想的孩子？任何對蒙特梭利體系的認真討論都無法迴避這些問題。在此我試圖作出一些回答，拋磚引玉，我們要始終牢記，在任何情況下，真正的決定性因素是學校的實際情況。

圍繞著兩個問題，我們一定可以進行哲學和科學的論證。第一個是倫理問題，第二個是心理問題，兩者都可能延伸到純粹的形而上學之問題。蒙特梭利博士相信，要讓學生獲得自由，因為她認為生命「是一位偉大的女神，不斷向前，取得新的勝利」。在她看來，順從、忠誠、自我犧牲顯然只是在生活中偶爾必須做到的，而不是永恆的基本要素。在這裡，顯然可以引起哲學理論和信仰的重大爭議。她似乎也認為，感覺是心理的唯一基礎，也是道德生活的唯一基礎。「感覺訓練將奠定有序的基礎，讓孩子建構清晰而強大的心靈」，這顯然包括她的道德理想。兒童目標感的培養、想像力和創造性的培養，遠不如開發透過感官從環境中

引言

學習的能力重要。這些觀點似乎與赫爾巴特（Herbart）的觀點非常一致，在某種程度上也與洛克（Locke）的觀點一致。當然，它們為心理和倫理辯論提供了素材。然而，蒙特梭利博士可能不會接受用這些觀點來對這本書進行驗證，但是對於哲學家和心理學家來說，這確實是個問題。教育學問題從來都不完全是靠高尚的道德就可以解決的。

那麼，我們是否可以認為，像羅馬第一所「兒童之家」那樣的實際情況，是蒙特梭利自由思想能夠合理地得到充分運用的唯一情形呢？顯然，羅馬學校是一個真正的兒童共和國，在這個共和國裡，沒有什麼比孩子追求自己的積極目標更重要的了。在這裡，社會的限制被降到最低限度：必須為共同利益的要求而放棄任性、不允許爭吵或打擾他人、必須在規定的時間內履行義務。而在一個成員完全平等的社區中，每個兒童都是公民，他的自由很少受到干涉，他可以自由地實現自己的目的，他在共同事務中的影響力與成人作為民主國家的普通成員一樣大。這種情況絕不會出現在家庭中，因為孩子不僅是家庭的一分子，實際上是一個從屬成員，他們的利益必須經常讓位於成年人或家庭本身的利益。孩子們一定要在晚飯時間吃飯，即使繼續在沙子裡挖土會更符合他們的喜好，或者對他們的肌肉、心智或意志的全面發展更為有利。當然，我們可以對兒童在家庭中的地位和家長的指揮權進行探討，但實際上，家庭生活的普遍狀況確實妨礙了蒙特梭利學校所實行的這種自由。同樣地，一所學生眾多的學校需要在有限時間內完成諸多任務，無法完全依賴於個人的主動性，就不得不在固定的時間進行小組教學，讓更多人受到教育。對於一所學校來說，顯而易見的問題是，考慮到在有限的時間內要完成的工作，我們能否放棄固定課程和小組教學的保障？更深層次的問題就在這裡：要做的任務本身是否非常重要呢？所以我們強制孩子或者讓教師引導孩子的興趣是值得的？或者換一種說法：難道與孩子的自由

相比，任務是無足輕重的嗎？因此我們最好相信孩子天生的好奇心和巧妙設計的材料，而冒著他失去部分任務，甚至全部任務的風險？

對於中高年級來說，這個問題的答案是毫無疑問的。有許多方法可以使學校的任務不至於像往常那樣令人窒息和沮喪，但放棄所有固定的、有限的時間表和課堂教學並不是其中之一。即使對於高年級的孩子來說，個人行動的完全自由是可能的，也不能肯定這是否可取：因為我們必須學會在社會要求下實現許多目標。對於低齡兒童來說，這個問題變得更加困難。我們希望確保每個孩子都完成什麼任務？如果學校只能留出半天的時間，那麼是否有足夠的時間讓每個孩子在沒有小組教學的情況下在規定的時間完成這項學習？這種小組教學的約束是否真的足以對孩子們造成傷害或削弱我們的教學效果？我們可以減少這部分學習，以保證另一部分任務嗎？因此，個人自由的一般問題被簡化為一系列調整的實際問題。這不再是一個完全自由或根本沒有自由的問題，而是在兩個極端進行折衷的選擇。再者，教師的技能和人格魅力、有趣簡單的教學工具、舒適的教室和可移動的課桌椅，這些都可以讓分組授課不成為一種壓制。那麼很顯然，在任何一所學校，都有充分的理由可以對蒙特梭利博士的自由原則進行一些調整。每個學校都必需根據自己的具體情況，制定出自己的解決辦法。

採用感覺訓練似乎並不是一個靈活決策的問題。孩子的個別需求可能不同，但對於所有三到五歲的孩子來說，蒙特梭利的材料是有價值並且有幫助的。許多現代教育理論都是基於這樣一種信念：孩子們只對那些具有社會價值、社會內容或「真正用處」的東西感興趣。然而，只要和一個正常的孩子一起待上一天，就可以充分證明，孩子們在純粹的正式練習中所獲得的快樂。把卡片塞在地毯下面，直到所有卡片都用完為止，這件事本身會讓嬰兒快樂。把石頭扔進水裡所帶來的感覺刺激會產

引言

生滿足感，讓大孩子甚至成年人樂此不疲。蒙特梭利的教具滿足了感覺對新材料的渴求，並且引起了孩子謎一般的強烈興趣。蒙特梭利博士認為，讓感官更敏銳的價值要高於材料中具體心理內容的價值，然而並不能確定，內容本身並沒有賦予材料更多的重要性。事實上，感覺區分的精細化本身並沒有太大的價值。G.M. 惠普爾（G.M.Whipple）教授在他的《心理和生理測驗手冊》（*Manual of Mental and Physical Tests*）（第 130 頁）中所說的話很有分量：

感覺測驗在相關活動中的應用尤其有趣。整體而言，一些作者相信敏銳的辨別力是高智商的先決條件，而另一些作者同樣相信智力本質上是受「更高」的過程制約的。當然，嚴重干擾感覺的體驗，例如部分失聰或部分失明也會導致智力的減退。雖然這裡很少討論區分敏感性的進化意義，但可以指出的是，正常的能力是生命實際需求的許多倍，因此很難理解為什麼大自然如此慷慨。換句話說，很難理解，人類感官具有如此強大辨別能力究竟有何意義。我們感覺生活中的「目的論解釋」無法解釋這種差異。同樣，這種過剩能力的存在似乎在一開始就否定了這樣一個概念，即感覺能力可以是智力的一個限定因素。

蒙特梭利教具真正的教學價值，很可能是在於，它能讓孩子們在最渴望這種活動的時候愉快地參與到感官和手指的運動中，而且孩子們可以在沒有壓力的情況下學會很多關於形狀和材料的知識。這些價值觀不太可能受到不同學校條件的影響。

在使用這些材料進行感覺訓練時，英、美兩國教師可能會從兩個方面獲益。首先，我們不應該認為僅僅透過感官訓練，就能完成蒙特梭利博士在整個學校活動中所完成的一切。用感覺訓練來填滿一個上午的大部分時間，有過分重視之嫌（也許最小的學生除外）。我們甚至不能確定這是否會影響感官的普遍使用，並且學生可能會失去體育鍛鍊和社交

活動的機會。第二，感覺的隔離應該謹慎使用。閉上眼睛會讓人想要睡覺，在這種情況下，要求孩子集中注意力，透過視覺以外的其他方式獲得感覺，這不能維持太久。如果沒有資訊和控制的慣常手段，精神活動會產生不小的壓力。

現在，可以提出如何將蒙特梭利體系和幼兒園體系進行結合的可行性建議了。我只想給出簡短中肯的建議，希望能給一些思想開放、願意為學生作出嘗試的老師帶來啟發。理想的條件是美國普通公立學校幼兒園的條件，可以開設兩年制的課程，孩子的入園年齡是三歲半到四歲，招生人數要有限制，配備幼兒園園長和專業老師，還可以請一些實習老師。

首先建議在第一年的大部分時間使用蒙特梭利材料，而不是常規的福祿貝爾材料。也可以使用蒙特梭利工具，包括運動器具，還有一些圖片和故事的材料。福祿貝爾教材並非不能使用，而是把兩種體系相互交織，從自由、個性化地使用蒙特梭利材料過渡到使用福祿貝爾材料的大尺寸同類物品，特別是二、三和四號。當孩子們準備好接受福祿貝爾材料時，就應該開始一些更正式的活動。在第二年，福祿貝爾材料的活動應該占主導地位，但不絕對排除蒙特梭利的練習。在第二年的後半部分，匯入蒙特梭利練習的寫字準備。在第二年，應給孩子們充分的時間進行故事和圖片學習活動，在這兩年中，晨間活動和運動練習應照常進行。午餐時間當然應該保持不變。作為蒙特梭利體系的一部分，幼兒園園長及老師應盡一切努力，透過讓兒童自己照看材料和設備（不僅僅局限於蒙特梭利教具），培養孩子的自我幫助和獨立行動能力，這種培訓是很有價值的。接受過蒙特梭利物品取出、使用和收起訓練的孩子們，在學習福祿貝爾體系豐富多彩的材料時，也應該可以管理好它們。當然，如果有孩子下午還在學校的話，嘗試一下福祿貝爾和蒙特梭利都推薦的園藝，以及蒙特梭利的陶器活動，會非常有趣。

引言

　　這些建議可能會招致痛恨折衷主義者的蔑視，本篇引言的作者只要求一個補償，即是如果有幼兒園老師碰巧採納了我的建議，可以讓我對其成果進行研究。

　　至於蒙特梭利體系在家庭的應用，可以概括為以下觀點。首先，家長們不應該期望，只要托兒所引進了這些材料，就可以創造一個教育奇蹟。蒙特梭利的指導者不進行普通的「教學」，但她被要求做出嫻熟而辛苦的努力。她必須觀察、協助、啟發、建議、引導、解釋、糾正、抑制。此外，她透過自己的工作為建立一門新的教育學作出貢獻。但她的努力並不是一種調查性或者實驗性的，而是腳踏實地，具有建設性的，需要她投入全部的時間、力量和聰明才智。在家裡放置蒙特梭利教材並沒有什麼壞處，但要想發揮教育效果，就必須在適當的指導下使用。此外不要忘記，相關材料絕不是蒙特梭利課程最重要的特色。在閱讀這本書之後，父母才能最好地將蒙特梭利體系應用於家庭。如果父母能從蒙特梭利博士那裡學到一些關於兒童生命的價值、兒童活動的需求、兒童特有的表達方式及其無限潛力的知識，並智慧地運用這些知識，那麼這位偉大的義大利教育家的工作就非常成功了。

　　在這篇引言的最後，我們必須討論一下，與蒙特梭利教孩子們寫字和閱讀方法有關的重要問題。在美國的學校裡，我們有令人稱羨的閱讀教學方法。例如，透過奧爾丁法，能力一般的孩子在第一學年可以毫不費力地閱讀十本或更多的讀物，並迅速開始獨立閱讀。然而，我們從來沒有特別關注過寫字方面的指導。我們最近一直在嘗試透過「手臂運動」來教孩子們流暢地寫字。我們的結果似乎證明，在十歲前和孩子們一起做這樣的努力，效果並不理想。聰明的老師會讓四年級以前的孩子主要靠畫字母來寫字。人們普遍認為，在八、九歲之前，寫字在任何情況下都不是特別重要的。參考蒙特梭利博士教會四、五歲的孩子輕鬆熟練地

寫字的成功經驗，難道我們不能改變一下對寫字價值的評價和教學程式嗎？我們可以在閱讀教學中引入哪些有益的變化呢？

在此，由於對主流思想的頑固擁護，我們的理論和實踐又一次受到了阻礙。因為過去，我們用拙劣的方法讓孩子們學習學校課程，這無疑給他們帶來了沉重的負擔，損害了他們的身心健康，某些作家主張低年級完全不用學習閱讀和寫字。許多家長拒絕送不到八歲的孩子上學，寧願讓他們「放任自由」。考慮到一些地方的學校情況，這種態度是可以理解的。但在條件好的學校，這種態度不僅忽視了學校生活的明顯優勢，而且忽視了現代教學方法幾乎不給孩子帶來壓力這一點。現在蒙特梭利體系為我們提供了一種新的、有前途的教學方法，於是這一切看起來更不合理了：因為事實上，正常的孩子在六歲時就渴望閱讀和寫字，並且可以大量使用這些能力。

然而，這並不意味著閱讀和寫字對幼兒如此重要，以至於需要過分強調。如果我們能輕輕鬆鬆地教他們，那就讓我們這樣做吧。但讓我們像蒙特梭利博士那樣記住，閱讀和寫字只應成為兒童學習經驗的一個次要部分，並應在整體上滿足兒童的其他需求。在六歲之前，閱讀和寫字的價值是值得懷疑的。我們的生活已經非常書面化了，一般來說，可以把書面語言的學習推遲到孩子對它產生興趣的時候。甚至在那時，也不用花費更多的時間，只需要輕鬆地、逐步地掌握它。

蒙特梭利寫字模式的技術優勢毋庸置疑。孩子透過簡單但引人入勝的興趣練習，自如地掌握鉛筆；即使他沒有學習用「手臂運動」寫字，他也可以畫出一個清晰而漂亮的字母。然後，他透過練習來學習字母的形狀、名稱，以及如何寫字字母，這些練習具有非常重要的技術特徵，即對要掌握的材料進行透澈的感覺分析。梅伊曼透過長期深入的分析研究，使我們了解到完整印象在所有記憶活動中的巨大價值。例如，在拼

> 引言

寫教學中，除非讓兒童最初產生強烈而細緻的印象，否則圖案記憶的方案是相對無用的。只有透過細緻和多樣的感覺印象，字母表才能被深刻地記憶。蒙特梭利的方案是如此有效，是因為它新穎地運用了觸覺，使孩子們在抽象而正式的工具讓他們興趣或熱情減退之前，學會了如何製作整個字母表。他們最初對成人使用字母的好奇心足以讓他們堅持到底。

對義大利語來說，下一步很容易。一旦學會了字母，就很容易把它們組合成單字，因為義大利語的拼寫幾乎是根據發音的，所以對任何一個知道怎麼發音的人來說，都沒有什麼困難。蒙特梭利在英、美的閱讀教學法正是在這一點上遇到了最大的障礙。事實上，正是英語拼寫不完全根據發音的特點，在相當程度上讓我們放棄了教孩子們閱讀的字母法。當然，也有其他原因促使我們用單字和句子的方法來教學，但這一點是決定性的因素。我們發現用視覺來教孩子完整的單字、句子或短詩更為有效。透過各式各樣的聯想來增加感官印象，然後將由此獲得的單字分析成語音成分，使孩子可以獨立學習新單字。我們的這種方法取得了顯著的成功，這讓我們確信，這是「自然發展的個性化過程」，即兒童從書面單字的元素——聲音和音節中掌握書面單字。恰恰相反，正如詹姆斯所總結的那樣，心靈似乎是在相反的方向上自然而然地工作，首先抓住整體，尤其是那些有興趣的部分，然後再深入到它們的形式元素。當然，在拼寫教學中，整體（單字）是一目了然的，也就是說，學生在閱讀中很容易認出它們，這個過程的目的是讓孩子的頭腦記住它們組成元素的確切順序。正是因為閱讀和拼寫在英語中是完全分離的過程，所以我們可以教一個孩子出色地閱讀，而不會使他成為一個「優秀的拼寫者」。經驗和對比測試已經確鑿地證明了與流行看法相左的觀點，即把閱讀和拼寫的學習分開是有利的。蒙特梭利掌握字母表的方法對我們的孩

子寫字有很大的幫助，但對他們的閱讀和拼寫用處不大。

這篇引言再次試圖提出一種折衷方案。在學校課程方面，可以把在義大利取得良好效果的課程，與在英國和美國取得良好效果的課程結合起來。我們可以向蒙特梭利博士那裡學習很多關於寫字和閱讀的方法，特別是孩子們在學習寫字和運用他們新獲得的能力過程中獲得自由，以及教他們閱讀相關文字的教具。我們可以利用她的材料進行感官訓練，並引導孩子輕鬆掌握字母符號。我們可以保留自己的閱讀教學方案，毫無疑問，由於採用蒙特梭利體系來教授字母，我們會發現語音分析更加容易有效了。這兩種方法的精確調整，當然是教師在實踐中的任務，也是教育工作領導者的任務。

對所有教育工作者來說，這本書應該是饒有趣味的。他們中沒有多少人會期望蒙特梭利的方法能使人類重獲新生，沒有多少人會寄望這個方法能造就奇蹟的一代，也很少有人會贊成孩子們很早就學會閱讀和寫字。但是，所有心地善良的人都會承認字裡行間閃耀著的天賦，以及蒙特梭利博士工作的非凡意義。今天，教育學生的專業任務是對所有體系進行仔細的比較研究，我們需要在實踐經驗中而不是在比較研究中對蒙特梭利博士的發現進行檢驗，即使這項更為枯燥的任務還有待完成。但是，無論如何仔細地檢驗她的工作成果，所有教育工作者都會對蒙特梭利這位散發著人性光輝的科學家給予高度的讚譽，稱讚她的熱情、耐心和富有建設性的洞察。

亨利·W·霍爾姆斯（Henry W. Holmes）

哈佛大學

1912 年 2 月 22 日

引言

第一章
新教育學與現代科學關係的深度思考

現代科學對教育學產生的影響

在此,我並無意撰寫一部關於科學教育學的專著。我只是想給出一些實驗結論,這些結論無疑開闢了,將嶄新的科學原理應用於實踐的應用,而這些新科學原理推動了近年來教育工作的改革。

過去10年中,關於教育學的趨勢,人們曾展開諸多討論。他們認為跟隨醫學發展的模式,教育學將超越純粹的推測階段,而將其結論構築於客觀的實驗結果基礎之上。生理學或者實驗心理學〔從韋伯(Weber)、費希納(Fechner)到馮特(Wundt)〕,已經形成一門新的科學,它似乎注定會為新教育學打下基礎,就如同在過去,形而上的心理學能夠成為哲學心理學的基礎。用於研究兒童身體發育的形態人類學,也是新教育學得以發展的一個重要因素。

儘管如此,科學教育學仍然沒有一個明確的架構或定義。它只是隱隱約約地被談及,但仍然沒有真實存在。我們或許可以說,時至今日,它仍然僅僅是我們對於一門科學的直覺或假設。藉助更新了十九世紀思想的實證科學和實驗科學,它一定會衝破重重迷霧,出現在我們眼前。依靠科學進步建構出新世界的人類,也必定可以透過新教育學更好地培育和發展自身。但關於這一點我並不想在此詳細討論。

義大利對科學教育學發展做出的貢獻

若干年前,一位著名的醫生在義大利建立了一所科學教育學校,其目的是讓教師們參與到教育學界的新運動中來。在兩、三年內,這所學校就獲得了巨大的成功,所有的義大利教師都對它趨之若鶩,並且米蘭市向它捐贈了大量的科學材料和設備。事實上,它在起步階段就一帆風

順，獲得了慷慨的資助，人們希望透過在那裡進行的實驗，能夠建立起「如何塑造人的科學」。

人們對這所學校青睞有加，在相當程度上要歸功於傑出的人類學家朱塞佩·塞吉（Giuseppe Sergi）對學校的熱忱支持。三十多年來，他一直在義大利教師中間努力傳播新文明的思想，而教育是這種新文明的基礎。塞吉說：「當今社會，迫切需要重建教育方法；而為這一事業而奮鬥者，是在為人類之新生而奮鬥」。在他的教育學作品集《教育與訓練》（*Educazione ed Istruzione*）中 [01]，他非常支持這一新運動，並且認為，只有在實證人類學和實驗心理學的指導下，對被教育者進行系統研究，才能讓人類獲得新生。

「多年來，我一直在探索尋找指導和教育人類的理念，我越深思，越發現這個理念是正確和有效的。我的理念是，為了確定自然而合理的方法，我們有必要對人類個體進行大量精確、理性的觀察，特別是在為教育和文化奠定基礎的嬰兒期」。

「測量頭圍、身高等等，並不意味我們正在建立一個實證體系，但指明了我們到達這樣一個體系的必經之路。既然我們要對個體進行教育，我們必須對他有明確和直接的了解。」

塞吉的權威足以讓很多人相信，有了對個體的了解，教育這門學科就可以自然而然地發展起來。這往往會導致其追隨者概念混亂，一些人望文生義，而另一些人則誇大其詞。最大的問題在於，他們混淆了對學生進行實驗研究與對學生進行教育之間的區別。由於實驗研究是通向教育的路徑，而教育應當從實驗研究自然發展而來，他們就直接將實際屬於實證人類學的內容命名為科學教育學。這些新皈依者高舉著「紀錄表」的旗幟，相信一旦這面旗幟被牢牢插在學校的陣地上，勝利就指日可待。

---

[01] Trevisini, 1892

因此，所謂的科學教育學校指導教師們如何進行人體測量，如何使用感覺測量儀器，如何收集心理數據，並籌組了一支擁護新科學的教師隊伍。

應該說，在這場運動中，義大利表現出了與時俱進的精神。在法國、英國，特別是美國，人們在人類學和心理教育學研究的基礎上，在小學裡展開了實驗，希望以此獲得人體測量學和心理測量學領域的新發現。這些研究很少交給教師來進行，在大多數情況下，是由醫生來主持這些實驗，而與教育相比，他們對自己研究的特定學科更加感興趣。他們往往試圖透過實驗對心理學或人類學作出一些貢獻，卻並不打算將他們的工作和成果整合起來，形成人們迫切需要的科學教育學。簡而言之，人類學和心理學從未致力於兒童的學校教育問題，而受過科學訓練的教師也從來沒有達到真正科學家的標準。

事實上，學校要想取得真正的進步，需要在實踐和思想上將這些現代發展的趨勢真正融合起來。科學家應當直接進入學校的重要領域，同時必須提升教師的知識水準。

為了讓這個崇高的理想成為現實，義大利在克雷達羅（Credaro）創立了大學教育學學院。這所學院致力於讓教育學擺脫作為哲學第二分支的弱勢地位，有尊嚴地成為一門獨立的科學。這門科學和醫學一樣，應涵蓋廣泛而多樣的比較研究領域。

其下屬的分支學科無疑包括教育衛生學、教育心理學和實驗心理學。龍布羅梭（Lombroso）、德喬瓦尼（De-Giovanni）和塞吉，這三位義大利科學家在這一項運動中作出了傑出的貢獻。事實上，他們堪稱人類學新趨勢的奠基人：三位分別是犯罪人類學、醫學人類學和教育人類學的領軍人物。他們在各自的思想領域之中都是公認的領導者，是科學界的佼佼者，因為他們不僅提出了果敢而有價值的論斷，同時也在廣大民

眾中傳播了科學復興的思想。[參見我的論文〈教育人類學〉(*Pedagogical Anthropology*)。] [02]

誠然，這一切都是義大利當之無愧的驕傲。

然而今天，教育領域的進步關乎全人類和文明的福祉，在如此強大的動力面前，我們可以將一個國家的成功經驗推廣到整個世界。所有為這項偉大事業作出貢獻的人，哪怕只是一次並不成功的嘗試，都值得被整個文明世界的人們所尊重。在義大利，透過小學教師和學校管理者的努力，科學教育學校和人類學實驗室在各個城市迅速興起，不久後又在即將初具雛形之前被廢棄。然而，它們仍然具有重要的價值，代表了人們的堅定信仰，並且為思想者開啟了新的大門。

這種嘗試無疑是不成熟的，對於新科學的理解過於膚淺，而新科學本身仍在發展中。每一項偉大的事業都是從不斷失敗和並不完美的成就中誕生的。當阿西西（Assisi）的聖方濟（St. Francis）在神示中看見主，並從神的口中得到指令：「法蘭西斯，重建我的教會（Church）」！他以為主說的是那一刻他身處的小教堂。於是他立即著手開始這項工作，將石塊扛到肩上，打算重建倒塌的圍牆。直到後來，他才意識到他的使命是透過貧窮的精神來復興天主教會。

天真地搬運石頭的聖方濟，和奇蹟般地領導人民取得精神勝利的偉大改革家是同一個人，只是他們處在不同的生命階段。所以，為一個偉大目標而共同努力時，我們同為一體。而我們的後繼者之所以能實現這個目標，是因為前人的信念和努力。並且我們相信，如果像聖方濟一樣，把實驗室堅硬而貧瘠的石頭搬到學校破舊的牆壁上，我們就可以重建它。我們抱著同樣的希望看待唯物主義和機械科學所提供的幫助，就像聖方濟看待他必須扛在肩上的花崗岩石塊一樣。

---

[02] 蒙特梭利：《教育人類學》。

於是，我們誤入了歧途。如果想要找到真實鮮活的教育方法，我們就必須迷途知返。

科學技術與科學精神的區別

讓教師們掌握實驗科學的方法並非易事。當我們體貼入微地在人體測量學和心理測量學方面指導他們時，我們只會創造出無用的機器。事實上，如果我們恰恰按照這種方式來引導教師進行實驗的話，我們將永遠停留在理論領域。舊式學校的教師們，頭腦中充斥著形而上哲學的準則，理解著所謂權威的思想，機械式地談論他們，閱讀他們的理論。而我們接受科學思想的教師則是熟悉某些儀器，知道如何運用手和手臂的肌肉來使用這些儀器；除此之外，他們還了解一系列測試，並且以一種乏味和機械的方式學會了如何應用這些測試。

二者其實根本上並沒有差別，因為真正的差異並不在於外在的技術，而在於人的內在想法。我們在開始實施科學實驗的時候，並沒有準備「新的大師」，畢竟，我們讓他們站在真正的實驗科學大門之外；我們沒有讓他們進入這種研究中最崇高和最深刻的階段，以使他們能獲得成為真正科學家的經驗。

那麼，什麼樣的人才能被稱為科學家？當然，並不是那些了解如何操作物理實驗室裡所有儀器的人，也不是能夠在化學實驗室中靈活、安全地處理各種化學反應物的人，更不是知道如何為顯微鏡準備標本的人。事實上，一般情況下，研究助理在實驗技術方面比科學家本人更為嫻熟。

我們將這樣一類人冠以「科學家」之名：他覺得實驗僅僅是一種手段，引導他探索生命的深層真相，揭開生命奧祕的神祕面紗；在這種追求中，他對大自然的奧祕產生了強烈的、渾然忘我的熱愛。科學家不是

靈巧的儀器操縱者，他就像某些教徒那樣狂熱地崇拜著大自然。這群真正的科學家像中世紀的特拉普派一樣，超脫了他們周圍的世界，只生活在實驗室裡，對生活日常往往漫不經心，因為他們已經忘卻自我；他們因為常年不停使用顯微鏡而幾乎失明，因為熱衷於科學研究而給自己接種結核病菌，因為急於了解疾病的傳播途徑而接觸霍亂病人的糞便。他們明明知道某種化學製劑可能是炸藥，卻仍然冒著生命危險去檢驗他們的理論。這就是科學工作者的精神，大自然向他們慷慨地揭示她的祕密，以科學發現的榮耀來嘉獎他們的努力。

因此，科學家的「精神」是存在的，這遠遠超出了他單純的「機械技能」，當精神戰勝了機械時，科學家就達到了成就的巔峰。當他達到這個境界時，他不僅能從大自然那裡獲得新的啟示，而且還能從哲學的角度統合那些純粹的思想。

對教師的培訓應指向精神而非技術層面

我認為，我們應該在教師身上培養更多地科學家精神，而不是機械技巧；也就是說，準備的方向應該是精神而不是技術。例如，我們認為教師的科學準備僅僅是獲取科學技術，並不試圖讓這些小學教師成為完美的人類學家、專業的實驗心理學家或嬰兒衛生學專家；我們只想引導他們進入實驗科學領域，教他們管理各種儀器的一些技能。因此現在，我們希望指引教師，結合自己的特定領域（即學校），試圖喚醒他們內在的科學精神，這種精神會讓他們走向更為廣闊的天地。換言之，我們希望在教育者的頭腦和心靈中喚醒他們對自然現象的興趣，讓他們熱愛自然，理解那些展開實驗並預期發現成果的那種焦慮和期待。[03]

---

[03] 可參考本人〈教育人類學〉論文中「實驗科學中所使用方法」一章。

這些儀器就如同字母表，如果我們要讀懂內容，就必須知道如何使用它們；但是，正如書籍透過字母來構成符號或文字，進而傳遞作者的偉大思想，大自然透過實驗給予我們無窮啟示，向我們揭示自己的祕密。一個人如果已經學會了拼字簿上所有的單字，那麼只要印刷足夠清晰，他就能夠以同樣的機械方式讀出莎士比亞戲劇中的語句。而讓一個人進行實驗，就如同在拼字簿上拼出單字的字面意思；如果我們把教師的準備工作局限在技術上，我們就背離了教師的真正內涵。

相反，我們必須讓他們成為自然精神的崇拜者和傳達者。他們一定是像這樣的人：在學會拼寫之後，有一天，他發現自己能夠透過書面符號讀懂莎士比亞、歌德或但丁的思想。實際上，這個差距還很大，任重而道遠。但最初我們必然會犯錯。掌握了拼寫簿的孩子會讓人以為已經知道如何閱讀。事實上，他確實會閱讀商店門上的標語、報紙的文字，以及映入眼簾的每一個字。當這個孩子走進圖書館，會自然而然地以為他知道如何閱讀那裡的所有書籍。但嘗試之後，他很快就會覺得，知道如何機械地閱讀毫無用處，他需要回到學校繼續學習。如果我們只是透過向教師們教授人體測量學和心理測量學，來為科學教育學做準備的話，情況也是如此。

研究如何喚起人類智力活動的大師

但是，要培養意義上公認的科學大師困難重重，我們先暫且拋開這個話題。我們甚至不會試圖描述這種準備工作的方案，因為這不是我們想要在這裡進行討論的。反之，讓我們假設，透過長期的觀察自然和耐心的練習，我們已經讓教師做好準備，比如我們已經引導他們達到這樣的程度，像那些自然科學領域的學生那樣，他們在深夜起床，走進樹林

和田野，觀察他們感興趣的某些昆蟲的早期活動。有這樣一位科學家，雖然長途跋涉讓他變得疲憊不堪，但仍然興味盎然地觀察著，渾然不覺自己滿身泥濘，薄霧溼身，或者烈日灼人；他只想絲毫不暴露出自己的存在，以便能不打擾那些昆蟲，讓他可以觀察到牠們所履行的自然職能。讓我們假設這些老師已經達到了科學家的境界，他視力模糊，卻仍然透過顯微鏡觀察某些特定微生物的自發運動。在這個科學觀察者看來，這些生物似乎擁有一種模糊的智力，牠們有彼此迴避和選擇食物的方式。然後，他用電刺激以進行干擾，觀察不同的群體如何對正極和負極作出反應。在進一步的實驗中，他注意到一些生物趨光，而另一些卻避光。他研究了這些類似現象，始終牢記著一個問題：逃離或奔向刺激是否與彼此迴避或選擇食物具有相同的性質，也就是說，這種差異是否是選擇的結果，是否是由於這種模糊的意識，而不是類似於磁鐵的物理吸引或排斥。讓我們假設，這位科學家發現現在是下午四點，他還沒有吃午飯，他帶著愉悅的心情意識到自己是在實驗室而不是家裡工作，否則幾個小時之前家人就會叫他用餐了，這樣會打斷他有趣的觀察。

　　讓我們想像一下，除了所接受的科學訓練之外，教師已經形成了一種對觀察自然現象感興趣的態度。這樣很好，但這樣的準備是不夠的。大師真正的特殊使命不是觀察昆蟲，而是觀察人類。他不是要研究人類日常生理習性的表現，就像研究某些昆蟲家族一樣，從牠們早晨醒來的時候就開始跟蹤牠們的活動。大師所要研究的是人類智力活動的覺醒。

　　教師對人類的興趣應當有這樣一個特點，即觀察者和被觀察者之間存在密切的關係；而動物學或植物學學生和他所研究的自然形態之間並不存在這種關係。人類要愛上自己所研究的昆蟲或化學反應，就必然會犧牲自身的一部分。從世人的觀點來看，這種自我犧牲是對生命本身一種不折不扣的放棄，幾乎是一種殉道。

人與人之間的愛更加簡單，無處不在。無論是否接受過良好的教育，人們都能做到。

要了解第二種準備方式，即精神的準備，我們試著想像一下這樣的場景。當基督耶穌的最初追隨者們聽到祂提及祂不屬於這個世界的、而是屬於比任何現世高貴國度更為宏偉的天國時，他們懵懂地向耶穌請教：「主啊，請告訴我們，在天國誰是最偉大的？」耶穌撫摸著一個孩子的頭，用敬畏而驚奇的眼光看著他的臉，回答說：「在天國，像這樣的孩童最為偉大」。現在讓我們想像，在這些聽眾中，有一個熱切而虔誠的靈魂，把這些話深埋心中。帶著尊重和愛，帶著神聖的好奇心，帶著實現這種精神偉大的願望，他開始觀察這個孩子的每一次行為。即使這樣的觀察者，也不是我們希望培養的新教育工作者。但讓我們將基督門徒虔誠的愛，將科學家自我犧牲的精神，植入教師的靈魂，我們就準備好了教師的精神。做為一個教育工作者，他將從孩子身上學習如何完善自己。

教師的態度：以另一個例子說明

讓我們透過另一個例子來考慮老師的態度。想像一下，我們的植物學家或動物學家之中有一位在觀察和實驗技術方面很有經驗的人，為了研究本土環境中的「某些真菌」而四處奔波。這位科學家在野外進行觀察，然後藉助顯微鏡和其他實驗室設備，以微觀的方式進行後續的研究工作。事實上，他是一位了解如何研究自然的科學家，並且精通現代實驗科學為這項研究提供的一切手段。

現在讓我們想像，由於他的創造性研究，一位科學家被任命為某所大學的科學系主任，其任務是對膜翅目進行進一步的研究。到任後，他

看到一個蓋著玻璃的箱子，裡面裝著一些美麗的蝴蝶，它們被大頭針固定著，展開的翅膀紋絲不動。自然科學系的學生會說這是兒童們的遊戲，不是科學研究的材料，盒子裡的這些標本更像是小孩子們玩的遊戲，他們追逐蝴蝶，用網捉蝴蝶。面對這樣的材料，實驗科學家什麼也做不了。

這就如同我們把一位有科學精神準備的教師，安排在一所公立學校裡，在那裡孩子們富有個性的自發表達被壓抑，變得死氣沉沉。在這樣一所學校裡，孩子們就像釘在大頭針上的蝴蝶，被拴在自己的課桌椅上，他們學習貧乏無趣的知識，如同展開無用的翅膀。

要孕育科學教育學，學校必須允許孩子自由展現天性

那麼，僅僅在我們的「大師」身上培養科學精神是不夠的。我們還必須讓學校為他們的觀察做好準備。想要孕育科學教育學，學校必須允許孩子自由、自然地展現天性。這是根本性的改革。

任何人都無法確信，這種準則已經存在於教育學和學校中。誠然，一些以盧梭為首的教條主義者，對兒童的自由提出了不切實際的原則和模糊的願望，但教育工作者實際上並不了解自由的真正概念。他們所持有的自由理念，往往是指激勵一個民族反抗奴隸制的自由，或者也許是「社會解放」，這是一種更崇高的觀念，但始終有所局限。「社會解放」就像是雅各在夢中看到的天梯 (Jacob's Ladder)。換句話說，它意味著部分的自由，一個國家、一個階級或思想的自由。

第一章　新教育學與現代科學關係的深度思考

固定的課桌椅證明，奴隸制思想仍然陰魂不散

　　而教育學的自由則是一個更加廣泛的概念。當十九世紀的生物科學為我們提供了研究生命的手段時，這種自由已經初見輪廓。因此，如果說舊式的教育學預見到或模糊地表達了在對學生進行教育之前先研究他們，讓學生自由表現個性的思想，那麼只有在上世紀實驗科學的幫助下，這樣一種本能而不確定的、鮮少被提及的想法才有可能真正落地。這裡我們不想進行辯論，只是實事求是地陳述自己的觀點。如果有人說自由的思想指導了當今的教育學，這只會使我們發笑，就像面對一個孩子，他站在那箱蝴蝶標本面前，堅持認為那些蝴蝶是活著的，可以翩翩起舞。教育學仍然充斥著奴隸制的思想，學校也同樣如此。我只需要給出一個證據──固定的課桌椅。在這裡我們有一個明顯的證據，可以證明早期唯物主義科學教育法的錯誤，它以錯誤的熱情和力量搬運了貧瘠的科學之石，想要重建學校的斷垣殘壁。起初，學校裡擺放著又長又窄的長凳，孩子們一起坐在這些長凳上。隨後，科學讓桌椅得以改善。在這個過程中，人們非常關注人類學的最新貢獻。他們根據孩子的年齡和四肢的長度來確定座位合適的高度。他們小心翼翼地計算座椅和書桌之間的距離，以預防孩子的背部變形。最後，座椅是分開的，並且寬度很窄，孩子們幾乎無法舒服地坐在上面，更不可能向側面伸展自己。這樣做是為了讓他不打擾到鄰座的孩子。這些書桌的結構使孩子一動不動，教師可以清楚地看到孩子的舉動，防止他們在教室裡做出不道德的舉動。

　　在當今社會，在教育中宣揚性觀念的思想會被認為是可恥的，我們該如何評價這種假道學呢？是害怕玷汙我們孩子純真的心靈嗎？而我們卻讓科學成為一種虛偽，為我們製造機器！不僅如此，還以科學的名義

對桌椅進行完善，以最大程度地不讓孩子移動，隨心所欲地抑制兒童的每一個動作。

在這樣的安排下，當孩子很好地坐到自己的座位上時，他被迫認為這是衛生而舒適的位置。座位、課桌的布置讓孩子永遠無法在學習時站立起來。那個空間只夠他坐得筆直。教室的課桌椅朝著這樣的方向日臻完美。每個所謂科學教育學的崇拜者都設計了一張示範性的科學課桌椅。不少國家都為自己的「全國通用課桌」而感到自豪，有些課桌還註冊了專利。

毫無疑問，這些桌椅的建造有許多科學依據：已應用於測量身體和診斷年齡的人類學、用於研究肌肉運動的生理學、關於人性發展的心理學，以及防止脊柱彎曲的衛生學。這些書桌確實是科學的，它們的構造遵循了針對兒童的人類學研究。正如我所說，這個例子說明了科學在學校裡是如何被生搬硬套地運用的。

我相信用不了多久，我們都會對這種態度跌破眼鏡。在嬰兒衛生學、人類學和社會學的不斷研究，以及思想的總體進步下，人們居然沒有更早地發現課桌的根本性錯誤，這似乎是無法理解的。當我們想到在過去的幾年裡，幾乎每個國家都在鼓動一場保護兒童的運動時，這就更加成為不解之謎了。

我相信很快，大眾就會對這些科學座椅的描述無法置信，他們會用好奇的雙手來觸摸這些，為了防止學生脊柱彎曲而建造的座椅！

這些科學座椅的發展意味著學生們受到了一種制度的約束，儘管他們生來強壯挺拔，但這種制度卻使他們可能成為駝背！脊柱是骨骼中最原始和古老的部分，而骨骼是人體身上最堅固的部分。原始人與沙漠雄獅戰鬥，征服猛獁象，開採岩石，製造鐵器，在這些時刻他們的骨骼依然挺拔，現在卻在學校的桎梏下發生了彎曲。

學生需要獲得自由

令人費解的是，所謂的科學致力於改善學校裡的奴隸制工具，卻沒有從全世界不斷發展和壯大的社會解放運動曙光中受到啟發。科學桌椅的時代，也正是工人階級從不公正勞動的枷鎖中得到救贖的時代。社會解放的趨勢在各個方面都有所顯現。領導者把它作為自己的口號，勞工群眾追隨著吶喊，科學出版品和社會主義出版品為它發聲，各種期刊雜誌上也隨處可見。食物不足的工人不要求獲得營養品，而是要求更好的經濟條件以便能夠購買食物。礦工長期保持彎腰姿勢以致患上疝氣，他們不是要求發放腰托，而是要求縮短工作時間、改善工作條件，能夠像其他人一樣過上健康的生活。

在同一個社會環境，我們發現教室裡的孩子們在不符合衛生學、不適應正常發育的條件下學習，甚至連骨骼都變形了，此時我們的反應居然就是提供正姿桌椅。這與我們給礦工腰托，給工人營養品並無二致。

前段時間，一位女士以為我贊同學校的所有科學創新，她得意地向我展示了一件學生用的束腰或護具。她發明了這個產品，覺得它可以完成桌椅原本的工作。

醫生還有一些治療脊柱側彎的方法。例如矯形器械、支架和一種週期性地在頭部或肩部懸吊的方法，這種懸吊方式可以分散身體的重量，進而使脊柱逐漸變直。在學校裡，書桌形狀的矯形器械大行其道；而今天有人進一步提出支架，建議我們給學生們開設一門系統的懸吊法課程！

這些都是科學方法實際應用於舊式學校的必然結果。顯然，防止小學生脊柱側彎的合理方法是改變他們的學習方式，使他們不再被迫每天長時間地保持有害的姿勢。學校需要給孩子自由，而不是科學的桌椅。

即使固定的座椅有助於孩子的身體健康，從環境的角度看，它仍然是危險和不衛生的，因為無法移動，就不能徹底地清潔房間。不能移動的座椅四腳附近積存著許多每天從馬路上帶來的塵土。今天，家具普遍變得更輕便和簡潔，更便於移動、除塵甚至清洗。但學校似乎對社會環境的轉變視而不見。

孩子的精神世界可能會發生什麼

我們應當考慮一下，在如此人工的、骨骼可能變形的環境下成長，對孩子的精神世界來說，意味著什麼。當我們談到對工人的拯救時，總能理解在苦難的外在表現（例如貧血或疝氣）之下，存在著另一種創傷，即被奴役者的靈魂所遭受的磨難。當我們說工人必須透過自由得到拯救時，我們的目的就是為了糾正這個更深層次的錯誤。我們非常清楚地知道，當一個人在工作中被榨乾最後一滴鮮血時，他的靈魂一定被禁錮在黑暗中，變得麻木，甚至會消亡。最重要的是，奴隸的道德淪落是阻礙人類進步的沉重負擔。拯救人類靈魂的訴求，比拯救人類的身體要強烈得多。

當面對兒童教育問題的時候，我們該說什麼呢？

我們非常清楚那位教師的悲慘狀況，她必須把某些陳腐的事實，灌輸到這些勤奮聰穎的學生們的頭腦中。為了順利地完成這項無聊的任務，她覺得有必要訓練學生們一動不動，強迫他們集中注意力。獎賞和懲罰總是可以有效地幫助教師，強行讓聽課的學生們進入一種既定的身心狀態。

獎懲制度：心靈的桎梏

確實，今天人們認為廢除體罰是合適的，而給予獎勵變得不再那麼隆重。這些局部性改革是被科學認可的，用來支持舊式學校的另一個道具。恕我直言，這樣的獎賞和懲罰是靈魂的桎椅，是精神奴役的工具。然而，它們並不能減少畸形，反而會產生更多畸形。獎賞和懲罰是對非自然或強迫的努力的激勵，因此，我們當然無法認為它們可以促進兒童的自然發展。騎手在跳上馬鞍前給他的馬一點甜頭，車伕拍打他的馬，讓牠對韁繩發出的訊號作出反應；然而，這兩匹馬都不如草原上的野馬跑得那麼好。

就教育而言，人類需要給自己套上枷鎖嗎？

確實，我們認為社會人就是套上了社會枷鎖的自然人。但是，如果我們對社會的道德進步作一個全面的觀察，我們就會看到，這種桎梏正在漸漸地淡化中。換而言之，我們就會看到大自然，或者說生命，正逐漸取得勝利。奴隸的桎梏變為奴僕的桎梏，奴僕的桎梏變為工人的桎梏。

一切形式的奴役都有逐漸削弱和消失的趨勢，甚至對婦女的性奴役也是如此。文明史是一部征服和開放的歷史。我們應該捫心自問，我們處在文明的哪個階段，獎懲所帶來的好處對於我們的進步是否確實是必要的。如果我們實際上已經超越了這個階段，那麼實施這樣一種教育形式將是把新一代拉回到一個更低的水準，而不是引導他們繼承真正的進步遺產。

在政府與其管理部門僱用的大量人員之間的關係中，存在著與學校這種狀況非常相似的東西。這些辦事員日復一日地為全國人民工作，然而他們並沒有透過得到直接的報酬，感覺到或看到他們工作的意義。也就是說，他們沒有意識到國家透過他們的日常工作來展開其偉大的事業，整個國家都從他們的工作中受益。對他們來說，最直接的回報是升遷，就像學生升到更高的一個年級。看不到工作真正遠大目標的人，就

像一個被安置在低年級的孩子：他像一個奴隸，被剝奪了自己的權利。做為一個人，他的尊嚴被降到了最低的限度，就像一臺機器一樣，如果要繼續運轉，就必須給它加油，因為它本身沒有生命的衝動。所有那些微不足道的事情，比如對勳章或獎章的渴望，都只是人為的刺激，暫時照亮了他腳下黑暗、貧瘠的道路。

我們也用同樣的方式獎勵學生。因為希望升遷，職員把自己束縛在單調的工作上不敢離開，就好像學生為了可以升入高年級而用功讀書。上級的責備與老師的責罵何其相似。而對拙劣文書工作的糾正，相當於老師給學生拙劣的作文打了個不好的分數。這是多麼完美的類比。

但是，如果行政部門的運作方式不適合一個偉大的國家，腐敗太容易找到溫床，那是因為職員們已經不再追求人類真正的偉大意義，而把目光局限在身邊的瑣碎小事，例如獎賞和懲罰上。國家之所以屹立不倒，是因為更多的被僱傭者是正直的，他們抵制獎懲的腐敗，奉行不可抗拒的廉潔精神。社會中的生命會戰勝一切貧窮和死亡，自由的本能也會征服一切障礙，不斷獲得勝利。

正是這種個人而普遍的生命力量，一種常常潛藏在靈魂中的力量，把世界推向前進。

人類的一切勝利和進步都有賴於內在的精神力量

但是，當一個人完成了一項真正的工作，一件真正偉大和傑出的事情時，他就絕不會被那些所謂的「獎勵」所激勵，也不會害怕那些我們稱之為「懲罰」的小把戲。在一場戰爭中，如果每位士兵都渴望獲得晉升或獎章，或是害怕在戰爭中犧牲，那麼他們不可能獲勝。即使每個人都身

材高大，陣容龐大，也無法戰勝一小隊身材矮小但是為了國家而戰鬥的士兵。當真正的英雄主義在軍隊中消亡時，獎懲只會導致腐敗和怯懦。

所有人類的勝利，所有人類的進步，都取決於內在的精神力量。

因此，如果一個年輕的學生真正熱愛醫生這個職業，他就有可能成為一名偉大的醫生。但是，如果他工作的目的是為了繼承遺產，或是為了締結美滿婚姻，或者如果他受到任何物質利益的激勵，他就永遠不會成為一名真正的大師或偉大的醫生。每個人都有自己的天職，獎勵制度可能使一個人偏離自己的天職，使他誤入歧途，沿著一條虛榮的道路越走越遠，而一個人的自然行為可能會被扭曲、減少，甚至消失。

我們始終重申，世界在進步，我們必須敦促人們取得進步。但是，進步來自於新生事物，而這些不可預見的東西並不帶來獎賞：相反，它們常常使領導人殉難。上帝不允許詩歌因渴望在國會大廈加冕而誕生！這樣的景象只需進入詩人的內心，繆斯女神就會消失。這首詩必須出自詩人的靈魂，因為他既不考慮自己，也不考慮獎賞。如果他贏得了桂冠，他會感到這樣一個獎項的虛榮。真正的獎賞在於透過這首詩，他看到了自己戰無不勝的內在力量。

然而，確實存在一種外在的獎賞；例如，當演說家看到聽眾的面孔隨著他所喚醒的情感而改變時，他經歷了一件如此偉大的事情，以至於它只能被比作一個人發現自己愛戀時的緊張和愉悅。我們的快樂是去觸摸和征服靈魂，這是唯一能給我們帶來真正補償的獎勵。

有時我們會幻想自己是世界上最偉大的人。在這些時刻我們能感受到真正的幸福，會覺得自己可以平靜地生活下去。也許是因為別人的愛，也許是因為孩子的禮物，也許是因為一個光榮的發現，也許是因為一本書的出版；在這樣的時刻，我們覺得自己無比高尚。如果在此一時刻，某個權威人士站出來給我們頒發獎章或獎勵，他就是我們真正獎賞

的重要破壞者。「你是誰」?我們的幻覺在哭泣:「你是誰?提醒我並不是人類中最厲害的那個」?「誰那麼高高在上地給我頒發獎勵」?在這樣的時刻,唯有神明才有資格頒發獎勵。

正常人的心靈因為舒展而變得完美,而懲罰總會產生壓抑。它可能會對那些在邪惡中生長的、品行低下的人奏效,而這些人只是少數,他們對社會進步沒有貢獻。刑法規定,如果我們違反法律,就會受到懲罰。但我們並非因為害怕法律而保持誠實;我們不搶劫、不殺人,是因為我們熱愛和平,因為我們生命中有一種自然的傾向,引導我們遠離卑鄙和邪惡行為的危險。

拋開倫理或純哲學的觀點,我們可以認為罪犯在犯法之前,如果他知道存在懲罰,他就已經感受到刑法對他的威脅。他違抗了法律,是因為他自欺欺人地以為自己可以逃脫法律的懲罰。但在他的腦海裡,發生了一場罪與罰的鬥爭。無論是否能有效地阻止犯罪,這部刑法無疑是為很少一部分人制定的,那就是罪犯。而絕大多數公民都是誠實的,無論是否存在法律的懲罰。

意識不到自身的偉大力量,這才是對正常人的真正懲罰,而這種力量正是他內心生活的泉源。這樣的懲罰往往落在成功的人身上。一個我們認為幸福和幸運的人可能正遭受著這種形式的懲罰。而人們常常看不到真正威脅他的懲罰。

教育的本意是助人,而今天,我們把學生關在學校裡,用那些有辱身體和精神的工具、課桌和物質獎懲來限制他們。所有這些都是為了讓他們遵守紀律,紋絲不動,一言不發,然後去向何方呢?——終點往往是曖昧不明的。

我們需要將學校課程的知識內容教授給兒童。這些課程通常都是由官方教育部門編制的,法律規定教師和兒童必須使用這些課程。

啊，面對我們對這些孩子的生命如此頑固和任性的漠視，我們應該羞愧地把頭埋起來，用手摀住罪惡的臉。

塞吉說：「當今社會，迫切需要重建教育方法；而為這一事業而奮鬥者，是在為人類的新生而奮鬥」。

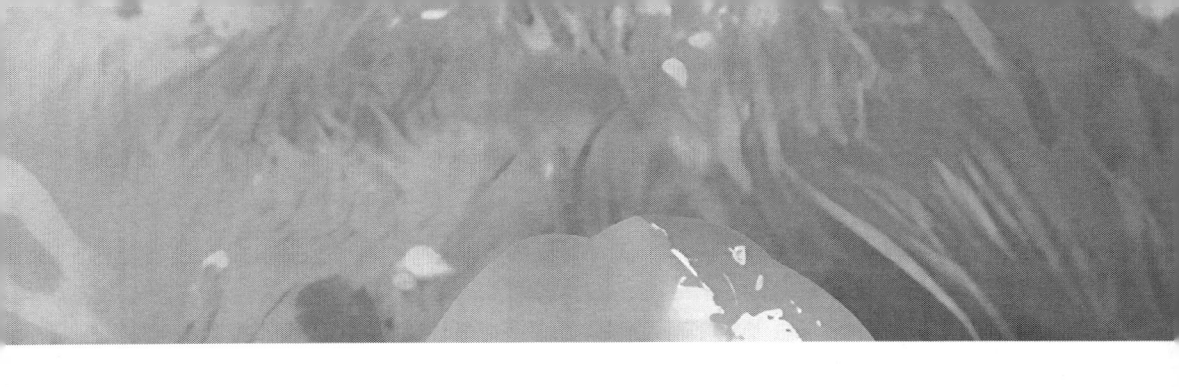

第二章
蒙特梭利教育法的起源

第二章　蒙特梭利教育法的起源

確立適應科學教育學方法的必要性

　　如果要建立一個科學的教育學體系,我們就必須另闢蹊徑。學校的轉型必須與教師的準備同步進行。因為如果我們讓老師成為一個參與者,熟悉實驗方法,那麼我們就必須讓他有可能在學校裡觀察和實驗。科學教育學的基本原則必須是讓學生享有一定的自由,而這種自由應允許讓學生的天性得以能夠自由展現。如果要從對個體的研究中產生一種新的、科學的教育方法,這種研究就必須以對自由學生的觀察為中心。如果我們想要在教育學、人類學和實驗心理學的指導下,對學生進行理論實驗,進而對獲得新的教育學方法,這種期待可能會落空。

　　實驗科學中,只要使用一種特有的方法,就會產生一個新的分支學科。細菌學的科學內容產生於微生物的分離培養方法。刑事人類學、醫學人類學和教育人類學的進步都歸功於人類學方法對不同階層個體的應用,例如罪犯、精神病患者、臨床病人和學生。因此,要研究實驗心理學,我們必須給實驗中所使用的技術下一個準確的定義。

　　準確地說,只有確定了方法、技術,及其應用,我們才能獲得確切的實驗結果,而這種結果必須完全從實際經驗中獲得。實驗科學的一個特點是,在進行實驗時,我們不能有先入為主的觀念,以免對實驗的最終結果產生影響。例如,如果我們希望對腦部發育與智力水準的關係進行科學觀察,那麼進行這樣一個實驗的條件之一,就是在進行測量時,忽略那些研究對象中智力水準最高和最低的。這是因為最聰明的學生其腦部發育會更好,這種先入為主的想法,會不可避免地改變研究結果。在進行實驗時,實驗者必須摒除一切先入為主的觀念。很明顯的,我們首先就必須放棄以前的信條,才能用實驗心理學的方法去尋找真理。例如,我們不能抱有兒童心理學領域的教條思想。相反,我們必須採取一

種新的方法,使學生有可能獲得完全的自由。如果我們要從觀察他的自發表現中得出結論,進而建立真正科學的兒童心理學,我們就必須這樣做。我們或許會從中獲得巨大的驚喜,以及意想不到的可能。

只有透過實驗的方法,不斷克服各種偏見,我們才能確立兒童心理學和教育學的科學內容。

「兒童之家」所採用教育體系的起源

現在的問題是,我們需要建立一套專門用於實驗教育學的方法。誠然,衛生學、人類學和心理學充實了科學教育學,雖然它的主要研究對像是受教育的個體,但也在一定程度上採用了這三門學科的技術方法。而在教育學中,這種對個體的研究必定伴隨著迥然不同的教育工作,總體來說是有限和次要的。

本文部分論述了實驗教育學中所採用的方法,在「兒童之家」兩年的時間裡,我用這種方法對三至六歲的兒童進行了研究。雖然這只是一些嘗試,但鑒於這些實驗業已取得的驚人成果,我相信後人會受到鼓舞,繼續深入地進行探索。

儘管我們的教育體系並不完善,但實踐證明這個體系是優秀的,它為所有幼托機構和小學提供了一個實用的體系。

如果說目前的成果僅僅來源於兩年中的實踐,這或許並不確切。這些嘗試本身並不足以形成我在這裡所論述的內容。在「兒童之家」中所使用的教育體系,其起源要久遠得多,雖然我們對正常兒童的經驗比較短暫,但這個體系其實也來源於過往我們對特殊兒童的教育經驗。從這個角度來看,這是一個長期的、深思熟慮的過程。

大約 15 年前,作為羅馬大學精神病診所的實習醫師,我經常去精神病院研究病人,並為診所挑選受測者。因此,我對那些被關在精神病院

裡的弱智兒童產生了興趣。甲狀腺器官療法在當時已經很發達，醫生也因此開始注意到特殊兒童。在完成了常規的醫院工作後，我把注意力轉向了兒童疾病的研究。

由於對弱智兒童的興趣，我了解到愛德華·塞根（Edward Séguin）為這些不幸的孩子們設計的特殊教育方法，並深入研究了「教育療法」對耳聾、癱瘓、弱智、佝僂病等各種疾病的療效，後來醫生們也開始接受這種療法。必須把教育學與醫學結合起來治療疾病，這是當時的共識。由於這種趨勢，透過體育鍛鍊治療疾病的方法得到了廣泛的應用。然而，我和同事們的分歧在於，我覺得智力低下主要是一個教育問題，而不是醫學問題。在很多醫學會議中，我提出了如何治療和教育智力低下兒童的醫學——教育學方法。在1898年的都靈教育學大會上，我發表了名為「道德教育」的演講，表達了自己的不同觀點。我的觀點在醫生和教師中引起了強烈的反響，他們認為這是一個饒有趣味的議題。

伊塔德和塞根的教育法 在羅馬特殊兒童學校的實踐應用

我的導師、教育部長吉多·巴切利（Guido Baccelli），請我給羅馬的老師們上一堂關於弱智兒童教育的講座。後來。我又在州立精神矯正學校講授了這門課程，並在那裡指導了兩年多。

在這所學校裡，我們有一個全日制班級，那裡的孩子在小學裡全都被認為是嚴重智力低下的。後來，在一個慈善機構的資助下，我們成立了一個醫學教育機構，除了公立學校的孩子外，我們還接納羅馬精神病院的弱智兒童。

兩年間，我和同事們為羅馬的教師們設計了一套觀察和教育弱智兒

童的特殊方法。我對教師進行了培訓，並且在前往倫敦和巴黎對弱智兒童的教育進行實地研究之後，我親身投入對孩子們的實際教學，同時指導我們機構其他教師的工作。

從早上八點到晚上七點，我都在教室裡，或者直接對孩子們授課，所做的並不亞於一位小學教師。這兩年的實踐，可以看作是我獲得的第一個教育學學位。在與弱智兒童進行工作（1898 年到 1900 年）的最初，我覺得自己所用的方法不僅僅局限於指導智力低下者。我相信，其中所包含的教育思想比現行的思想更為合理，或者說合理得多，因為這些方法可以讓落後的心智得以成長和發展。在我離開學校後，這樣強烈而近乎直覺的感受占據了我，漸漸地我相信，對正常孩子採用類似的方法，可以奇蹟般地發揮或展現他們的個性。

就在那時，我開始真正深入地學習矯正教育學，並且希望學習普通教育學及其原理，為此我成為了哲學系的學生。雖然我不確定自己的觀點能否得到證實，但是一個偉大的信念激勵了我，我放棄了其他所有工作，想要深化和擴展自己的論點。我似乎為一個未知的使命做好了準備。

特殊兒童教育法的起源

針對特殊兒童的教育方法，起源於法國大革命時期一位醫生的努力。作為兒病治療學的奠基人，他在醫學史上占有重要的一席之地。

他是第一個嘗試聽覺教育的人。由佩雷爾（Pereire）在巴黎建立的聾啞人研究所，他進行了這些實驗，成功地讓聽力障礙者恢復了聽力。後來，在與「阿韋龍野孩」這位弱智兒童相處的八年時間裡，他將那些已經在聽覺治療方面取得優異成果的教育方法，推廣到所有感官的治療。

伊塔德（Itard）是皮內爾（Pinel）的學生，他是第一個實踐觀察學生的

第二章　蒙特梭利教育法的起源

教育家，就像在醫院裡觀察病人一樣，特別是那些患有神經系統疾病的人。伊塔德的教育學著作對自己的教育成果和經驗進行了生動詳盡的描述，讀到這些著作的人都會認為，它們是實驗心理學的初次嘗試。

而建立了完整的特殊兒童教育體系的則是愛德華·塞根。他曾經是一位教師，後來成為一名醫生。他把一些兒童從精神病院帶到巴黎皮加爾街的一所小學，在與他們長達十年的相處中，他從伊塔德的經驗出發，運用並修改、完善了這些方法。1846年，伊塔德在巴黎出版了《弱智兒童的心理治療、衛生和教育》(Traitement Moral, Hiegiène et Educations des Idiots)，這本書有六百多頁，首次對他的教育方法進行描述。後來塞根移民到了美國，在那裡他建立了許多為弱智兒童服務的機構，20年後，他在那裡出版了第二版，標題改為《弱智兒童及其生理學方法治療》(Idiocy and its Treatment by the Physiological Method)。這本書於1866年在紐約出版，在這本書中，塞根仔細地定義了他的教育方法，稱之為生理學方法。他不再稱為「教育弱智兒童」的方法，好像這是專門用於弱智兒童的方法，而是說用生理學方法來治療弱智兒童。如果我們認為教育學總是以心理學為基礎，而馮特定義了一個「生理心理學」，那麼這些觀點的一致性必然會使我們感到震驚，並使我們懷疑生理學方法與生理心理學之間的某種連繫。

教育法在德國和法國的應用

當我在精神病診所擔任實習醫師時，我饒有興趣地讀了塞根的法文版著作。但是，二十年後在紐約出版的英文版，儘管在呂內維爾有關特殊教育的著作中曾被引用，但在任何圖書館都找不到這本書。我幾乎走訪了所有英國醫生的家，他們都對弱智兒童這個主題特別感興趣，或者

本身就是特殊學校的主管，但卻徒勞無功，同樣找不到這本著作。儘管它是用英語出版的，這本書在英國並不為人所知，了解到這一事實使我認為，塞根的教育體系想法從未被真正理解。事實上，雖然各個與弱智兒童有關的機構在自己出版品中引用塞根的方法，但所描述的教育方法卻與塞根的體系完全不同。

幾乎在任何地方，治療弱智兒童的方法都或多或少與正常兒童的相同。尤其是在德國，一位去那裡幫助我進行研究的朋友注意到，儘管特殊學校裡有許多特殊的教學材料，但教師們很少使用這些材料。事實上，德國的教育工作者堅持用教育正常兒童的方法來對弱智兒童進行教育，但是這些方法更加具有針對性。

在比切特，我看到教育工作者們手捧塞根的著作，實際上卻更多地使用他的教學材料，而不是教育方法。雖然法文著作是在教育工作者手中，但是似乎只淪為紙上談兵。那裡的教學完全是機械式的，每個老師都照本宣科。在倫敦和巴黎，我四處奔走，希望找到關於塞根教育方法的新經驗，但這個願望也化為泡影。

在對整個歐洲的教育方法進行了上述調查之後，我結束了對羅馬弱智兒童的實驗，並在兩年時間裡對他們進行了教學。我參考了塞根的著作，也從伊塔德的實驗中得到了很多幫助。

在二者的指導下，我製作了各式各樣的教學材料。我從未在任何機構見過如此完整的材料，如果它們被掌握在那些了解使用方法的人手中，就是最顯著、最有效的手段，但如果呈現的方式不正確，就無法吸引弱智兒童的注意。

第二章　蒙特梭利教育法的起源

塞根使用的第一套教具是心靈的教具

　　我理解那些特殊教育工作者的沮喪，也明白為什麼他們往往會放棄這種方法。教育工作者必須讓自己與受教育者處於同一個層次的偏見，使特殊兒童教師陷入了冷漠。他們認為自己正在教育一個低層次的人，而正是因為這個原因，他無法成功。幼兒教育者往往認為自己是在教育小寶寶，他們試圖透過遊戲和愚蠢的故事來接近孩子，讓自己跟孩子處在同一水準上。與此相反，我們必須知道如何召喚潛伏在孩子靈魂裡的人性。這是我的直覺，並且我相信，只有我的聲音才能召喚和喚醒孩子們，鼓勵他們使用教學材料，並獲得教育。我對他們的不幸深表敬意，這些不幸的孩子懂得如何喚醒身邊人的愛，正是這種敬意和愛指引著我的工作。

　　在這個問題上，塞根也表達了同樣的看法。讀到他耐心的嘗試後，我清楚地了解到，他所使用的第一個教學工具是心靈。在法文版著作的結尾，他不無感傷地寫道，如果教師沒有做好執行工作的準備，他所提供的一切方法都將毫無用處。他對培養特殊兒童教師有相當獨到的見解。他希望他們容貌姣好，聲音悅耳，注重儀表，富有吸引力。他認為教師必須讓自己的聲音和舉止富有魅力，因為他們的任務就是喚醒那些脆弱和疲倦的靈魂，引領他們攫取生命的美麗和力量。

　　這種認為我們必須在精神層面工作的信念，就像一把神祕之鑰，啟發我學習了塞根精心設計的一系列教學實驗，如果理解得當，這些實驗在教育弱智兒童方面確實非常有效。透過這些實驗，我自己也獲得了驚人的成果，但我必須承認，雖然學生們的智力得到了提升，我的努力並沒有白費，但是我也疲憊不堪。好像我從內心給予了他們一些生命力。那些鼓勵、安慰、愛、尊重來自於我們的靈魂，我們越是慷慨地給予，我們就越能讓周圍的生命變得生機勃勃。

沒有這種精神的激勵，再完美的外部刺激都可能會被視而不見。如同失明的掃羅（Saul）在耀眼的陽光面前說：「這是什麼？是濃霧」！

有了這些準備，我就可以進行新的實驗了。本書並不會詳細說明這些實驗，我只想指出，我在當時嘗試了一種獨創的閱讀和寫字教學方法，在伊塔德和塞根的著作中，與此相關的論述並不理想。

我成功地教會了收容所裡的弱智兒童熟練地讀寫，所以他們可以和正常的孩子一樣到公立學校參加考試，並且順利地通過了考試。

這些結果對於旁觀者來說幾乎是奇蹟。而我認為，收容所的男孩們之所以能夠與正常的孩子們競爭，僅僅是因為他們接受了不同的教育。他們在心理發展方面得到了幫助，而那些正常的孩子們卻受到了壓抑。我在想，如果有一天，如果可以將培養這些弱智兒童的特殊教育方法應用到正常孩子身上，我的朋友們就不會再稱之為「奇蹟」了。如果一個正常的孩子已經達到了全面發展，那麼人們就不會將智力低下的弱智兒童和正常的大腦相提並論。

當每個人都在欣賞我那些孩子們的進步時，我卻感到困惑，為什麼那些快樂健康的普通學校裡面的孩子們智力水準如此低下，他們在智力測試中的表現居然和我不幸的學生們相差無幾！

有一天，一位特殊兒童研究機構的指導者請我讀以西結的一篇預言，這篇預言給他留下了深刻的印象，因為它似乎談論的就是特殊兒童的教育。

「耶和華的手降在我身上，借他的靈帶我出去，將我放在遍是骸骨的山谷之中。

他帶我從骸骨的四周經過，骸骨甚多，而且極其枯乾。

他對我說，孩子，這些骸骨能復活嗎？我說，主啊，你是知道的。

第二章　蒙特梭利教育法的起源

他又對我說，對這些骸骨說出預言，對他們說，枯乾的骸骨啊，要聽主的話。

主對這些骸骨如此說，我必給予你們氣息，你們就會復活。

我必給你們加上筋，使你們長肉，又提供皮膚遮蔽你們，給予你們氣息，你們就會復活。你們便知道我是主。

於是，我遵命說出預言。此時，隨著一陣響聲和震動，骨頭與骨頭重新連結在一起。

我看到，骸骨上長出了筋和肉，又有皮膚遮蔽其上，只是還沒有氣息。

於是我遵命繼續說出預言，氣息進入骸骨，骸骨便活了，並且站起來，成為一支龐大的軍隊。

主對我說，孩子啊，這些骸骨就是所有的以色列人。他們說，我們的骨頭乾枯了，我們失去了希望，我們分崩離析」。

「我必給予你們氣息，你們就會復活」。這句話在我看來，似乎是教師個人的工作，他鼓勵、召喚和幫助他的學生，為他接受教育做準備。接下來的這句「我必給你們加上筋，使你們長肉」，概括了塞根總體教學方法的各個基本階段，就是「手把手地引導孩子接受肌肉系統，再到神經系統，最後到感官的教育」。賽昆教會了弱智兒童如何走路，如何在上樓梯、跳躍等複雜動作中保持平衡。接著讓他們學習感覺，首先透過觸覺和溫差來進行肌肉感覺的教育，最後是特殊感覺的教育。

但如果訓練只是停在這裡，那這些孩子只能過上低品質的生活（幾乎和植物人一樣）。預言說：「召喚靈魂，他們就有了靈魂，便活了過來」。實際上，塞根讓弱智兒童從植物人的生活走向智慧的生命，「從感覺訓練到一般觀念，從一般觀念到抽象思想，從抽象思想到倫理」。當這項偉大的工作完成後，透過細緻的生理分析和循序漸進的方法，這位弱

智兒童已經變成了一個人。儘管如此，他仍然不能完全適應社會環境，在他的同胞中處於劣勢：「我們的骨頭乾枯了，我們失去了希望，我們分崩離析」。

這提示了塞根的方法常常被拋棄的另一個原因：任務過於艱鉅，得不償失。每個人都感受到了這一點，許多人說，「哪怕是對正常兒童，我們還有很多事情要做呢」！

透過實踐，我證實了塞根的教育方法是值得信任的，之後我結束了針對弱智兒童的工作，開始對伊塔德和塞根的作品進行更深入的研究。我覺得自己需要認真的思考。我做了一件從未嘗試過的事，也許很少有人願意這樣做，我把他們的著作翻譯成義大利語，並從頭到尾親手抄寫出來，製作成冊，就像印刷術普及之前的舊本篤會教徒們那樣。

我選擇手寫，是為了有時間斟酌每一個詞的涵義，並真正理解作者的精神。我剛抄完塞根的法文版著作，就從紐約收到了一本1866年出版的英文書。從一位紐約醫生私人圖書館的廢棄書籍中，我發現了它。我在一位英國朋友的幫助下翻譯了它。在新教學實驗方面，這本書並沒有增加太多的內容，但是在第一卷中論述了這些實踐經驗背後的哲學。在對異常兒童進行了長達三十年的研究後，塞根認為，以對學生進行個體研究為基礎的生理學方法，以及以分析生理、心理現象為基礎的教育方法，也必定適用於正常兒童。他相信，這將為人類的徹底新生指明方向。

塞根的聲音彷彿是先驅者來自曠野的呼喚，而我深知這項能夠對學校和教育進行改革的工作是多麼任重而道遠。

當時，我在大學學習哲學專業，並且選修了實驗心理學的課程，羅馬都靈和義大利那不勒斯的大學最近才開設了這門課程。同時，我在小學進行教育人類學研究，學習正常兒童教育的系統方法。最後，我開始在羅馬大學教授教育人類學。

將特殊兒童教育法應用於正常兒童的教育

我一直希望可以在小學普通兒童的班級上嘗試使用治療特殊兒童的方法，但我從未想過在幼托機構進行這樣的嘗試。這一切純屬偶然。

那是在 1906 年的年末，我剛從米蘭回來，作為國際展覽委員會成員，我負責頒發科學教育學和實驗心理學的獎項。我得到了一個很好的機會，羅馬住宅改善協會（Roman Association for Good Building）會長埃多阿爾多·塔拉莫（Edoardo Talamo）邀請我，在其示範公寓內籌組幼兒學校。塔拉莫先生的想法是，把公寓裡三到七歲的孩子都聚集在一個大房間裡。一位同樣居住在公寓裡的教師，將會指導這些孩子的遊戲和學習。按照計劃，每個公寓都會有自己的學校，由於住宅改善協會在羅馬擁有 400 多套公寓，這項工作似乎前景看好。1907 年 1 月，在聖洛倫索區的一所大公寓裡，我們建立了第一所學校。在同一地區，協會擁有 58 棟建築，根據塔拉莫先生的計畫，我們很快就能開設 16 所「公寓學校」。

塔拉莫先生和我的共同朋友奧爾加·洛迪（Olga Lodi）女士，將這種新型學校取名為「兒童之家（*Casa dei Bambini*）」。我們位於馬西大道 58 號的第一所學校於 1907 年 1 月 6 日開放。坎迪達·努切特利（Candida Nuccitelli）負責學校的行政管理，我負責相關的指導工作。

從一開始，我就意識到這些機構在社會和教育方面具有重大意義，但直到今天，許多人才開始看到這個事實。

同年 4 月 7 日，聖洛倫索區的「兒童之家」開業了；1908 年 10 月 18 日，慈善協會在米蘭工人居住區為另一所兒童之家舉行了落成典禮。這個社團下屬的工廠負責製造我們所用的材料。

同年 11 月 4 日，第三所「兒童之家」在羅馬開張，這次不是在貧民

區，而是在位於卡斯特羅廣場，法馬戈斯塔大道的一所現代化中產階級住宅之中；1909 年 1 月，瑞士的義大利語區開始對採用福祿貝爾教育體系的孤兒收容所和兒童機構進行改革，他們採用了「兒童之家」的教學方法和材料。

「兒童之家」有著雙重的重要意義：從社會角度來說，它是一所特殊的、開設在住宅內的學校，從教育角度而言，我在這裡運用了自己之前嘗試的方法對幼兒進行教育。

塔拉莫先生的邀請給了我一個極好的機會，使我能夠將治療特殊兒童的方法應用於幼兒階段而非小學階段的正常兒童。在嬰兒早期，我們還可以把特殊兒童和正常兒童相提並論，因為在這個階段，無力發育的兒童和尚未發育的兒童是有相似之處的。

幼兒還沒有完全掌握肌肉運動的協調，因此走路搖搖晃晃，無法自己穿脫衣服。感覺器官，如眼睛的調節能力，還沒有完全發育；語言是原始的，有著幼兒語言的共同缺陷。很難集中注意力、不夠穩定等等，是正常幼兒和特殊兒童共有的特點。普雷耶（Preyer）在對兒童的心理學研究中，也轉而認為病理性的語言缺陷，與發育過程中正常兒童的語言缺陷是類似的。

因此，讓弱智兒童的心智獲得成長的方法，應當對幼兒的發展也有所幫助，並且對這些方法經過適當調整後，我們可以將它們融入對正常兒童的教育中。許多永久性缺陷，例如言語缺陷的形成，都是由於兒童在 3 至 6 歲功能形成的關鍵期受到了忽視。

這就是我在「兒童之家」進行教學實驗的意義所在。我嘗試將用於特殊兒童的方法來教育這些幼兒。只要閱讀一下塞根的著作，人們就可以看到我的工作並沒有簡單直接地運用塞根的方法。但不容否認，經過兩年的嘗試以法國大革命期間的實驗為基礎，而伊塔德和塞根更為此付出

了終身的努力。

在塞根第二本著作出版的三十年後，我重新提及這位偉人的思想，甚至他所做的工作，而他以同樣的熱情，繼承了導師伊塔德的工作和思想。十年來，我不僅按照他們的方法進行了實驗，而且透過虔誠的思考吸收了他們的觀念。

因此，從某種意義上說，我十年的努力可以看作是伊塔德和塞根四十年經驗的總結。從這個角度看，之前五十年的不懈努力是為僅僅兩年的短暫嘗試做了鋪陳，這些實驗代表了三位醫生（從伊塔德、塞根到我）前仆後繼的工作，我們或多或少在精神病學的道路上做出了一些嘗試。

「兒童之家」在社會和教育層面的意義

作為推動人類文明的重要因素，「兒童之家」應該被載入史冊。事實上，它們以一種近乎烏托邦的方式解決了如此多的社會和教育問題，它們是急需實現現代家庭改革的一部分。透過這種形式，它們直接觸及了社會問題最重要的一面，即人們的親密關係或家庭生活。

本書引用了我在羅馬第二個「兒童之家」開幕之際所作的發言，以及我根據塔拉莫先生的意願所制定的規章制度[04]。

我們會注意到，之前所提到的俱樂部，以及藥房兼門診醫療機構（居民們可以免費享受這些機構）已經建立起來了。在塔拉莫先生的熱心支持下，位於普拉蒂城堡現代公寓中的「現代之家」（Casa Moderna），已經於1908年11月4日開放，並且他們還計劃建立一個「公共廚房」。

---

[04] 見第 70 頁。

第三章
「兒童之家」創辦儀式上的演講

第三章 「兒童之家」創辦儀式上的演講

也許，今天在座的諸位中，有的從來沒有真正目睹過貧窮的生活。你們可能只是透過一本偉大的著作來感受人類極度貧困的痛苦，或者某位天才演員讓你的靈魂受到震動。

「兒童之家」成立前後的聖洛倫索區

讓我們設想現在，有一個聲音向你呼喊：「去看看這些苦難民眾的家園吧。因為在恐怖和苦難中，出現了帶來幸福、清潔、和平的綠洲。貧民們將要擁有屬於自己的理想家園。在貧窮和邪惡統治的地區，救贖的工作正在進行。人民的靈魂正從罪惡的麻木和無知的陰影中解放出來。兒童們也有自己的『家』。新一代的人民迎來了一個新時代，苦難將不再被譴責，而是被消滅。邪惡和不幸的黑暗巢穴將成為過去，消失得無影無蹤」。此時，我們將如何激動啊！我們會如此急切地奔赴此地，就像智者們在夢想和恆星的指引下來到伯利恆！

我這樣說是為了讓你們了解這個並不起眼之處的偉大意義和真正魅力，它似乎是一間母親親手為這一地區的孩子們單獨建造的屋子。這是聖洛倫索貧民區建立的第二個「兒童之家」[05]。

聖洛倫索區是幸運的，因為這座城市的每一份報紙幾乎每天都在報導這裡的悲慘事件。然而，有許多人並不了解這個地區的過去。

政府並沒有打算在這裡構建廉租公寓。事實上，聖洛倫索不是民眾的家園，而是貧民的家園。在這個地區，居住著收入微薄，甚至經常失業的工人——在一座工業落後的城市裡這很常見。刑滿釋放人員也在這裡度過假釋期。他們都混居在一起。

聖洛倫索區建造於1884年至1888年間，這個時期人們瘋狂地建造房子，沒有任何社會或衛生標準來指導這些新建築。建築的目的只是把

---

[05] 蒙特梭利博士不再指導聖洛倫索區「兒童之家」的工作。

空地填滿。覆蓋的面積越大，銀行和公司的收益就越多。這一切都在未來造成了始料不及的災難。很自然，沒有人關心自己建造的建築是否穩固，因為建造者不可能成為房屋的所有人。

1888 到 1890 年的危機，讓這些房子在很長一段時間空置。後來，人們漸漸感到需要住所，於是這些大房子開始被填滿。現在，那些不幸仍然擁有這些建築的投機者們不想在遭受損失後再增加新的成本，因此，在建造之初完全無視所有衛生法規的這些房屋，由於被用作臨時住所而變得更糟，於是被城市最貧困的階層所占據。

轉租和高利貸之惡

公寓並不是為工人階級準備的，所以空間太大，一間公寓之中有五個、六個或七個房間。這些房子的租金雖然相對於面積來說非常低，但對於任何一個非常貧窮的家庭來說都還是太高了。這導致了罪惡的轉租。租客以每個月 8 美元的價格租下一套 6 個房間的公寓，然後以每個月 1.5 美元或 2 美元的價格將房間轉租給其他人，並將房間的一角或走廊轉租給另一個更窮的租客，於是在扣去租金成本之後，他可以獲得 15 美元或者更多的收入。

這大大地解決了他的生計問題，並且無論如何，他可以透過高利貸來增加收入。分租人在租客的痛苦中掌控著租房交易，同時以 2 美元的貸款每週收取 20 美分的利率進行小額借貸，相當於百分之 500 的年利率。

因此，我們了解到罪惡的分租和殘酷的高利貸：只有貧民才會如此對待貧民。

除此之外，我們還必須加上群居、混亂、不道德和犯罪。每隔一段

第三章 「兒童之家」創辦儀式上的演講

時間,報紙就會報導這樣的場景:在一個大家庭裡,正在發育的男孩和女孩共居一室;而房間的一個角落住著一個陌生女人,她每晚都會接待不同男人的來訪。女孩和男孩們目睹了這一切;罪惡的激情被點燃,導致了犯罪和流血。在某個駭人聽聞的片段裡,我們可以窺見這深重苦難的冰山一角。

改善貧民的生活品質
比提升他們的教育程度更有意義

無論是誰,在第一次走進這樣的一間公寓時,都會感到震驚和恐懼。因為這種真正悲慘的景象完全超出他之前的各種想像。這是一個陰暗的世界,首先映入我們眼簾的是黑暗,即使是正午,也無法看清房間的任何細節。

當眼睛已經習慣了陰暗的時候,我們可以看到床的輪廓,床上蜷縮著一個身影——一個疾病纏身的人。如果我們帶來了某個社團的資助,一定要先點上蠟燭,才能清點金額,簽署收據。哦,當我們談論社會問題時,我們常常泛泛而談,憑空想像,而不是透過實地調查做出明智的判斷。

我們認真討論學生們在家學習的問題,對他們之中的許多人來說;家,意味著像在黑暗角落裡的一個稻草茅屋。我們希望建立流通圖書館,窮人可以在家裡閱讀。我們計劃向他們發放書籍,希望透過這些書籍的影響,他們將可以提升至較高的生活水準。我們希望透過書本,給予他們衛生、道德、文化等方面的教育,這件事說明我們完全忽略了他們最迫切的需求。因為他們之中的許多人,是因為光線不足而無法閱讀!

在今天的社會改革面前,有一個比提升貧民知識水準更為重要的議題,即它們的基本生活問題。

要談論在這裡出生的孩子，我們必須改變傳統的理解方式，他們並非「第一眼就看到光明」，相反的，他們出生到了一個陰暗的世界。他們生長在過度擁擠的環境之中。這些孩子無法洗澡，因為原本打算提供給三、四個人居住的公寓用水，當分配給二、三十個人時，連飲用都不夠！

我們義大利人對「家（casa）」這個詞賦予了神聖的意義，和英文裡的「home」一樣，這是一個封閉的情感殿堂，只有親朋好友才能進入。

許多人的處境與這種觀念相去甚遠，他們沒有「家（casa）」，只有可怕的牆，在牆內，生命中最親密的行為都暴露無遺。在這裡，沒有隱私，沒有謙遜，沒有溫柔，這裡往往連陽光、空氣和水都沒有！這似乎是一個殘酷的嘲弄，我們的理念是，家對於大眾教育來說是必不可少的，它和家庭共同構成社會結構的唯一堅實基礎。但實際上，如果還這樣想的話，我們就無法成為腳踏實地的改革者，而是滿懷憧憬的詩人。

如此惡劣的居住條件讓孩子們流落街頭，相對來說，那裡更加文明和衛生。但是，這些街道往往充斥著各種衝突和鬥毆等無法想像的景象。神父告訴我們，喝醉酒的丈夫追趕並殺死了自己的妻子！年輕的女孩帶著莫大的恐懼，被粗暴的男人用石頭砸死。更有甚者，一位婦人被一群醉漢毒打後，丟在陰溝裡奄奄一息。當她在那裡快要離開人世時，附近的孩子們圍著她，就像狩獵者圍著他們即將死去的獵物一樣。他們嘲笑著這個虛弱的女人，用腳踢她躺在排水溝泥漿裡骯髒的身體！

貧困群體的孤立現象

這種極端殘忍的景象居然發生在一個做為文明之母、藝術之王的世界性城市，是因為一個過去幾個世紀未曾出現的新現象，即貧困群體的孤立。

第三章 「兒童之家」創辦儀式上的演講

在中世紀，痲瘋病人會被孤立：天主教徒在猶太人區孤立了希伯來人；但是貧窮從來沒有被認為是一種危險和恥辱，以至於它必須被孤立。窮人和富人比鄰而居，在我們這個時代的文學作品中常常可以看到的。當我年幼時，教師們常常會在道德教育中，談到善良的公主幫助修繕窮人的小屋，或者富人家的少爺會給閣樓裡生病的婦人送去食物。

今天，這一切變得如同童話一樣虛幻和做作。窮人不再能從他們更加富裕的鄰居那裡學到禮貌和良好的教養，在極端困難的情況下，他們也不再指望從鄰居那裡得到幫助。我們把他們集中在遠離我們的地方，那裡沒有圍牆，他們在絕望中互相學習，學習殘忍和邪惡的殘酷教訓。任何一個有社會良知的人都必須看到，這個地區沾染了疾病，以致命的危險威脅著這座城市。這座城市按照一種矯揉造作的貴族理想，希望讓一切都變得光鮮亮麗，卻把所有的醜陋或病態都推到了這所沒有圍牆的監獄裡。

當我第一次穿過這些街道時，我彷彿置身於一座遭受了巨大災難的城市。在我看來，掙扎的陰影仍然籠罩著那些不幸的人，他們蒼白的臉上帶著恐懼，在這些寂靜的街道上和我擦身而過。周圍無比寂靜，似乎一個社區的生活被打斷或打破了。沒有一輛馬車駛過，甚至都聽不到貧民區特有的小攤販叫賣聲，或是街頭手風琴家的演奏，來劃破這悲傷而沉重的寂靜。

看著坑坑窪窪、磚塊破碎的街道，我們幾乎以為這裡剛剛發生過一場大洪水；而環顧四周，看到那些空空蕩蕩、牆壁破碎斑駁的房屋，我們又會認為也許是一場地震。再仔細觀察一下，我們就發現在這片人口稠密的街區裡，找不到一家商店。這個社區太窮了，因此連一個低價出售必需品的市場都沒有。唯一的商店就是那些廉價旅館，向過路人敞開著散發惡臭的門。看到這一切時，我們意識到，使這些人遭受苦難的原因並非天災，而是貧窮及其形影不離的夥伴──邪惡。

羅馬住宅改善協會
及其改革的重要倫理意義

　　報紙上關於暴力和不道德犯罪的報導，不時會喚起我們對這種悲慘和危險情形的關注，激起了許多人的同情，他們來到這裡從事慈善工作。可以說，每種形式的痛苦都會激發出一種特殊的治療方法，人們在這裡進行了各種嘗試，從嘗試讓每家每戶接受衛生觀念，到建立托兒所、「兒童之家」和醫務室。

　　什麼才是真正的仁愛呢？並不僅僅是表達悲傷，而是將憐憫轉化為行動。由於沒有任何持續的收入和缺乏組織，只有小部分人可以享受，這樣的慈善無法為更多的人造福。另一方面，這個地區的高犯罪率需要我們進行一項廣泛而全面的行動，以拯救整個社區。只有這樣一個為他人服務的組織，才能讓社區欣欣向榮，在這裡站穩腳跟，並不斷取得良好的成效。

　　正是為了滿足這一個迫切需求，羅馬住宅改善協會承擔了這項偉大而仁慈的工作，在協會會長埃朵拉爾多·塔拉莫的指導下，這項工作以先進和高度現代化的方式展開。他的計畫如此新穎全面，又相當實用，在義大利或其他地方都是前所未有的。

　　這個協會三年前在羅馬成立，它的計畫是收購城市的公寓進行改造，讓它們重獲新生，並妥善管理。

　　第一批收購的建物包括聖洛倫索區的大部分，該協會現今在那裡擁有 58 棟房屋，占地面積約 30,000 平方公尺，有 1,600 個小公寓。住宅改善協會的計畫性改革將使成千上萬人因此受益。作出慈善計劃後，協會開始按照最現代的標準改造這些老房子，他們對衛生和道德問題也非常重視。結構的改變將使這些公寓具有真正和持久的價值，而衛生和道德

第三章 「兒童之家」創辦儀式上的演講

方面的改革可以改善住戶的條件，使這些公寓的租金更加物有所值。

住宅改善協會制定了一個方案，以逐步實現他們的構想。我們需要循序漸進，因為房屋稀少，一次清空一間公寓並非易事。此外，主導整個運動的人道主義原則，使得這項重建工作不可能進行得很快。因此，該協會到目前為止只在聖洛倫索區改造了三棟房子。改造方案如下：

A：拆除每棟建築的違建部分，搭建這些部分只是出於純商業角度考慮，是為了增加租金。換言之，拆除了建築中妨礙中庭的部分，取消了黑暗、通風不良的公寓，為建築的其餘部分帶來空氣和光線。寬闊的通風庭院取代了狹小的通風井和採光井，使留下的公寓更具價值，更加舒適。

B：增加樓梯的數量，以更實用的方式劃分房間。有六、七個房間的大套房被改造成有一個，兩個或三個房間的小公寓，和一個廚房。

從房東的經濟角度，以及承租人的精神和物質利益來看，這種變化都有著重要的意義。樓梯數量的增加減少了牆壁和樓梯的過度使用，之前有800多人必須從這惟有的樓梯經過。租戶更容易學會愛護建築，養成整潔有序的習慣。不僅如此，這樣大大減少了住戶之間的接觸機會，特別是在深夜，風氣問題也得到了很大改善。

把房子分成小公寓是一種隱私意義上的新生。因此，每個家庭都是獨立的，人們終於有了自己的家，分租連同擁擠和不道德所帶來的一切災難性後果被最大程度地遏制。

這種安排一方面減輕了承租人的負擔，另一方面增加了房東的收入，他原本獲得的收入是轉租制度的非法所得。對當初以每月8美元的租金租下6個房間的屋主來說，當這樣一套公寓變成三個陽光敞亮、通風良好、有房間和廚房的小套房時，他的收入顯然增加了。

這項改革在倫理層面具有重大意義，因為它消除了擁擠和混居所帶來的邪惡影響，並首次讓住戶感覺到擁有自己的家，和家人在一起的自在和溫情。

協會的計畫並不僅限於此。它提供給房客的房子不僅陽光敞亮，空氣清新，而且井然有序，裝修精良，煥然一新，彷彿散發著純淨清新的芳香。然而，這些美好的事物卻伴隨著一種責任，如果房客想要享受它們，就必須承擔這種責任。他必須繳納維護金。住進乾淨房子的房客必須保持它的乾淨，必須愛護從大門口到自己小公寓內部的建築體。讓房子保持完好的租戶會得到認可。因此，所有的房客都團結起來維護衛生，他們只需要讓美好的環境得以保持。

這的確是一種創新！迄今為止，只有我們偉大的國家建築有一筆持續的維修基金。而在這些房子裡，維修工作交給了大約一百個人員，也就是說，交給了大樓裡的所有住戶。人們用心維護著房屋，甚至連一個汙點都沒有。我們今天所在的這幢大樓交由房客保護已經有兩年了，他們承擔了所有的維護工作。很少有房子能像它那樣乾淨明亮。

實驗的成果是顯著的。人們愛上了自己動手，把家園弄得乾乾淨淨。此外，他們開始想要美化自己的家。協會在庭院和大廳周圍種上了植物和樹木。

在良性的競爭下，一種新的自豪感油然而生；全體房客對房子進行最精心的維護，他們的生活提升到一個更高、更文明的層次。他們不僅住在一間房子裡，而且他們知道如何生活，他們知道如何愛護他們所住的房子。

這樣的變化還帶來了其他的變革。幹淨的家會帶來個人的清潔。在幹淨的房子裡無法容納骯髒的家具，那些住在乾淨房子裡的人會渴望個人的清潔。

協會最重要的衛生改革之一就是洗浴設施。每一個改造後的公寓都有一個單獨的浴室，配有浴缸或淋浴，並且有熱水和冷水。所有房客都可以輪流使用這些浴室，房客可以輪流在庭院的水池裡洗衣服。有了這樣的便利，人們更容易保持清潔。入戶浴室是對一般公共浴室的極大改進。他們走出了充滿苦難的黑暗洞穴，擁抱充滿陽光、健康和精緻的生活。

用父母們繳納的愛護房屋稅籌辦「兒童之家」

但是，在努力實現住戶免費維護建築環境的構想過程中，協會遇到了一個困難，就是那些未到學齡的兒童，他們的父母外出工作時，他們必須整天獨自一人留在家中。這些小傢伙無法像父母那樣理解為何要愛護房子，成為無知的小破壞者，弄髒了牆壁和樓梯。在這裡，我們有另一項改革，即租戶間接承擔的愛護房屋稅。這可能是為了進步和文明的發展，迄今設計出最輝煌的稅收改革。父母透過養護大樓來獲得孩子進入「兒童之家」的資格，其費用由協會從修理基金裡調撥。從倫理角度看，這是一項很大的福利！有了專門照顧幼兒的「兒童之家」，母親可以放心地離開孩子，輕輕鬆鬆地去工作。但是如果不繳納愛護房屋稅，或者不能配合學校的工作，是無法享受這種福利的。[06]「兒童之家」牆上貼著的規章制度是這樣寫的：

「母親有義務把孩子乾乾淨淨地送到『兒童之家』，並配合指導者的教育工作」。

父母需要在身體和精神上對孩子進行照料。如果透過談話，發現孩子家裡的表現與學校的教育不相稱，他將被送回父母身邊。這對父母是

---

[06] 見第 70 頁。

一種警示,讓他們珍惜自己孩子受教育的機會。那些習慣於低劣的生活、爭吵和暴力的人,將感受到這些小小生命的重要性。他們感到自己將孩子又一次投入被忽視的、黑暗的生活中。換言之,他們必須學會為孩子保留上學的福利。

「兒童之家」的教學組織

父母只需要遵照協會的要求,因為指導者已經做好準備,並且願意教他們怎麼做。條例規定,母親必須每週至少與指導者會面一次,介紹孩子的情況,並接受有益的建議。這樣的建議無疑可以最好地促進孩子的身體健康和教育學習,每個「兒童之家」都配有一位醫生和一位指導者。

指導者總是能為母親們服務,而做為一個有教養和受過教育的人,她的生活一直是這一區房子裡居民的榜樣,她有義務住在這所公寓裡,與所有學生的家庭住在一起。這是一個極為重要的任務。在這些幾近野蠻的人中間,在這些無人敢在深夜徘徊的房子裡,她不僅來教書,而且過著和他們相同的生活。她是一位有文化的淑女,一位職業教育家,她奉獻出自己的時間和生命來幫助身邊的人!做為一名真正的傳教士和民眾的道德楷模,如果有足夠的智慧和熱心,她會從她的社會實踐工作中獲益匪淺。

「兒童之家」確實是新生事物;這似乎是一個不可能實現的夢想,但我們已經做出了嘗試。誠然,在此之前,愛心人士曾試圖去窮人之中生活,以教化他們。但是這樣的工作並不實際,除非窮人的房子是衛生的,也能夠讓他們提高生活水準。除非有共同的利益把所有的房客團結起來,為更好的未來而一起努力,否則這樣的工作無法奏效。

第三章 「兒童之家」創辦儀式上的演講

從「兒童之家」的教學組織來看，它也是全新的。這不是一個收容孩子的地方，不僅僅是個避難所，而是一所真正的學校，它的教學方法受到了科學教育，理性思想的啟發。

我們從人類學的角度來研究每個孩子的身體發育。語言練習、系統的感官訓練，以及直接讓孩子適應實際生活職責的練習，構成了所有任務的基礎。教學是客觀的，並呈現了極其豐富的教學內容。

在此無法一一細述。值得一提的是，學校已經有一個浴室，在那裡可以給孩子們洗熱水澡或冷水澡，在那裡他們可以學習清洗手、臉、脖子和耳朵。協會為孩子們提供了一塊土地，讓他們學會種植常用的蔬菜。

我想在這裡談一談「兒童之家」在教育學方面所取得的進展。熟悉學校問題的人們都知道，今天人們非常關注一個重要的思想，一個過於理想、幾乎無法實現的思想，即家庭和學校在教育目標方面的結合。但家庭的狀況總是與學校的目標相距甚遠，幾乎總是跟學校唱反調。對此，學校總是無從著手。家庭不僅拒絕配合教育的進步，而且常常拒絕正視社會整體的進步。而在這裡，我們第一次看到了實現人們談論已久的教育理想的可能性。我們把學校設在公寓裡，不僅如此，我們把學校做為集體財產放在公寓裡，讓父母親眼看到教師如何完成她的崇高使命。

學校集體所有制的理念是新穎的，具有深刻的教育意義。

父母知道「兒童之家」是他們的財產，他們支付的一部分房租用來維持學校的費用。母親們可以隨時去觀看，欣賞或思考那裡的生活。這可以不斷地讓她們反思，這種反思是對自己孩子的長久祝福和幫助的泉源。可以說，母親們對「兒童之家」和指導者滿懷敬意。這些好母親向老師表達了多少微妙而體貼的關注！她們經常無聲而恭敬、近乎虔誠地把糖果或鮮花放在教室的窗臺上。

經過三年的見習後，母親們把孩子送到普通學校時，就會做好充分的準備，能夠配合教育工作，並且會產生一種即使在最好的階層也並不多見的感覺，那就是，他們必須透過自己的行為讓孩子樂於學習。

「兒童之家」所取得的另一項成果與科學教育學有關。迄今為止，教育學的這一分支是建立在對受教育的學生進行心理學研究的基礎上，它只觸及了一些有助於改變教育的建設性問題。因為人類不僅具有生物的本質，還是社會群體的產物，個人在教育過程中的社會環境，就是家庭。如果科學教育學不能成功地影響到新一代成長的環境，那麼它將無法讓新一代變得更好！我相信，在「兒童之家」邁向新的真理和文明的進步時，我們解決了這個問題，能夠直接改變新一代的環境，進而使科學教育學的基本原則得以實際應用。

「兒童之家」是家庭社會化的第一步

「兒童之家」代表著另一個成就，它是家庭社會化的第一步。租戶們發現他們可以方便地把孩子留在一個安全而便利的地方，而且就在自己的屋簷下。

讓我們記住，公寓裡所有的母親都可以享受這一特權，帶著輕鬆的心情去工作。目前為止，可能只有一個社會階層有這種優勢。有錢的婦人可以把孩子交給護理師或家庭教師，自己去從事各種職業和娛樂活動。今天，住在這些改造過的房子裡的婦女們可能會像那位貴婦一樣說：「我把我的兒子留給了家庭教師和護理師。」更重要的是，他們可能會像皇室後裔那樣說，「家庭醫生照顧他們，指導他們的精神和身體發育」。像英國和美國社會階層中最高層級的母親一樣，這些女性可以透過一張指導者和醫生填寫的「履歷表」，了解孩子的成長狀況。

我們都了解對大環境進行改造的優勢。例如，火車車廂、路燈、社區公園等，所有的結果都可以帶來巨大的便利。工業進步帶來物品的大

第三章 「兒童之家」創辦儀式上的演講

量生產，人人都有可能，享受潔淨的衣服、地毯、窗簾、美味佳餚、更好的餐具等等。這種福利縮短了階級差距。這一切我們都有目共睹。但人員的共有化是新的趨勢。公眾共同享受服務員、護理師和教師的服務——這是一個現代的理想。

在「兒童之家」我們實現了這個獨一無二的理想。它的意義是深遠的，因為它符合時代的需求。我們並不認為，將孩子託管會剝奪母親最重要的社會責任，即照顧和教育幼小的孩子。因為今天的社會和經濟發展要求有勞動力的婦女成為受薪階級的一部分，並強行剝奪了她最寶貴的職責！無論如何，母親必須離開自己的孩子，而且常常帶著知道他被遺棄的痛苦。此類機構不僅可以幫助勞工群體，而且也嘉惠了一般的中產階級，她們很多從事腦力工作。老師和教授因為給學生上私人課程，不得不把自己的孩子交給一些粗俗無知的女傭照顧。事實上，「兒童之家」首次公諸於眾之後，有大量來自中產階級的信件，要求將這些有益的改革擴展到他們的住所。

在「兒童之家」，我們把「母性的功能」，或是女性的責任社區共有化了。在這樣的實際行動中，我們可以看到許多棘手的婦女問題得以解決。有人問，如果女性離開家，家會變成什麼樣子？答案是，家庭將被改造，女性承擔起工作賺錢的職能。

我相信在未來，其他形式的共有化生活也會出現。

以醫務室為例，婦女是家中親人的天生護理師。但有多少次，她不得不從病人的床邊離開，去上班？競爭很激烈，請假會威脅到她賴以生存的工作。如果能把病人留在「公寓醫務室」裡，她就可以在空閒時或者晚上去看望，這是一個明顯的便利。

在與隔離和感染有關的家庭衛生方面，我們將會取得多麼大的改善及進步！當一個孩子得了某種傳染病，應該與其他家人隔離時，一個貧

窮家庭無法做到這一點。通常，這樣的家庭無法把其他孩子送到親屬或朋友家。

更加深遠的影響是公共廚房，早上點的晚餐會在適當的時候，由一個小電梯送到家庭餐廳。事實上，這已經在美國得到成功的嘗試。這樣的改革對那些中產階級家庭來說是最有利的，在此之前，他們必須把自己的健康和餐桌上的營養交給一個無知的僕人，而這個僕人卻不擅長烹飪。目前，人們面對這種情況時，只能走出家門去一些咖啡館吃個便餐。

事實上，房子的變革必須補償家庭中由於婦女成為社會受薪階級而造成的損失。

因此，房子將成為一個中心，集合了迄今為止一直缺乏的各種設施：學校，公共浴室、醫院等。

因此，把那些曾經是罪惡和危險之地的公寓，變成教育和休閒中心，這是一種趨勢。除了設置孩子們的學校之外，最好可以開設俱樂部和閱覽室，供居民們，特別是男人們愉快而體面地消磨夜晚。公寓俱樂部對所有社會階層都適用，將對關閉賭場和酒館發揮很大的作用，使人們的道德水準得到極大的提升。我相信，住宅改善協會不久將在聖洛倫索區經過改造的公寓裡設立這樣的俱樂部：在那裡，住戶可以找到報紙和書籍，可以聽到通俗有益的講座。

社區「兒童之家」
與家庭以及女性精神發展的關係

隨著社會和經濟條件的不斷變化，女性被迫將時間和精力投入有報酬的工作，但我們並不需要擔心家庭會因此解體。

因此，公寓設計所展現的意義似乎比英語單字「家（home）」所表達

的更加崇高。它不僅僅是一磚一瓦，儘管這些磚瓦是「家庭神聖象徵的親密關係」的忠實守護者。家的意義不僅於此。它是活生生的！它有靈魂。可以說，它用類似女性溫柔、安慰的雙臂擁抱著住戶。它給予人們有道德的生活和祝福；它也關心、教育和餵養幼兒。在它裡面，疲倦的勞工將得到休息，找到身心的平衡。他將在那裡發現家庭的親密生活和幸福。

就像從毛毛蟲蛻變成蝴蝶一樣，新女性從男性所期望的一切屬性中解放出來。她將和男性一樣，成為一個獨立的個體，一個自由的人，一個職業工作者；而且，她將和男性一樣，在已經改革和共有化的房子裡獲得安慰和休息。

她希望自己被愛，而不是僅讓別人得到安慰和休息。她希望她的愛情不受任何形式的奴役。人類之愛並不是為了自私的自我滿足，而是為了使自由精神的力量倍增，使之近乎神聖，並在這樣的美與光中，使物種永存。

這種理想的愛可以在弗里德里希・尼采（Friedrich Nietzsche）《查拉圖斯特拉如是說》（*Also Sprach Zarathustra*）書中的女性身上看到，她衷心地希望她的孩子比自己更加優秀。「你為何對我產生想望」？她問那個男子，「也許是因為生活過於寂寞」？

「那樣的話，請遠離我。我想要一個自我征服，靈魂高貴的男子。我想要一個身體乾淨而強健的男子。我想要一個渴望與我身體和靈魂結合的男子，跟我孕育後代！一個更加美好、更加完美、更加強大的孩子」！

有意識地完善物種，保持自己的健康和美德，應該是男性締結婚姻的目標。這是一個崇高的理念，即使到現在，還是很少人會放棄這麼想。而未來的社會化家園貼近生活，精心設計，充滿善意，同時承擔起教育者和撫慰者的角色，才是希望讓這個物種變得更好，並把人類推向永生的的真正家園！

「兒童之家」的規章制度

羅馬住宅改善協會特此設立編號為(壹)的「兒童之家」，接收租戶家庭的學齡前兒童。

「兒童之家」旨在免費為那些父母不得不外出工作的孩子提供個人看護。

「兒童之家」關注兒童的教育、健康、身心的正常發展。

「兒童之家」配備一位指導者、一名醫生和一位保育員。

「兒童之家」的時程表應由指導者制定。

「兒童之家」可接納公寓內3至7歲的所有兒童。

享受「兒童之家」服務的父母不需支付任何費用。然而，他們必須遵守以下這些義務：

1. 在指定的時間將孩子送到「兒童之家」，保持孩子身體和衣物清潔，並提供合適的圍裙。
2. 對指導者及「兒童之家」的其他工作人員表示尊重，並配合指導者的教育工作。一週至少一次，母親們可以和指導者會談，向她提供有關孩子家庭生活的資訊，並從她那裡得到有益的建議。

如果發生以下情況，將無法被「兒童之家」接受：

1. 孩子不洗澡或衣著不乾淨。
2. 屢教不改者。
3. 孩子的父母或其他相關人士不尊重「兒童之家」的工作人員，其不良行為影響學校教育工作的。

第三章 「兒童之家」創辦儀式上的演講

第四章
「兒童之家」的教學方法

第四章 「兒童之家」的教學方法

只有透過外部觀察的方法才能建立兒童心理學

當我知道自己會負責一個班級的孩子時，就希望讓這裡成為科學實驗教學法和兒童心理學的示範區。起先，我認為兒童心理學並不存在，對此馮特持相反的意見。事實上，對於兒童的實驗研究，例如普雷耶（Preyer）和鮑德溫（Baldwin）的實驗研究，只有最多兩到三個受試者，他們是研究者自己的孩子。此外，心理測量學的工具必須經過極大的修改和簡化才能用於兒童，因為兒童不會主動地讓自己成為被測試者。只有透過外部觀察的方法才能建立兒童心理學。我們必須放棄任何記錄內在狀態的想法，因為只有透過被測試者的內省才能揭示內在狀態。應用於心理測量學的研究工具，到目前為止，一直局限於感覺階段的研究。

我想要了解他人的研究，但獨立於我的研究項目之外，這樣我在進行自己的驗證工作時就不會抱有成見。我保留了馮特的見解：「所有的實驗心理學方法都可以簡單歸納為：認真地記錄對被測試者的觀察」。

對於孩子，另一個必須介入的因素是：對發展的研究。在這裡，我也保留了相同的一般標準，但沒有堅持兒童必須按照年齡進行活動的規範。

人類學記錄

關於身體發育，我首先想到的是調整人體測量觀察，並選擇最重要的觀察數據。

我設計了一個帶有 0.50 公尺到 1.50 公尺公制刻度的人體測量儀。在地板上放一個 30 公分高的小凳子，便於以坐姿進行測量。我還製作一個平臺兩邊都有刻度的人體測量儀，這樣一邊可以測量總身高，另一邊可

以測量坐著時身體的高度。在測量坐高時，0 指向 30 公分，因為要算入凳子的高度。標尺上的讀數各自獨立，因此可以同時測量兩個兒童。這樣就避免了因為必須移動座位而造成的不便和浪費時間，也避免了計算刻度差的麻煩。

在改進了研究技術後，我決定每個月測量孩子們的身高、坐姿和站姿，以便盡可能精確地確定他們的身高與發展的關係。為了使老師的研究工作更有規律性，我制定了一個規則，即測量應在孩子生日所對應的每個月那一天進行。為此，我設計了一張排列如下的登記表：

每月的第幾天	九月		十月		……
	身高		身高		
	站高	坐高	站高	坐高	
1					
2					
3					
4					
……					

每個數字對應的空格用於登記孩子的姓名。因此，老師可以知道在哪一天測量哪些學生，並在相對應的月分填寫他的測量值。透過這種方式，教師可以精確地登記資訊，並且不會感到負擔過重或疲勞。

我每週為孩子們稱一次體重，我把秤放在讓孩子洗澡的更衣室裡。根據孩子的出生日期是星期幾，在他準備洗澡時，我們幫他稱重。因此孩子們的浴室（一個班有五十個孩子）被平均分為七天來使用，每天有三到五個孩子去洗澡。當然從理論上講，每天洗一次澡更加合適，但要做到這一點，就需要一個大浴池或幾個小浴池。即使是每週洗一次澡也會碰到很多困難，有時不得不放棄。無論如何，我均勻分配了稱體重的工作，以便安排和確保定期洗澡。[07]

---

[07] 順便說一句，我發明了一種不需要一個大浴池，就可以同時給孩子們洗澡的方法。我想到做

第四章 「兒童之家」的教學方法

我們用來記錄孩子體重的記錄表如下。登記冊的每一頁對應一個月。

在我看來，我剛才所描述的人類學測量和記錄，應該是女教師唯一需要掌握的；也應該是在學校內唯一需要進行的測量。我的計畫是，其他的測量應該由一位醫生來做，他或者已經是，或者正準備成為嬰兒人類學的專家。同時，我自己也會進行這些特殊的測量。

		九月			
星期一		第1週	第2週	第3週	第4週
星期二					
星期三					
略					

醫生所做的檢查必然是複雜的，為了方便和規範這些測量的進行，我設計並印製了如下的記錄表。

一個底部有支架的長槽，可以把獨立的小浴缸放在上面，底部留較大的孔。在大槽裡把小浴缸灌滿水，水從槽裡流進去，然後根據液體的流平規律，通過底部的孔一起流入所有的小水缸。當水裝滿後，它不會從一個浴缸流到另一個浴缸，孩子們將分別洗澡。排空水槽的同時帶來了小浴缸的水也被排空，小浴缸用輕金屬製成，可以很容易地從大浴缸的底部移動，以方便清潔。在底部的洞裡可以放一個軟木塞。這些只是未來的設想！

人類學記錄

```
編號_____    日期_____
姓名_____    年齡_____
家長姓名_____  母親年齡_____  父親年齡_____
職業_____
家族史_____
_____
個人史_____
_____
```

人類學資料

站高	體重	胸圍	坐高	身高指數*	體重指數*	頭部			
						頭圍	前後徑	左右徑	頭顱指數

體質_____
肌肉的狀況_____
膚色_____
髮色_____

備註_____
_____

　　我們看到,這些圖表非常簡單。這是因為我希望醫生和女教師能夠自由且獨立地使用它們。

　　透過這種方法,人體測量紀錄被有序地排列,而簡單的機制和清晰的圖表,保證了我認為基本的觀察。參考醫生的履歷表,我建議每年對以下數據進行測量:頭圍、頭部前後徑和左右徑、胸圍;頭顱指數、體重指數和身高指數。有關這些測量方法選擇的更多資訊,請參閱我的論文「教育人類學」。醫生被要求在孩子滿一歲的一週內,或者至少在一個月內,以及如果可能的話,在生日當天進行這些測量。這樣,醫生的任務也會變得更容易,因為這樣很規律。我們每個學校最多有 50 個孩子,這些孩子的生日分散在一年 365 天裡,醫生就可以不定期地給他們量尺寸,這樣他的工作任務不會很重。教師有責任把孩子的生日告知醫生。

　　採取這些人體測量方法也有教育的作用,因為學生們在離開兒童之家時,知道如何清楚和肯定地回答下列問題:

081

第四章 「兒童之家」的教學方法

你是星期幾出生的？

你是在幾號出生的？

你什麼時候過生日？

透過這些，他們將養成井然有序的習慣，最重要的是，他們將養成自我觀察的習慣。的確，孩子們非常喜歡被測量；老師只要看他一眼，說一句「身高」，孩子就立刻開始脫鞋，笑著跑到人體測量儀的平臺上；孩子的姿勢非常標準，所以老師只需要移動指標，讀出結果。

除了用普通儀器（卡尺和金屬碼尺）測量外，醫生還觀察了孩子們的血液流動、肌肉狀況、淋巴腺狀況、血液狀況等。他會留意是否有異常，認真地描述任何病理狀況（佝僂病、小兒麻痺、視力下降等傾向）。當醫生想要和父母談論孩子的狀況時，對孩子的客觀研究將提供參考。之後，當醫生發現有必要時，他會對孩子的家庭進行徹底的衛生檢查，預先制定必要的治療方案，最終消除溼疹、中耳炎、發燒、腸道功能紊亂等問題。房子裡有醫務室，可以進行直接治療和持續觀察，這大大有助於我們仔細地跟蹤居民的病例。

我發現，那些在診所裡通常會詢問的問題不適合在我們的學校使用，因為住在這些公寓裡的家庭成員在相當程度上是完全正常的。

因此，我鼓勵指導者從她與母親的談話中收集更實際的資訊。她可以了解父母的教育情況、他們的習慣、收入如何、家庭開銷等等。知道前述的所有資訊，她就可以總結出每個家庭的概況。當然，這種方法只有在指導者和她學生的家庭生活在同一社區時才實用。

醫生給予母親關於如何對每個孩子進行衛生護理的建議，以及關於一般衛生的指導，都是很有幫助的。在這些事情上，指導者應該扮演中間人的角色，因為母親們對她很信任，並且她能很自然地給予建議。

環境和教室的布置

毫無疑問，我們必須系統地觀察學生的形態發育。但我要重申，雖然有必要納入這一要素，但這並不是觀察的基礎。

觀察的基礎在於學生可以自由地表現自己。

因此，我首先把目光轉向環境問題，當然這也包括教室的布置。把一個有足夠空間的操場做為學校環境的一個重要組成部分，這並不是什麼新奇的建議。

不同之處也許就在於，我對如何使用這個露天空間的想法，那就是直接通往教室，以便孩子們可以隨時自由出入。稍後我將更詳細地談到這一點。

學校布置方面，我取消了課桌、長凳或固定的椅子。桌子的腿寬而結實，呈八角形，桌子既結實又輕便，兩個四歲的孩子就可以輕鬆地搬來搬去。這些桌子是長方形的，可以容納兩到三個孩子。還有一些小桌子可以讓孩子在那裡單獨工作。

我還設計和製造了小椅子。我最初計劃使用籐椅，但實踐證明磨損太大，後來我使用了木質的椅子，非常輕便又美觀。除此之外，每個教室裡還有一些舒適的小扶手椅，一些是木頭製的，一些是柳條編的。

學校還有很低的小洗臉檯，連一個三歲的孩子都能用。洗臉檯塗有白色防水搪瓷，除了放白色搪瓷臉盆和水杯的上下排架子外，還有放置肥皂盒、指甲刷和毛巾的小側架。如果條件允許，還會給每個孩子一個小櫃子，用來放自己的肥皂、指甲刷、牙刷等。

在每一個「兒童之家」，我們都放置了一排矮櫃，專門用來容納教具。

這些櫃子的門很容易開啟，設備的保管工作交給了孩子們。這些箱

第四章 「兒童之家」的教學方法

子的頂部可以放置盆栽植物、小水族館或是孩子可以玩的各種玩具。我們有足夠的黑板空間，而且這些黑板掛得很低，即使最小的孩子，也能使用。每一塊黑板都有粉筆盒，還有用來代替板擦的白布。

黑板上方掛著精心挑選的精美圖畫，上面是自然而然會引起孩子感興趣的簡單場景。在羅馬，我們兒童之家的圖畫，懸掛了一幅拉斐爾（Raffaello）的〈椅中聖母〉（*Sanzio Madonna della Seggiola*），我們選擇這幅圖畫做為兒童之家的象徵。「兒童之家」不僅代表了社會進步，也代表人類的普遍進步，這與女性觀念的提高、婦女的進步和子女的保護密切相關。在這個美麗的構想中，拉斐爾不僅向我們展示了聖母瑪利亞，做為一位神聖的母親，懷抱著比她更偉大的嬰兒；而且在母性象徵旁邊，他還設計了代表人類的聖約翰形象。所以在拉斐爾的畫中，我們看到了人類對母性的崇敬。這幅畫是義大利最偉大藝術家的傑出藝術作品之一。如果有一天，「兒童之家」能在全世界建立起來，我們希望拉斐爾的這幅畫像出現在每一所學校裡，訴說著這個國家的榮光。

儘管孩子們無法理解〈椅中聖母〉的象徵意義，但他們會看到普通圖片上感受不到的美，他們看到了母親、父親和孩子。經常看著這幅圖畫，會喚醒他們內心虔誠的感覺。

這就是我為孩子們選擇的環境。

我知道那些習慣了舊的紀律方法的人會第一個站出來反對：這些孩子們四處走動，會把小桌椅掀翻，製造噪音和混亂；但這是一種長期存在的偏見，這種偏見並沒有真憑實據。

許多世紀以來，人們一直認為新生兒必須要用襁褓，而學步椅對於正在學習走路的孩子來說也是必要的。所以在學校裡，我們仍然認為有必要把沉重的桌椅固定在地板上。所有的這些要求，都是基於孩子應該在靜止中成長，這樣一種觀念，以及一種奇怪的偏見，即為了進行教

育，我們必須讓身體保持特殊的姿勢，正如我們必須採用特殊的姿勢來祈禱。

我們的桌椅都很輕，很容易搬運，我們允許孩子選擇他覺得最舒服的位置。他既能讓自己舒服，又能坐在自己的位置上。這種自由也是教育的手段。如果一個孩子做了一個笨拙的動作，把椅子弄翻了，椅子響亮地掉在地板上，他就會得到一個明顯的證據，證明他在這方面的能力不足；如果是在固定的長凳上，他就不會注意到這一點。於是，孩子就可以糾正自己，並且證明自己有能力讓小桌子和小椅子不動，並且不發出聲音。很明顯，這個孩子已經學會了自我控制。

在舊的方法中，孩子在靜止和沉默中遵守紀律。不動和沉默妨礙了孩子學會優雅而敏捷地移動，使他缺乏訓練，以至於當他處於一個椅子沒有被固定的環境中時，很容易打翻它們。在「兒童之家」，孩子不僅要學會優雅、得體地走動，而且要明白這樣做的原因。他在這裡獲得的能力將讓他受益終生。當他還是個孩子的時候，他能夠自由而正確地行事。

米蘭「兒童之家」的指導者在一扇窗戶下搭建了一個狹長的架子，上面放著幾張小桌子，桌子上擺放著設計課會使用的金屬幾何圖形。但是架子太窄了，他們在挑選想要的東西時，經常會讓其中一張小桌子掉到地上，裡面所有的金屬片都發出很大的聲響。指導者打算把架子換一下，但是在木匠到來之前，她發現孩子們已經學會了小心地處理這些設備，儘管架子很窄也不穩，但是小桌子不再掉到地上了。

孩子們小心地控制他們的動作，克服了這件家具的缺點。簡單或不完美的外部物體往往有助於發展學生的活動和靈活性。這是我們的教學方法帶來的意外驚喜。

第四章 「兒童之家」的教學方法

　　這一切似乎都很合乎邏輯，現在它已經被實際嘗試並用語言表達出來，毫無疑問，對每個人來說，這像克里斯多夫・哥倫布（Cristoforo Colombo）把雞蛋立起來一樣簡單。

第五章
紀律

第五章　紀律

紀律與自由

觀察的教學方法以兒童的自由為基礎，而自由就是活動。

只有透過自由，才能獲得紀律。這是一個偉大的思想，普通學校教育方法的追隨者很難理解它。怎麼能讓一個班級習慣自由自在的孩子遵守紀律呢？當然在我們的教育體系裡，我們對「紀律」的概念與普遍認知有很大差別。如果紀律建立在自由的基礎上，紀律本身就必須是主動的。我們不認為只有當一個人變得像啞巴一樣沉默，像癱瘓了一樣一動也不動時，才是遵守紀律。這樣的情形不是受到紀律的約束，而是被毀滅了。

如果一個人是自己的主人，當他需要遵循某種生活規則時，可以規範自己的行為，那麼我們稱他為有紀律的人，這種主動紀律的概念既不容易理解，也不容易應用。當然，它包含了一個偉大的教育思想，不同於舊時代的絕對和未經討論的強制靜止。

如果教師想要引導孩子沿著這樣一條紀律之路走下去，不斷精進，最終完美地掌控自己，她就需要掌握一種特殊的技巧。因為孩子現在學習移動而不是坐著不動，他不是為學校而準備，而是為生活而準備。透過習慣和實踐，他能夠輕鬆而正確地完成社會或團體生活中的簡單行為。孩子在這裡所適應的紀律，其性質不僅限於學校環境，而且延伸到社會。

不損害集體利益應成為兒童自由的底線，同時孩子應當具有良好的教養。因此，我們必須遏制孩子冒犯他人，或者沒有教養的行為。但其餘的各方面，無論是什麼，或是以什麼形式表現出來，不僅應該被允許，而且教師需要觀察到。關鍵在於，從科學的角度出發，教師不僅要有觀察各種現象的能力，而且要有觀察各種現象的欲望。在我們的體系

裡，她必須被動，而不是主動，這種被動應該是由強烈的科學好奇心和對她希望觀察現象的絕對尊重所組成的。教師必須理解並感受到自己作為觀察者的身分：活動必須存在於現象之中。

對於第一次展示出心靈活動的兒童來說，這樣的思想無疑是有用的。我們無法預料，在孩子剛開始表現主動的時候，禁止其自發行為，會帶來怎樣的後果：或許我們會扼殺兒童的生命力。在幼年時期，人類展現出智慧的光輝，就像太陽在黎明時初升，花朵剛剛開始綻放；我們必須虔誠地尊重這些獨特的最初印跡。所有有效的教育行為，都是在幫助生命的全然開放。因此，有必要嚴格避免阻止孩子的自發舉動，隨意給他們強加任務。當然，在這裡我們不是指無用或危險的行為，因為這些行為必須被阻止。

對於那些沒有做好科學準備的教師來說，培訓和實踐是必要的，而對於那些習慣了普通學校老一套霸道方法的教師來說，這種培訓尤為必要。我在學校培訓教師的經驗使我相信二者有很大的差距。即使是一個聰明的老師，如果不理解這一思想，也很難把它付諸實踐。她無法理解她的新任務，表面上看是被動的，就像天文學家坐在望遠鏡前不動，而世界在太空中旋轉。生命自行其道，為了研究它，發現它的祕密或指導它的活動，我們需要觀察它、理解它而不干預，這種觀念對任何人來說都很難理解和付諸實踐。

受到之前知識的影響，傳統的教師無法在學校讓學生展開自由活動。長期以來，她的職責實際上是壓制學生的活動。在「兒童之家」的最初幾天裡，她不能要求原本習慣的教室秩序和安靜，使她看上去很尷尬，好像在請求大家原諒她，並呼籲在場的人能證明她的清白。我們向她重申，最開始的混亂是必要的，但卻徒勞無功。最後，當我們要求她什麼都不做而只是觀察時，她問，既然她不再是老師了，她是不是最好辭職。

第五章　紀律

　　當她開始意識到自己有責任辨別應當阻止哪些行為、觀察哪些行為時，這位來自舊式學校的老師感到自己內心的巨大空虛，並開始詢問自己是否能勝任新的工作。事實上，沒有準備的她發現自己在很長一段時間內感到羞愧和無能為力；而有了更多的實驗心理學科學實踐之後，她很快就會發現生命不斷展開的奇妙，產生對生命的興趣。

　　諾塔里（Notari）在他的小說《我的百萬富翁叔叔》（*My Millionaire Uncle*）中，對現代習俗進行了批判，他以特有的生動性給我們帶來一個特別有說服力的例子，是有關紀律的舊式教育方法的。「叔叔」指的是一個孩子，他擾亂治安，弄得整個鎮子雞犬不寧，在絕望中他被關進一所學校。在這裡他被稱為「福福」，當他靠近美麗的小福菲塔時，得知她沒有午餐吃時，他第一次心甘情願地想要變得善良，感受到自己靈魂的第一次感動。

　　「他環顧四周，看著福菲塔站起來，把自己的小午餐盒一言不發地放在她的腿上。

　　然後他從她身邊跑開了，不知為什麼，垂下頭大哭起來。

　　我的叔叔不知道如何向自己解釋這次為什麼哭。

　　他第一次看到自己的眼睛充滿了悲傷的淚水，他覺得內心很感動，也很難過。與此同時，一種極大的羞恥感湧上了他的心頭，那羞恥感就是在一個沒有東西吃的人身邊吃東西。

　　「他不知道如何表達自己內心的悸動，也不知道該說什麼讓她接受他的小盒子，也不知道如何編造一個藉口，說明他為什麼把盒子給她。他仍然沉浸在自己小小靈魂的第一次悸動中。

　　福菲塔一臉迷茫，迅速地向他跑去。她非常溫柔地把他掩著臉的那隻手臂拉開。

『別哭了，福福，』她輕輕地對他說，幾乎像是在懇求他。就像是在和她心愛的布娃娃說話，她的表情那樣慈愛、專注、溫柔而又不失威嚴。

然後，小女孩吻了他，我的叔叔摟住了她的脖子，仍然默默地抽泣著，回吻了她。最後，他深深地嘆了口氣，擦去臉上和眼睛上的淚痕，又笑了。

院子另一端傳來一個刺耳的聲音：

『原來你們倆在這裡——快一點！你們倆都進來！』

那是老師。她用對待兩個打架的孩子的那種盲目的殘暴，粉碎了一個叛逆者靈魂中第一次溫柔的騷動。

是大家回到學校的時候了——每個人都必須遵守校規」。

在剛剛來到「兒童之家」時，我看到我的教師們就是那樣做的。他們不由自主地讓孩子們一動不動，而並不觀察和區分他們所壓制動作的性質。例如，有一個小女孩把她的同伴聚集在她周圍，然後開始說話和做手勢。老師立刻跑到她跟前，抓住她的手臂，叫她別動；我觀察這孩子，看到她在扮演老師或其他人的母親，教他們晨禱、向聖徒祈禱和畫十字架：她把自己當作了指揮者。另一個孩子，不斷地做出混亂和錯誤的動作，有一天，他表現出強烈的活動力，開始移動桌子，似乎不太正常。因為他太吵了，他們馬上就要他站著不動。然而，在這個孩子身上，展現出協調一致、指向一個有用目標的動作。因此，這種行動理應得到尊重。事實上從那以後，每當他把小物品搬來搬去，放在書桌上時，孩子就開始像其他人一樣安靜快樂了。

當指導者把用過的各種材料放進盒子裡時，常常會有一個孩子走上前拿起東西，明顯地想模仿老師。教師的第一個衝動是讓孩子回到自己

第五章　紀律

的座位上。然而，孩子透過這一舉動表達了希望自己可以幫忙的渴望；對她來說，上秩序這堂課的時機已經成熟。

一天，孩子們聚在一起，談笑風生，圍著一盆水排成一個圈，裡面裝著一些漂浮的玩具。我們學校有一個不到兩歲半的小男孩。他被留在圈子外，顯然他充滿了強烈的好奇心。我饒有興趣地從遠處看著他，他先是走近其他孩子，想擠到他們中間去，但他不夠強壯，於是站在那裡環顧四周。他那張小臉上帶著若有所思的表情，非常有意思。我真希望我有個照相機，這樣我就可以給他拍照了。他的目光落在一張小椅子上，顯然他決定把它放在一群孩子後面，然後爬上去。他開始向椅子走去，臉上充滿了希望，但是在那一刻，老師殘忍地（或許，她會說輕輕地）把他抱在懷裡，把他舉到其他孩子的頭上，給他看那盆水，說：「來吧，可憐的小傢伙，你也會看到的」！

毫無疑問，孩子看到漂浮的玩具時，並沒有體驗到用自己的力量克服障礙所帶來的快樂。看到這些物體不會給他帶來任何好處，而他充滿智慧的努力卻會增強他的內在力量。在這種情況下，老師阻止了孩子自我學習，卻沒有給予他任何補償。小傢伙原本幾乎已經感覺到自己是個征服者了，現在他卻發現自己軟弱無力地被兩條禁錮的手臂緊緊地摟著。他臉上流露出的喜悅、安詳和希望的表情，讓我非常感興趣的表情，從他的臉上消失了，只留下知道別人會替他包辦的孩子那種愚蠢的表情。

當教師們對我的觀察感到不勝其煩時，他們開始允許孩子們做他們想做的事。我看見孩子們把腳放在桌子上，或者手指伸進他們的鼻子裡，教師並沒有干預，想要糾正他們。我看到其他孩子推著他們的同伴，臉上露出一種暴力的表情；教師也一點都不加以關注。然後我不得不插手，向他們說明有必要以絕對的嚴厲，來阻止並壓制所有一定不能做的事情，以便孩子能夠清楚地分辨善惡。

如果紀律要持久，就必須以這種方式奠定基礎，而最初那段時間對指導者來說是最困難的。要學會主動的紀律，孩子們必須首先了解善與惡的區別；教育者的任務在於確保孩子們不要像舊時代管教中經常發生的那樣，把善與靜止混淆，把惡與活動混淆。因為我們遵守紀律是為了活動，為了工作，為了善良，而不是為了靜止，為了被動，為了服從。

在我看來，如果所有孩子都能有目的地、靈巧地、自願地活動，而不做出任何粗暴或粗魯的行為，這就是良好的紀律了。

像在普通學校一樣，讓孩子們排成一排，給每個孩子分配一個位置，並建議他們安靜地坐著，注意保持整個班級的秩序——這是可以作為集體教育的起點。同樣，在生活中，有時我們都必須保持安靜，例如參加會議或講座時。我們知道，即使對我們這些成年人來說，這也需要付出不小的努力。

建立起個人紀律之後，如果我們能安排好孩子們，把每個孩子都按順序安置到自己的位置，讓他們明白這樣安排會使他們看起來很整齊，井然有序是件好事，是令人愉快的安排，那麼他們的有序而平靜，以及安靜而沉默地坐在自己的位置上，是學習的結果，而不是強加的。讓他們理解這個想法，而不是強迫他們注意實踐，讓他們吸收集體秩序的原則——這是很重要的。

如果他們理解了這個想法，當他們站起來、說話、走動時，他們不再無意識地做這件事，而是因為他們希望站起來、說話等等。也就是說，帶著這種理解，他們離開那種寧靜和有序的狀態，是為了採取一些自願的行動；並且知道在那裡是被禁止的行為，這將讓他們了解如何區分善惡。

隨著時間的推移，孩子們從秩序狀態出發的動作總是變得更加協調和完美；事實上，他們學會了反思自己的行為。現在（孩子們理解了秩序

第五章　紀律

的概念），觀察關於孩子們從最初的無序活動到自發的有序活動的方式，是教師的功課，會啟發她的思考；如果她想成為一名真正的教育家，這是她唯一必須了解和學習的地方。

因為經過這種練習的孩子，在某種程度上會選擇自己的傾向，而這些傾向最初在他無意識的混亂行動中是令人疑惑的。值得注意的是，當我們這樣做的時候，就可以清晰地看到孩子們的個體差異：孩子有意識而自由地展現了自己。

有人安靜地坐在座位上，昏昏欲睡；有人離開座位去吵架，打架，或者翻倒各種積木和玩具；還有人開始採取明確的行動——把椅子移到某個特定的地方坐下，移動一張不用的桌子，在上面安排他們想玩的遊戲。

我們用於兒童的自由觀念並非我們觀察植物、昆蟲等時所使用的簡單的自由觀念。由於出生時特有的無助，以及做為一個社會個體的屬性，孩子被各種限制他活動的束縛所包圍。

以自由為基礎的教育方法必須介入，幫助兒童克服這些障礙。換句話說，必須以一種理性的方式幫助他減少限制他活動的社會束縛。

漸漸地，隨著孩子在這樣的氛圍中成長，他的自發表現會變得更加清晰，揭示出他的本性。基於所有這些原因，第一種形式的教育干預必須是引導孩子走向獨立。

獨立性

獨立是自由的前提：因此，我們必須對兒童個人自由的早期積極表現進行引導，讓他得以透過這種活動走向獨立。從斷奶的那一刻起，孩子就踏上了獨立之路。

獨立性

　　什麼是斷奶？就是這個孩子不再依賴母親的乳房。為了代替這個營養來源，他會找到各式各樣的食物；對他來說，生存的手段是成倍增加的，他可以在某種程度上選擇他的食物，而不再絕對局限於一種營養形式。

　　然而，他仍然需要依賴別人，因為他還不能走路，無法自己洗衣服，也不能用一種清晰易懂的語言來表達自己想要的東西。然而，到了三歲，孩子應該已經能夠在相當程度上讓自己獨立和自由。

　　我們還沒有完全理解「獨立」這個詞的最高理念，是因為我們所生活的社會形式仍然是奴性的。在一個有僕人存在的文明年代，獨立的生命形式這一概念無法自由地扎根或發展。即便如此，在奴隸制時代，自由的概念還是被扭曲和醜化了。

　　我們的僕人並不依賴我們，相反，是我們依賴他們。

　　如果不能感受到這一深刻錯誤，以道德劣勢所顯現的普遍影響，就不可能意識到它是我們社會結構的一部分。我們常常相信自己是獨立的，因為沒有人命令我們，並且我們對別人發號施令；但是需要召喚僕人來幫助他的貴族，實際上是一個低等的依賴者。因為生病而脫不下靴子的**癱瘓者**，和因為社會的現實而不敢脫下靴子的王子，事實上並沒有實質性的區別。

　　任何一個接受奴役觀念，並認為由人來服務人是一種優勢的國家，都承認奴性是一種本能。事實上，我們都很容易接受諂媚的服務，並給它冠上諸如謙卑、禮貌、善心等美名。

　　事實上，被服務者缺乏獨立性。而獨立性將是未來人類尊嚴的基礎，「我不希望被人侍奉，因為我不是一個無能為力的人」。要獲得真正的自由，人們就先要接受這個觀念。

第五章　紀律

　　任何有效的教育行為，都必須幫助兒童走上獨立的道路。我們必須幫助他們學會獨立走路、奔跑、上下樓梯、撿起東西、穿脫衣服、洗澡、清楚地表達自己的需求。我們必須給予幫助，使兒童能夠實現自己的目標和願望。所有這些都是獨立性教育的一部分。

　　我們習慣性地為兒童服務；這不僅是一種奴性行為，而且是危險的，因為這往往會扼殺他們有用的、自發的活動。我們喜歡相信孩子們就像木偶，我們為這些木偶洗澡和餵食。我們不會停下來思考一下，如果不做，孩子是不是就不知道該怎麼做。然而，他必須做這些事情，天性為他提供了進行這些活動的物理手段，以及學習如何進行這些活動的智力手段。在任何情況下，我們的責任都是幫助他掌握，大自然所希望他為自己做的有效行為。一個母親餵孩子吃飯時，沒有努力教他自己拿湯匙，並把湯匙放到嘴裡，而且不親身示範吃東西的過程，請孩子看看她是怎麼做的，那她不是一個好母親。她侵犯了她兒子最基本的人格尊嚴──她把他當作是一個玩偶，而他卻是一個天生交給她照顧的人。

　　眾所周知，教孩子自己吃飯，自己盥洗和穿衣，與給孩子餵飯、盥洗和穿衣相比，是一項更枯燥、更困難的工作，需要無窮的耐心。但前者是教育家的工作，後者是僕人的輕鬆低劣的工作。對母親來說工作變得容易了，但對孩子來說這是非常危險的，因為它阻礙了孩子的發展之路。

　　父母這種態度的最終後果可能確實非常嚴重。有太多僕人的紳士，不僅越來越依賴他們，直到他最終成為他們的奴隸，而且他的肌肉由於不常活動而變得虛弱，最後失去了基本的行動能力。如果一個人不為自己所需而努力，而是從別人那裡得到，那麼他的思想就會變得沉重而遲鈍。如果有一天，他突然意識到自己的不利境地，並希望自己重新獲得獨立，他會發現自己已經沒有力量這樣做了。如果想要讓自己的孩子獨立、充分地發揮自己的特殊才能，社會特權階層的父母們就應當了解這

些危險。不必要的幫助實際上阻礙了自然力的發展。

誠然，東方女人穿褲子，歐洲女人穿襯裙；但東方女人更多地被教導要文靜。這種對待女人的態度導致男人不僅為自己工作，而且為女人工作。女人浪費了她天生的力量和活力，變得萎靡不振。在受到服侍的同時，她的個性被削弱、貶低。作為社會的一員，她沒有任何貢獻。她也缺乏保護生命的力量。我來舉例說明一下：

一輛載著一家三口的馬車沿著鄉村公路行駛。一個持槍歹徒攔住了馬車說：「要錢還是要命」？在這種情況下，車廂裡三個人的行為截然不同。男人是一名訓練有素的神槍手，手持左輪手槍，迅速抽身，與刺客對峙。男孩飛快地跑開。女人則手無寸鐵，因為平時缺乏鍛鍊，並且裙襬束縛了她的雙腿，她無法逃跑，嚇得昏倒在地，失去了知覺。

這三種不同的反應與三個人各自的自由和獨立狀態密切相關。細心的騎士會為女人拿斗篷，或者撿起掉落的東西，這樣她就可以免於一切勞動。

奴役和依賴的危險不僅在於導致「生命被無用地消耗」，讓人變得無助，而且在於個人特質的發展，讓正常人發生令人遺憾的轉變和墮落。我們都非常熟悉那些霸道和暴虐行為的例子。霸道的習慣與無助並存。它是依賴於他人工作者情感狀態的外在象徵。因此，主人對僕人來說往往是個暴君。這是工頭對待奴隸的態度。

讓我們想像一個聰明而熟練的工人，他不僅有能力完成許多完美的工作，而且能在他的工廠裡提出建議，因為他有能力控制和指導自己在工作中的各種活動。作為環境的主人，他能夠在別人的憤怒面前微笑，顯示出他對自己強大的掌控能力，因為他意識到自己有能力做事。然而並不讓我們意外的是，在家裡，如果湯不合他的口味，或者沒有在指定的時間做好，這個能幹的工人會責罵他的妻子。在家裡，他不再是能幹

第五章　紀律

的工人；在這裡，能幹的工人是妻子，她服侍他，為他準備食物。在當他覺得自己高效而強大的時候，他是一個安詳而和藹可親的人，但在被服務的地方他卻變得專橫霸道。

如果學會如何煮湯，或許他會成為一個完美的人！透過自己的努力，能夠完成生活中舒適和發展所必需的一切行動，他征服了自己，並且能力得以增強，自身得到完善。

我們必須讓下一代成為有能力的人，即獨立而自由的人。

取消獎懲制度

一旦我們接受並確立了這樣的思想，自然就會取消獎懲制度。自律而自由的人類，開始渴望真正的、唯一的獎賞，而這種獎賞絕不會貶低他或者使他失望，那就是在他內心迸發出人類的力量和自由。

以我自己的經驗而言，我常常驚奇地發現這是多麼真實。在剛剛進入「兒童之家」的時候，教師們還沒有學會將自由和紀律的教學思想付諸實踐。我不在的時候，其中一位忙著糾正我的想法，使用了她習慣的幾種方法。因此，有一天，當我剛好走進教室時，我發現其中一個最聰明的孩子戴著一個巨大的希臘銀十字架，十字架用漂亮的白絲帶串起，而另一個孩子坐在房間中央的一把扶手椅上。

第一個孩子得到了獎勵，第二個受到了懲罰。至少我在場的時候，教師並沒有干涉，情況保持原樣。我沒有出聲，在那裡靜靜地觀察。

那個戴著十字架的孩子正來回走動，把他的東西從桌子上搬到老師的桌子上，並把其他人帶到他們的位置上。他高興地忙碌著。他走來走去，從受罰孩子的扶手椅旁經過。銀十字架從他的脖子上滑了下來，掉到了地板上，坐在扶手椅上的孩子把它撿起來搖晃著，他環顧四周，然

後對他的同伴說：「你看到你掉的東西了嗎」？孩子轉過身來，漠不關心地看著十字架，帶著「別打擾我」的表情，他回答說：「我不在乎」。「你不在乎嗎，真的」？受罰的孩子平靜地說。「那我就戴上了」。另一個用一種「別煩我」的腔調回答說，「哦好，戴上吧」。

坐在扶手椅上的男孩小心地把緞帶整理好，把十字架放在他粉色圍裙的前面，欣賞它的明亮和美麗，然後他更舒服地坐在他的小椅子上，顯然很高興地把手臂放在椅子的扶手上。這件事就這樣平靜地過去了。十字架項鍊可以滿足被懲罰的孩子，但不能讓從工作中獲得快樂和滿足的孩子滿意。

一天，我帶著一位女士去參觀另一個「兒童之家」，她對孩子們讚不絕口，打開她帶來的一個盒子，給他們看了許多閃閃發光的獎章，每個獎章上都繫著鮮豔的紅絲帶。她說：「老師會給最聰明、最棒的孩子戴上它們」。

由於我沒有義務教這位來訪者我的方法，我保持沉默，老師接過了盒子。這時，靜坐在桌旁一個聰明的四歲小男孩，皺著額頭表示抗議，一遍又一遍地喊道：「不要給男孩子，不要給男孩子」！

這是多好的啟示啊！這個小傢伙早就知道自己是班上最優秀的，儘管從來沒有人告訴過他，他也不想因為這個獎而有被冒犯的感覺。由於不知道如何捍衛自己的尊嚴，他利用了自己的男性身分！

關於懲罰，很多時候我們會碰到一些孩子，不顧我們的糾正，會打擾其他人。醫生會立即對這些孩子進行檢查。當孩子身體情況正常的時候，我們把一張小桌子放在房間的一個角落裡，這樣就可以把孩子隔離開來；讓他坐在一張舒適的小扶手椅上，這樣他就可以看到他的同伴在活動，並給他那些最喜歡的遊戲和玩具。這樣幾乎總是能使孩子平靜下來；從他的位置上，他能看到所有的同伴們，他們正在上實物課，這種

第五章　紀律

課程的效果比聽老師講述要好得多。慢慢地，他發現加入他們是個不錯的主意，他真的很想回去跟他們一起參與活動。用這種方式，我們可以對似乎有些叛逆的孩子進行管教。不合群的孩子總是像生病的孩子那樣受到特殊的照顧。當我走進教室，會先直接走向他，撫摸他，就像對待一個很小的孩子那樣。然後我會關注其他人，對他們的活動感興趣，問他們一些問題，就好像他們是小大人。我不知道這些需要管教的孩子他們的內心發生了什麼，但可以肯定的是，他們的轉變總是非常徹底和持久的。他們對學習如何執行活動和如何做人感到非常自豪，對老師和我總是非常親近。

關於自由的生物學觀點

從生物學的角度來看，兒童早期教育的自由概念，必須被理解為獲得那些適合其整體個性最佳發展的條件。因此，從生理和心理兩方面來看，這包括大腦的自由發展。教育者必須深深地敬畏生命，並且因此在帶著興趣進行觀察的同時，尊重兒童生命的發展。兒童的生命並不是抽象概念，而是孩子個體的生活。唯一的生物表現形式就是活生生的個體，教育必須對個體進行一對一的觀察。我們必須把教育理解為對孩子正常成長的積極幫助。孩子的身體在發育，靈魂在發展，這兩種生理和心理形式構成了一個永恆的主題，即生命本身。我們既不能破壞，也不能扼殺這兩種形式的神祕力量，我們必須等待它們次第出現。

環境無疑是生命現象的次要因素：它可以改變，因為它可以幫助或阻礙，但它永遠不能創造。從奈傑利（Naegeli）到德弗里斯（De Veris）的現代進化理論，在動物和植物這兩個生物分支的發展過程中，都把這種內在因素看作是物種轉化和個體轉化的動力。無論對物種還是個體來

說，發展的源起都在於內在。孩子的成長不是因為他得到了營養，不是因為他呼吸，不是因為周圍溫度條件適宜；而是因為他內在的潛在生命得以發展和顯現，因為他生命的胚芽注定要萌發。青春期的到來不是因為孩子會笑，會跳舞，會做體操，或者營養充足，而是因為他已經達到了那種特殊的生理階段。生命自我展現，生命創造，生命給予，並被某些不可踰越的法則所約束。物種的固定特徵不會改變，它們只會波動。

德弗里斯在突變理論中如此精闢地闡述了這一概念，同時也說明了教育的局限性。我們可以對與環境有關的變化採取行動，其限度在物種和個體中略有不同，但我們對突變無能為力。突變是由於生命本身某種神祕的連繫所決定的，它們的力量高於環境所帶來的修正因素。

例如，一個物種不能透過任何適應現象突變或變成另一個物種，就如同一個偉大的天才不能被任何限制或任何錯誤的教育形式所扼殺。

環境對個體生命的作用越強，個體生命就越不穩固和強大。但環境可以做到兩種截然相反的作用，一種是促進生命，另一種是扼殺生命。例如，許多棕櫚科植物在熱帶地區十分繁茂，因為氣候條件有利於它們的發展，但許多動植物的物種在它們無法適應的地區已經滅絕。

生命是一位至高無上的女神，總是不斷前行，不斷推翻周遭的阻礙。無論對於物種問題還是個體問題，這都是最根本的真理，在勝利者的前進道路上，這種神祕的生命力是強大和至關重要的。

很明顯，就人類特別是社會公民而言，重要且緊迫的問題是關注，或者我們可以說，培育人類的生命。

第五章　紀律

第六章
如何為兒童授課

第六章　如何為兒童授課

「要惜字如金。」

但丁《地獄篇》第十章。

透過自由的制度，學生可以在學校裡表現出他們的天性，因此我們準備好了環境和材料（孩子活動的場景）。由於這兩個事實，教師不能局限於觀察，而必須進一步展開實驗。

在這個教學方法中，課程就相當於一個實驗。教師對實驗心理學的方法越熟悉，就越能理解如何授課。事實上，如果要恰當地應用這種方法，就需要掌握特殊的技術。教師必須參加「兒童之家」的培訓班，以便掌握該方法的基本原理並理解其應用。這項訓練最困難的部分是紀律的部分。

在開學的最初幾天，孩子們並不了解集體秩序的觀念；這種觀念是在紀律訓練中產生的，透過這些訓練，孩子們學會了分辨善惡。因此在一開始，老師不能集體授課。事實上，這樣的課程總是非常罕見，因為孩子們不可能安靜地待在座位上聽老師講課。事實上，集體課程是次要的，幾乎被我們廢除了。

個別授課的幾個要點：
簡潔、簡單、客觀

因此，簡潔必須是個別授課的主要特點之一。但丁對老師們提出了很好的建議，他說：「要惜字如金」。我們越是仔細地刪去無用的話，這門課就越完美。在備課時，老師必須特別注意這一點，她要計算和權衡她每一句話的價值。

「兒童之家」課程的另一個特點是簡單。一切並非絕對真理的內容必須被抹去。第一個特點簡潔說明，教師不可在白費口舌中迷失自我；第

二個特點與此密切相關,也就是說,精心挑選的話語必須簡單易懂,而且直指真理。

課程的第三個特點是客觀。上課時不能帶入教師自身的個人觀點。她只能呈現自己希望喚起兒童注意的看法。在簡短而簡單的課程裡,教師必須對目標和兒童如何達成目標作出解釋。

觀察法:基本的指導方法

上課時,觀察法必須成為基本的指導方法,其中包括考慮和理解兒童的自由。因此,教師觀察孩子是否對這個目標感興趣,他對它感興趣的程度,持續多久等等,甚至注意到他臉上的表情。她必須非常謹慎,不觸犯自由的原則。因為如果她激發孩子做出非自然的努力,她將無從了解什麼是孩子的自發活動。因此,如果孩子對以這種簡潔、簡單、真實的方式嚴格準備的課程不能理解,或者無法接受對目標的解釋,老師就必須注意兩件事:第一,不要重複課程;第二,不要讓孩子覺得自己犯了錯,或者自己理解能力有問題,因為這樣做會使他努力想去理解狀況,進而改變教師在進行心理觀察時所必需的自然狀態。有幾個例子可以說明這一點。

舉例說明科學與非科學授課方法的區別

例如,假設教師想教孩子紅色和藍色這兩種顏色。她想把孩子的注意力吸引到這個主題上。因此,她說,「看這個」。然後,為了教他顏色,她給孩子看紅色,同時說「這是紅色」。她提高了聲音,緩慢而清晰地念出「紅色」這個詞。然後給他看另一種顏色:「這是藍色」。為了確保

第六章 如何為兒童授課

孩子明白，她對他說：「把紅色的給我」。「把藍色的給我」。讓我們假設這個孩子在最後這個要求上犯了個錯誤。教師不重複再教一次，她微笑著，友好地愛撫著孩子，把顏色拿走。

教師們通常對這種簡單的教學模式感到非常驚訝。他們常說，「可是每個人都知道怎麼做」！事實上，這又有點像克里斯多夫·哥倫布立雞蛋，但事實是，並非每個人都知道如何做這件簡單的事情（以如此簡單的方式授課）。權衡自己的教學，使之符合清晰、簡潔和真實的標準，實際上是一件非常困難的事情。尤其是那些習慣了舊教學方法的教師，他們學會了用無用的，而且常常是虛假的話語來欺騙孩子。例如，一位曾在公立學校任教的教師經常恢復集體授課。在這種情形下，孩子們必須非常留意所教授的簡單內容，而且必須迫使所有的孩子都聽從老師的解釋，而不是所有的孩子都願意把注意力集中在那節課上。老師也許是這樣開始上課的：「孩子們，看看你們能不能猜出我手裡拿著什麼？」她知道孩子們猜不到，只是在裝腔作勢地吸引他們的注意。然後她可能會說：「孩子們，看看外面的天空。你以前看過它嗎？在夜晚你有沒有注意到它，滿天都閃耀著星星？沒有看過！那看看我的裙子。你知道它是什麼顏色嗎？你不覺得它和天空的顏色一樣嗎？很好，現在看看我手裡的這個顏色。它的顏色跟天空還有我的裙子是同一種顏色。它是藍色的。現在看看你周圍，看看你能不能在房間裡找到藍色的東西。你知道櫻桃是什麼顏色嗎？還有壁爐裡燃燒著的煤是什麼顏色的呢？」……

現在，孩子在做了徒勞的猜測之後，腦子裡浮現出一大堆混亂的想法，天空、圍裙、櫻桃，對他來說，要從所有這些混亂中提取出那個課程想要闡明的概念是很困難的，即對藍色和紅色這兩種顏色的認知。對於一個還不能聽懂長篇大論的孩子來說，做出這樣的選擇幾乎是不可能的。

我記得在一堂數學課上，要教孩子們二加三等於五。為此，老師使用了一個細線上串著彩色珠子的計數板。她把兩顆珠子放在最上面一行，然後在下面一行放三顆，最後一行放五顆。我記不太清楚這節課的具體過程，但我知道老師在上排的兩顆珠子旁邊放一個穿藍色裙子的小紙板舞者，她當場用班上一個孩子的名字給它取名，說：「這是瑪麗・埃蒂娜。」然後在其他三顆珠子旁邊，她放了一個穿著不同顏色的小舞者，她稱之為「吉吉娜」。我不知道老師到底是如何演算加法的，但她肯定拿著這些小舞者說了很久，把它們挪來挪去，如果連我自己都只記得跳舞娃娃，而不記得算術過程的話，那孩子們怎麼會記得呢？如果用這種方法，他們能學會二加三等於五，那他們一定付出了巨大的努力。

在另一節課上，一位老師想向孩子們演示噪音和聲音的區別。她先給孩子們講了一個很長的故事。突然，有位同事敲了敲門。老師停了下來，大聲喊道：「怎麼了！發生了什麼事！怎麼了！孩子們，你們知道門口這個人做了什麼嗎？我沒法繼續講故事了，再也記不起它。你們知道發生了什麼事嗎？你們聽到了嗎？你們明白嗎？那是噪音，那是噪音。哦！我寧願和這個小寶寶一起玩（拿起一個她用桌布包裹的曼陀林）。是的，親愛的寶貝，我寧願和你一起玩。你看到我懷裡抱著的這個寶寶了嗎」？幾個孩子回答說：「它不是嬰兒。」其他孩子說：「這是曼陀林。」老師接著說：「不，不，這是個嬰兒，真的是個嬰兒。我愛這個小寶寶。要讓我給你們看看那是個嬰兒嗎？那得非常、非常安靜。寶寶好像在哭。也許，它在說話，或者要喊爸爸媽媽了」。她把手放在桌布下面，碰了碰曼陀林的琴弦。「這裡！你們聽見嬰兒哭了嗎？聽見它叫喊了嗎？」孩子們喊道：「這是曼陀林，你碰了琴弦，它才發出聲音」。老師接著回答說：「安靜，安靜，孩子們。聽我說」。然後她揭開曼陀林上的桌布，開始彈奏它，說：「這是聲音」。

第六章 如何為兒童授課

　　要假設孩子從這樣一堂課中會明白聲音和噪音的區別，這是荒謬的。孩子可能會得到這樣的印象：這個老師想開個玩笑，而且她是相當愚蠢的，因為當她被噪音打斷時，她變得語無倫次，並且因為她把曼陀林誤認為嬰兒。可以肯定的是，透過這樣一節課，給孩子留下深刻印象的是教師本人的形象，而不是授課的內容。

　　對沒有受過特別訓練的教師來說，上一節簡單的課，其實是一項非常困難的任務。我記得在充分詳細地解釋了教學材料之後，我請一位教師用幾何插圖的方式，教授正方形和三角形的區別。教師的任務就是把一塊正方形和一塊三角形積木放進空缺之處。她應該教孩子如何用手指畫出木塊和輪廓，同時說：「這是一個正方形，這是一個三角形」。我邀請的教師一開始就讓孩子摸了摸正方形，說：「這是一條線，一條線，一條線，還有一條線。一共有四條線：用你的小指數一數，告訴我有多少條線。還有角，用你的小手數數它們，摸摸它們。看，有四個角。好好看看這個物體。它是正方形。」我糾正了教師，告訴她用這種方法，她不是在教孩子認識一種形狀，而是在教他認識邊、角和數字，這和她在這節課上要教的東西是完全不同的。「但是」，她說，試圖為自己辯解，「這是一回事」。然而，這不是一回事。這是幾何分析和數學。即使不知道如何數到四，也不知道邊和角的數目，也可能學會四邊形的形狀。邊和角都是抽象的東西，它們本身並不存在；真正存在的是這塊固定形式的木頭。老師精心的講解不僅迷惑了孩子的頭腦，而且模糊了具體與抽象、物體的形狀與形狀的數學之間的差別。

　　我對這位教師說，假如你對一位建築師設計的穹頂很感興趣，他可以用兩種方法來展示他的作品：他可以讓你注意到線條的優美、比例的和諧，然後帶你進入建築內部，爬上穹頂，欣賞各部分的相對比例，進而使你對整個穹頂的印象建立在對其各部分的一般了解基礎上。或者他可以讓

你數一數窗戶或者飛簷，可以給你看一張構造設計圖，可以向你說明靜態定律，並寫出計算這些定律所必需的代數公式。如果是第一種方法，你將能夠在腦海中記住穹頂的形狀。如果是第二種，你將一無所獲地離開，帶著這樣一種印象：建築師以為自己是在和一個工程師同事說話，而不是和一個想要了解美景的旅行者說話。同樣，我們只要讓孩子他觸摸輪廓，進而建立形狀的實體概念，而不是對輪廓進行幾何分析。

的確，如果我們教孩子平面幾何形狀，同時呈現算術概念，這一切為時過早。但我們不認為孩子無法理解簡單的形狀；相反，讓孩子觀察正方形的窗戶或桌子是不費力的，他在日常生活中看到了周圍的那些形狀。喚起他對某種特定形狀的注意，就是澄清他曾經接受過的印象，並確定它的概念。就好像當我們心不在焉地看著湖岸時，一位藝術家突然對我們說：「湖岸在懸崖的陰影下形成的曲線多美啊」。聽到他的話，我們無意中觀察到的景色，就在我們的腦海中留下了深刻的印象，彷彿它被一道突如其來的光照亮了，我們體會到了把之前模糊感受到的印象具體化的喜悅。

我們對孩子的責任就是：給孩子一束光，讓他們踏上我們的路。

可以把這些啟蒙課程的效果比做這樣的印象：一個人安靜而快樂地獨自穿過樹林，思考著自己的問題，內心浮想聯翩。突然，遠處的鐘聲使他回到現實，他感到前所未有的平靜與美麗。

教育者的首要任務：
激發生命，讓生命自由發展

激發生命，讓生命自由地展開，這是教育者的首要任務。要完成這樣一個精妙的任務，我們必須掌握一門偉大的藝術，以關注當下，排除干擾和偏差，幫助不斷充實、依賴自身力量的靈魂。這種藝術必須伴隨

第六章　如何為兒童授課

著科學的教育方法。

當老師以這種方式接觸她的每一個學生，真心實意地喚醒並激發他們內心的生命，她用一個動作或者一句話就足以影響每一個靈魂；因為每一個人都會清楚地感受到她，會認可她，會傾聽她。總有一天，指導者自己也會感到非常驚訝，看到所有的孩子都溫柔親近地服從她，一心一意地聽從她的指示。他們仰望著她，盼望著從她那裡獲得新的知識。

經驗說明了這一切，而這正是讓「兒童之家」的參觀者們感到驚奇的地方。我們奇蹟般地形成了集體紀律。從兩歲半到六歲的五、六十個孩子，可以在同一時間保持安靜，像在圖書館裡一樣。而且，如果老師低聲對孩子們說：「站起來，踮起腳尖在房間裡轉幾圈，然後安靜地回到自己的位置上」。孩子們各自站起來，以盡可能小的聲音遵守指令。老師用同樣的聲音對每個人說話，每個孩子都希望從她的干預中得到一些肯定和內心的快樂。感覺到了這一點，孩子們就像熱切的探險家一樣，專注而順從地向前走去，按照自己的方式遵守著指令。

在紀律問題上，我們又像哥倫布一樣完美地立起了雞蛋。一位指揮家必須一個個地教導自己的學生，演奏偉大而和諧的集體作品；每位藝術家必須先完善自己，才能聽從大師的指揮。

在公立學校所採用的方法是截然不同的。就像一位指揮家用迥然不同的樂器和聲音演奏著同樣單調、有時甚至不和諧的樂章。

因此，我們發現最有紀律的社會成員是受過最好訓練、或者最徹底地完善自己的人，這種訓練或完善是透過與他人接觸而獲得的。集體的完美不可能僅僅來自機械或強制下的團體。

關於幼兒心理學，我們充滿了各種偏見，缺乏實用的知識。直到今天，我們一直希望透過強迫，透過外部的法規來管理兒童，而不是從內心引領他們。就這樣，雖然近在咫尺，我們卻並不真正了解他們。但

是，如果我們放下偽裝，停止用暴力的方式來管教他們，我們就會了解兒童天性的所有真相。

　　他們如此溫柔而甜美，以至於我們從中看到，被禁錮和不公正所壓抑的人性光芒；並且孩子如此熱愛知識，讓我們相信，人類必須帶著孩子般心靈的熱情不斷取得思想的進步，解除若干個世紀以來奴役的枷鎖。

第六章　如何爲兒童授課

第七章
生活實踐練習

第七章　生活實踐練習

「兒童之家」冬季作息時間表

九點開門，四點關門

9點-10點：入校。問候。個人衛生檢查。生活實踐練習；互相幫助脫外套和穿上圍裙。檢查教室衛生。語言、會話時間；孩子們講述前一天發生的事情。

10點-11點：智力訓練；實物課；短暫的課間休息；命名；感覺訓練。

11點-11點30分：簡單鍛鍊：規定動作、標準體姿、列隊行走、敬禮、立正、物品的小心輕放。

11點30分-12點：餐前禱告；午餐。

12點-1點：自由遊戲。

1點-2點：如果可能的話，在戶外進行指導性遊戲。在這段時間裡，大一點的孩子依次進行生活實踐練習，打掃房間，撣灰塵，整理材料。衛生檢查；對話。

2點-3點：手工活動。泥塑、圖案等

3點-4點：集體鍛鍊和練習歌曲，如果可能的話，在戶外進行培養預見的練習；參觀和照顧動植物。

學校一成立，就需要設定時間表。必須從兩個角度來考慮這一點：兒童在校時間的長短，以及學習和生活活動的分配。

首先要肯定的是，「兒童之家」的在校時間和特殊兒童學校一樣很長，有一整天。對於貧困兒童，特別是工人公寓附設的「兒童之家」，我建議，上學時間可以安排冬季從早上九點到晚上五點，夏季從八點到六點。如果我們要採取有利於孩子成長的行動，那麼這些長時間是必要的。不言而喻，對於小孩子來說，這麼長的在校時間應該安排至少一個小時的臥床

休息。這就是最大的實際困難。目前，我們不得不讓孩子們在他們的座位上睡覺。但我預見不久的將來，我們將能夠有一個安靜、黑暗的房間，孩子們可以睡在掛得很低的吊床上。我更喜歡在戶外小睡一會兒。

在羅馬的「兒童之家」裡，我們把孩子們送到他們自己的公寓裡小憩，因為這樣他們就不用去街上。

必須注意的是，我們不僅安排午睡，還提供午餐。在「兒童之家」這樣的學校裡，必須考慮到這一點，因為其目的是幫助和指導兒童在3至6歲重要的發展時期的成長。

必須讓孩子為適應社會生活做準備

「兒童之家」是一座培育兒童的花園，我們當然不會讓他們在學校浪費時間！

在我們的教學方法中，必須採取的第一步是召喚學生。我們現在喚起他的注意，現在喚醒他的內心生活和社會生活。打一個不太恰當的比方，當一個人進行實驗心理學或人類學的實驗時，在準備好工具（在這裡與之對應的可能是環境）之後，我們就準備好了被測試。從整體上考慮，我們必須從讓孩子適應社會生活的形式開始安排，我們必須吸引他對這些形式的注意。

清潔、秩序、禮儀和會話

建立第一個「兒童之家」時，我們制定了時間表，但從來沒有完全遵循它（這表明隨意分配課程內容的時間表，並不符合自由的制度）。我們從一系列生活實踐練習開始一天，我必須承認，這些練習是整個計劃中

第七章　生活實踐練習

唯一被證明完全固定的部分。這些練習非常成功，它們在所有的「兒童之家」中開啟新的一天。

清潔。

秩序。

禮儀。

會話。

孩子們一到學校，我們就檢查他們的衛生情況。如果可能的話，這應該在母親在場的情況下進行，但不應該直接引起她們的注意。我們檢查手、指甲、脖子、耳朵、臉、牙齒，注意頭髮是否整齊。如果發現衣服破舊或者有汙漬，掉了鈕扣，或者鞋子比較髒，我們會讓孩子注意這一點。這樣，孩子們就習慣了觀察自己，對自己的外表產生了興趣。

「兒童之家」的孩子們輪流洗澡，但不是每天都洗。在課堂上，教師會用一個帶小水罐和小臉盆的小洗臉檯，教孩子們清洗身體的某些部分：例如，教他們學習如何洗手和清潔指甲。事實上，有時我們會教他們如何洗腳。我們教他們如何小心地清洗耳朵和眼睛，讓他們認真刷牙和漱口。我們讓他們注意自己正在清洗的身體不同部位，以及不同的清潔方法：用清水洗眼睛，用肥皂和水洗手，用牙刷刷牙等等。我們教大一點的孩子幫助小一點的孩子，所以，年幼的孩子可以盡快學會照顧自己。

照顧好他們之後，我們穿上了小圍裙。孩子們可以自己或者在互相幫助下穿上小圍裙。然後我們開始巡視教室。我們檢查各種材料是否整齊，是否乾淨。老師教孩子們如何清理積滿灰塵的小角落，並教他們如何使用打掃房間所需的各種物品，例如抹布、刷子、小掃帚等。當允許孩子們自己動手時，這一切都很快就完成了。然後孩子們各自去自己的位置。老師向他們解釋說，正確的姿勢是每個孩子安靜地坐在自己的位

置，雙腳併攏放在地板上，雙手放在桌子上，頭部垂直。透過這種方式，她教他們保持平衡。接著讓他們站起來唱讚美詩，教導他們輕輕地站起和坐下。這樣孩子們就學會了穩重而小心地挪動家具。之後我們做一系列的練習，讓孩子們學會優雅地來回走動、互相敬禮、小心地拿起物品、禮貌地相互收受各種物品。老師帶著小小的讚嘆提醒大家注意一個個乾淨的孩子、一個井然有序的房間、一個安靜就坐的班級、一個優雅的動作等等。

此後我們開始了自由式的教學。也就是說，老師不再給孩子們評語，指導他們如何從座位上挪動等等，她會對自己進行限制，不去糾正無序的動作。

在指導者用這種方式談論了孩子們的態度和房間的布置之後，她邀請孩子們和她交談。她詢問他們前一天做了什麼，孩子們不必報告家庭的私密事件，而是報告他們的個人行為、他們的遊戲、對父母的態度等。她會問他們上下樓梯時有沒有注意不弄髒它，有沒有禮貌地與路過的朋友交談，有沒有幫助母親做事，有沒有在家裡展示在學校學到的東西，有沒有上街玩耍等等。在假期結束後的星期一，談話時間更長，在那一天，我們會請孩子說說他們跟家人一起做了什麼，是否在外面吃了不適合給孩子吃的東西，如果是這樣，我們勸他們不要吃這些東西，並試圖告訴他們，這些東西是有害的。這樣的談話可以鼓勵語言的發展，具有很大的教育價值，因為指導者可以讓孩子們停止講述家裡或鄰里發生的事情，選擇適合愉快談話的話題，透過這種方式，我們可以教孩子們哪些事情是值得談論的。我們在生活或者公共事件中遇到的事情，或者在其他「兒童之家」發生的事情，或者孩子做洗禮、過生日，這些都可以做為對話的內容。這樣會鼓勵孩子們描述自己。在上午的談話結束後，我們開始學習各種課程。

第七章　生活實踐練習

第八章
合理安排兒童的飲食

第八章　合理安排兒童的飲食

飲食必須符合孩子的生理特點

除了生活實踐練習，我們也需要考慮孩子的飲食問題。

為了保護兒童的發展，特別是在家庭中尚未普及兒童衛生標準的社區，最好將兒童飲食的大部分託付給學校。眾所周知，飲食必須適應兒童的生理特點；由於兒童的藥物不是成人的小劑量藥物，因此飲食也不能是成人的小份量飲食。因此，我更希望，即使是開設在公寓裡的「兒童之家」，也應該設立學校食堂。此外，即使是富裕家庭的孩子，在烹飪的科學課程向富裕的家庭引入專門製作兒童食品的習慣之前，學校的飲食總是可取的。

小孩子的飲食必須富含脂肪和糖：前者可以儲備能量，後者讓身體組織保持彈性。事實上，糖是能量形成過程中的媒合劑。

至於烹飪的形式，最好是把食物切碎一些，因為小孩子還沒有完全咀嚼食物的能力，他的腸胃還不能完整消化太大塊的食物。

因此，肉湯、蔬菜泥和肉丸應該是孩子餐桌上的常見菜餚。

兩到三歲孩子的含蛋白質飲食應該主要由牛奶和雞蛋組成，但是兩歲以後也應該推薦肉湯。三歲半以後可以吃肉；家境不太好的孩子可以吃蔬菜。水果也是推薦孩子食用的。

一份對兒童飲食的詳細建議菜單或許會有幫助，特別是對母親來說。

食品及其製作

為幼兒準備肉湯的方法。（3 至 6 歲幼兒，之後孩子可以喝家裡的普通肉湯）。肉的份量應相當於每立方公分湯 1 克，並應放在冷水中。不要使用香料，唯一有益健康的調味品是鹽。肉應該煮兩個小時。不要去

除肉湯中的油脂，而是往肉湯裡加奶油，貧困家庭可以加一勺橄欖油；但絕對不能用奶油的替代品，如人造奶油等。肉湯必須是新鮮的；因此，最好在飯前兩小時開始燉肉，因為肉湯一涼，就開始分離出對孩子有害的化學物質，容易引起腹瀉。

肉湯。在這裡介紹一種營養豐富、製作簡便的湯，經濟條件不好的家庭可以經常做。就是把麵包放在鹽水或肉湯裡煮，再加點油。或者把麵包切成小塊，和奶油一起烤，然後浸泡在肉湯裡。

通心麵[08]。黏性強的通心麵很容易消化，但只有經濟條件好的家庭才能吃。

如果家庭經濟條件一般，那麼可以用麵包渣做肉湯，比粗義大利麵湯更加容易消化。

最好的湯是由蔬菜泥（豆類、豌豆、小扁豆）做成的湯。今天人們在商店裡可以找到特別適合這種湯的蔬菜。先把蔬菜在鹽水中煮爛，然後去皮，冷卻並過濾。然後加入奶油和蔬菜泥，在沸水中慢慢攪拌，不要讓它結塊。

我們也可以在蔬菜湯裡加點豬肉來調味，或者用含糖的牛奶作為湯底。

我建議給孩子喝肉湯或用牛奶煮的稻米粥，加了奶油的玉米粥也不錯。

如果經濟條件不允許孩子喝肉湯，可以用麵包煮湯或者在粥裡加些油。

牛奶和雞蛋。這些食物不僅含有極易消化的蛋白質，而且含有促進組織吸收的酶，因此有利於兒童的生長。如果它們是新鮮、未經破壞

---

[08] 可以放在湯裡的細粉條。

第八章 合理安排兒童的飲食

的，蘊藏著動物的生命力，那麼就最理想不過了。

剛擠出的牛奶和剛生出的雞蛋是可以被最大程度地吸收的。烹調會大大降低它們的營養價值和可吸收性。

因此，人們正在為兒童建立專門的乳品廠，在那裡生產的牛奶是無菌的。奶牛的生活環境非常乾淨，擠奶前對奶牛的乳房、擠奶工的手以及盛放牛奶的容器進行消毒。運輸前，會把牛奶密封起來，裝上冷藏車。這種牛奶不需要煮沸殺菌，而且可以完整地保存它的天然營養。

給孩子吃的雞蛋最好是剛剛生出來的，孩子吃完雞蛋後，最好去戶外活動以幫助消化。至少，雞蛋必須選擇新鮮的，並且在水中稍稍煮過，在蛋黃凝固前撈出。

牛奶湯、煎蛋捲等等也是不錯的食物，但是不利於孩子吸收。

肉類。並非所有的肉類都適合兒童，甚至它們的製作方法也必需根據兒童的年齡而有所不同。例如，三到五歲的孩子應該只吃細碎的肉，而滿五歲的孩子可以透過咀嚼完全把肉咬碎；在那個時候最好仔細地教孩子如何細嚼慢嚥，因為他可能會太快地嚥下食物，引起消化不良和腹瀉。

「兒童之家」的學校食堂提供了很大的便利，因為兒童的整個飲食可以與學校的教育體系聯結起來，得到合理的照顧。

最適合兒童食用的肉類是所謂的白肉，也就是說，首先是雞肉，然後是小牛肉；還有易消化的魚肉（鯝魚、梭子魚、鱈魚）。

四歲以後，也可以在飲食中加入牛柳，但絕不能吃脂肪太多的肉，比如豬肉、燻雞、鰻魚、鮪魚等。兒童也絕對不能吃軟體和甲殼類動物（牡蠣、龍蝦）。

用肉糜、麵包渣、牛奶和雞蛋做成丸子，用奶油油炸，是最有益健康的食品。另一個很好的烹飪方法是用肉糜、甜果醬和雞蛋、白糖做丸子。

五歲時，孩子可以吃烤家禽，偶爾吃小牛肉片或牛柳。煮過的肉絕不能給孩子吃，因為煮過的肉會失去許多活性和並且變得不易消化。

益智食品。除了肉之外，四歲以上的孩子可以食用腦髓、小牛腰或者雞塊炸成的肉餅。

牛奶製品。孩子不應該吃任何乳酪。

唯一適合3至6歲兒童食用的奶製品是新鮮奶油。

蛋奶沙司。需要用非常新鮮的牛奶和雞蛋製作，並且製作完成後需要盡快食用，不能久置。如果無法滿足上述條件，不建議兒童食用。

麵包。從我們所說的湯，可以推斷麵包對孩子來說是極好的食物。我們應該精心選擇。麵包渣不易消化，但我們可以用乾麵包渣做麵包湯。但如果要給孩子一塊麵包吃，最好給他末端有麵包皮的部分。麵包棒也是不錯的選擇。

麵包含有許多含氮物質，富含澱粉，但缺乏脂肪；眾所周知，飲食的基本物質有三種，即蛋白質（含氮物質）、澱粉和脂肪，因此麵包不是一種完整的食物，需要塗上奶油，這才是一頓豐盛的早餐。

綠色蔬菜。兒童絕不能吃生的蔬菜，如沙拉和蔬菜，而只能吃煮熟的。可以吃一些菠菜，生的或者熟的都行。

此外，在馬鈴薯泥中加入一些奶油，可以很好地補充營養。

水果。有些水果是適合兒童的。它們也像牛奶和雞蛋一樣，如果是新鮮採集的話，可以有助於消化。

由於在城市中不容易買到新鮮水果，因此水果的製作方式也應該多樣化。並非所有的水果都適合兒童食用，要考慮水果的成熟度、果肉的嫩度和甜度以及酸度。生的桃子、杏子、葡萄、醋栗、橘子和柑桔，對孩子很有好處。其他水果，如梨，蘋果，李子，應該煮熟或製成糖漿。

第八章　合理安排兒童的飲食

幼兒不應該吃無花果、鳳梨、大棗、甜瓜、櫻桃、核桃、杏仁、榛子和栗子。

不易消化的果皮和對兒童有害的果核不能食用。

四、五歲的孩子應該早早地學會如何小心地吐出果核，如何剝水果。這樣拿到一個完整的水果時，他就知道如何正確地吃它。

水果的烹調方法基本上包括兩步驟：煮熟和加糖。

除了簡單的烹調，水果還可以做成美味的果醬和果凍，這是值得推薦的，但只有富裕家庭才能吃到。但蜜餞、糖炒栗子等絕對不適合兒童食用。

調味品。兒童飲食需要嚴格限制調味品的攝取。我們可以用糖、一些油類以及食鹽。

此外，還可新增有機酸（醋酸、檸檬酸），即醋和檸檬汁；後者可用於魚、麵包、菠菜等。

其他適合小孩子食用的調味品是一些芳香的蔬菜，如大蒜和香菜，它們對腸道和肺部有殺菌作用，也有直接的驅蟲作用。

給孩子準備食物時絕對不能增添香料，如胡椒、肉荳蔻、肉桂、丁香，尤其是芥末。

飲品

飲品。兒童的體內富含水分，因此需要不斷補充水分。最好的，甚至是唯一一種完全推薦的飲品是純淨的泉水。有條件的家庭可以讓孩子喝些淡鹼性的礦泉水，還可以再加上糖漿，比如黑櫻桃糖漿。

眾所周知，所有發酵飲料和那些刺激神經系統的飲料都對兒童有害；因此，所有含酒精和咖啡的飲料都絕對從兒童的飲食清單中剔除。我們

絕對不能讓孩子喝酒，不僅是白酒，還有葡萄酒和啤酒。孩子們也不能喝咖啡和茶。

在此我們要再次強調一下酒精對兒童的害處，因為這個問題實在太重要了。酒精對孩子的身體成長會造成致命影響。它不僅阻礙了兒童的全面發育（彼得潘症候群、弱智），而且使兒童易患神經疾病（癲癇、腦膜炎）、消化器官疾病和新陳代謝疾病（肝硬化、消化不良、貧血）。

如果「兒童之家」能夠讓人們了解到這些道理，那麼就為下一代的健康做出了傑出的貢獻。

孩子們可以吃一點炒麥芽，尤其是巧克力來代替咖啡，巧克力是一種極好的兒童食品，可以跟牛奶混在一起喝。

進餐的分配

兒童飲食另一個重要的部分是進餐的分配。在這方面，我們必須掌握一個首要的原則，就是為了孩子身體的健康和良好的消化能力，應當保持嚴格的用餐時間，這個原則也應當讓每個家庭知道。人們普遍存在一種偏見（這是對兒童最致命的母性無知的一種形式），即要讓孩子長大，就得讓他幾乎不間斷地、無規律地進食。相反，由於兒童的消化系統特別脆弱，兒童比成人更需要有規律的膳食。「兒童之家」的在校時間比較長，這樣可以指導兒童的飲食。在正常的用餐時間之外，孩子們不應該吃任何東西。

在「兒童之家」，有兩次進餐時間，中午有一頓主餐，下午四點吃一些點心。

在主餐中，應該有湯、肉類和麵包。如果有條件，還會有水果或蛋奶醬汁，還有奶油。

第八章　合理安排兒童的飲食

下午四點，可以準備一頓點心，可以是一塊麵包，或塗奶油的麵包，或是麵包配果醬、巧克力、蜂蜜、蛋奶醬汁。也可以準備一些薄脆餅乾和熟水果。麵包沾牛奶也很合適，或是雞蛋加麵包棒，或者是一杯簡單的牛奶，加上一勺梅林粉。我非常推薦梅林粉，孩子可以不僅在嬰兒期食用，因為它易於消化、富有營養，並且口味很受孩子們歡迎。

梅林粉是一種由大麥粉和小麥粉混合製成的粉末，含有這些穀物的營養物質；可以用熱水沖泡，然後倒上新鮮牛奶。

孩子會在自己家裡吃早餐和晚餐，晚餐一定要很清淡，這樣他們可以快速入睡。這方面我們會給媽媽們一些建議，讓她們配合「兒童之家」的保健工作。

有條件的家庭，早餐可以是牛奶和巧克力，或者牛奶和麥芽精，配上餅乾，或者更好一點，配上塗有奶油或蜂蜜的烤麵包；普通家庭可以喝一杯新鮮牛奶，配上麵包。

晚餐建議準備一道湯（孩子們一天應該喝兩次湯）和一個雞蛋或一杯牛奶；或者牛奶稻米粥，配上奶油麵包和熟水果等。

至於食物營養成分比例的計算，我並不認為是非常有用的，不過讀者可以參考保健學方面的文章。

在「兒童之家」，特別是在針對貧困兒童的「兒童之家」，我會使用蔬菜湯，在花園裡種植蔬菜，這樣就可以採摘新鮮的蔬菜，煮熟後享用。我們還可以種植水果，飼養動物，這樣就可以隨時吃到新鮮的雞蛋，喝到新鮮的羊奶。擠羊奶可以由較大的孩子們在仔細洗手後直接完成。「兒童之家」的學校食堂還涉及到另一個重要的教學內容，即「生活實踐練習」，包括擺放餐具、整理桌布等，後文中我將說明這個練習是如何逐漸增加難度的。

在這裡，我們要強調的是，要教育孩子們文明用餐，不僅保持自己個人的清潔，還要保持環境的清潔。教師還要教孩子們如何使用餐具。

第九章
體育鍛鍊

第九章　體育鍛鍊

學校關於體育鍛鍊的現行理念值得商榷

　　我認為，關於體育鍛鍊的現行理念是值得商榷的。在普通學校裡，我們習慣於把一種集體的肌肉訓練稱為體育鍛鍊，其目的是讓孩子們學會聽從指令做出明確有序的動作。這種鍛鍊的指導精神是強迫，抑制了自發的意願。我不知道選擇這些強制運動的心理依據是什麼。在醫療體操中，使用類似的動作來讓癱瘓的肌肉恢復正常的運動。例如，學校進行的一些胸部運動在醫學上被建議用於腸痙攣患者。但我確實無法理解，當正常的孩子做這些運動時，能發揮什麼作用。除此以外，還有一些孩子在體育館裡進行體育鍛鍊，這些動作像是訓練雜技演員的基礎動作。我並不是想批評我們普通學校的體育鍛鍊，這不是我們要考慮的問題。事實上，許多人聽我說到在幼兒園進行體育鍛鍊時，他們有些不以為然。這些批評者認為，只有小學階段才需要體育鍛鍊。

有必要為幼兒設計特定的體育鍛鍊活動

　　體操和一般的肌肉訓練必須有助於生理運動（如走路、呼吸、說話）的正常發展，並且可以保護這種發展；當孩子表現出發育遲緩或異常時，我們應該鼓勵兒童進行一些有助於基本生活能力的活動，如穿脫衣服、扣鈕扣和繫鞋帶、拍球等等。如果說有一個年齡階段兒童需要透過體育運動來保護自己的發展，那麼3到6歲無疑就是這個年齡層。在這一時期所必需的保健體操主要是行走。

　　兒童身體的一般形態發育特點是，軀幹比下肢發育得更快。新生兒的軀幹長度（從頭頂到腹股溝）相當於身體總長度的68%。那時四肢僅為身高的32%。在生長過程中，這些相對比例以最明顯的方式發生變化。

成人的軀幹長度剛好是整個身體長度的一半，大概是 51% 或 52%。

新生兒和成人之間的這種形態差異在生長過程中會慢慢減少，但是在出生的頭幾年裡，軀幹仍然比四肢發育得更好。一歲以內軀幹的長度相當於總身高的 65%，兩歲達到 63%，三歲達到 62%。

當孩子上托兒所時，他的四肢與軀幹相比仍然很短；也就是說，他的四肢長度幾乎不到身高的 38%。在 6 歲到 7 歲之間，軀幹與身高的比例是 56%-57%。因此，在這個階段，孩子不僅明顯長高了（在三歲時身高約 0.85 米，六歲時身高約 1.05 米），而且軀幹和四肢之間的相對比例發生了重大的變化。這種生長與整個骨骼仍未完全骨化，腿骨末端還有軟骨層有關。因此，幼弱的四肢必須承受巨大的軀幹重量。如果我們考慮到所有因素，就不能以我們自己的衡量標準來判斷小孩子走路的方式。直立的站姿和走路對他來說確實會造成疲勞，因為承受身體的重量，大腿骨很容易彎曲變形，尤其是那些營養不良的貧困兒童，或者雖然沒有佝僂病，但是骨化遲緩的兒童。

如果我們在生理上把兒童看成是縮小版的成人，那我們就錯了。相反的，他們有著自身年齡所特有的特徵和比例。孩子喜歡向後彎腰和向前踢腿，這是因為他與身體比例相關的生理需求。嬰兒喜歡用四肢爬行，是因為和四足動物一樣，他的四肢比他的身體短。如果，我們用強加給孩子的愚蠢習慣來改變這些自然現象。例如我們不允許他趴在地上，不允許他伸展身體，我們強迫他和成年人一樣行走，還得跟上他們的步伐。我們給自己找到正當的理由：我們不想讓他變得任性，認為自己可以為所欲為！這確實是一個致命的錯誤，這個錯誤導致弓形腿在兒童中很常見。媽媽們最好多了解這些兒童保健學的內容。透過一些符合其生理特點、讓四肢免於過量承重的體育運動，我們可以促進孩子的正常發育。

第九章　體育鍛鍊

對孩子們進行觀察後，我想出了一個非常簡單的方法，可以幫助他們進行運動。教師帶著孩子們散步，在「兒童之家」圍牆和中央花園之間的院子裡走來走去。這座花園被一道小柵欄保護著，柵欄上纏繞著鐵絲。柵欄邊上有一個小架子，孩子們走累了就坐在上面。除此之外，我總會靠牆放一些小椅子。經常會有兩歲半或三歲的孩子離開行軍的隊伍，顯然是走不動了。但他們不會坐在地上或椅子上，而是跑到小柵欄前，抓住上面的鐵絲網，側著身子踩著下面的鐵絲網行走。顯然這給他們帶來很大的樂趣，他們一邊大笑，一邊眨著明亮的眼睛看著在旁邊行走的大孩子們。這些小傢伙用非常實際的方式解決了我的一個問題。他們沿著鐵絲網移動，把身體拉向一邊。就這樣，他們移動了四肢，而不把身體的重量加在上面。把這樣一個裝置放在兒童健身房裡，將能夠滿足他們自身的需求，比如趴在地板上、踢腿等等，因為他們在小柵欄上做的動作更符合這樣的身體需求。因此，我建議兒童遊戲室可以製作這種小柵欄。孩子們在這個小小的籠笆上玩耍時，可以很高興地向外看，看看其他孩子在房間裡幹什麼。

其他鍛鍊器械

我們可以依樣畫葫蘆，按照為兒童提供適當運動的思想來設計其他健身器材。為了促進兒童下肢的發展，特別是加強體弱兒童的膝關節，塞根發明了鞦韆椅。

這是一種安裝了座椅的鞦韆，座椅很寬大，用結實的繩子吊起。前面的牆上裝一塊結實光滑的木板，孩子們在盪鞦韆時用腳踩著木板來回推著自己。坐在鞦韆裡的孩子鍛鍊他的四肢，每次他把鞦韆往牆那裡擺盪時，都把腳壓在木板上。木板也可以放在離牆遠一點的地方，要放得

低一點，這樣孩子可以看到。當他在這張椅子上擺動時，他可以鍛鍊四肢，而且不需要讓腿承受身體的重量。

還有一些有趣的運動器械，在這裡可以簡單介紹一下。「鐘擺」是一種可以由一個或幾個孩子玩的遊戲，是一個掛在繩子上的橡皮球。坐在小扶手椅上的孩子們互相把球傳來傳去。這項運動可以鍛鍊手臂和脊柱，可以讓眼睛測量身體運動的距離。另一種叫做「走線」的遊戲是用粉筆在地上畫一條線，孩子們沿著這條線走。這有助於秩序感的培養和指導他們在一個既定的方向自由行動。這是個充滿了美感的遊戲，下雪之後，可以看到孩子們走的小徑是多麼有規律，他們還會展開友好的競賽，每個人都試圖使自己在雪地裡走的路線最筆直。

還有一種遊戲是小圓形樓梯，就是一個螺旋形的小木製樓梯。這個小樓梯的一側圍有欄杆，孩子們可以在欄杆上休息。另一邊是開放的。這樣孩子們可以學會在不抓住欄杆的情況下爬樓梯，並教會他們以平穩和自我控制的動作上下移動。每個臺階間必須很低很淺。在這個小樓梯上練習之後，最小的孩子們都可以調整掌握他們在家裡爬普通樓梯時不能正確跟隨的動作，因為家裡的樓梯尺寸是為成年人設計的。

另一件適合跳遠的健身器械，由一個塗有各種顏色線條的低木平臺組成，透過這個平臺可以測量跳遠的距離。

有一小段樓梯可與這個平臺連線使用，用於練習和測量跳高。我還相信，經過適當改造之後，繩梯適合在幼兒學校使用。使用成對繩梯，可以輔助各式各樣的動作，如跪下、站起來、向前和向後彎腰等；如果沒有梯子的幫助，孩子在做這些動作的時候就會失去平衡。這些動作不僅可以幫助孩子獲得平衡，還可以讓孩子的肌肉運動更加協調並有助於擴展胸部。除此之外，這些動作加強了手部最原始和最基本的動作，即抓握；這個動作必然先於手本身所有更精細的動作。塞根成功地用這種

裝置來發展弱智兒童的一般力量和抓握動作。

因此，體育館為各式各樣的運動提供了一個場地，在這裡兒童可以進行有助於協調輕量級運動中常見的動作，如行走、投擲物體、上下樓梯、跪下、起立、跳躍等。

自由活動

我所說的自由活動是指沒有任何器械的運動。這類活動分為兩類：指導活動和自由遊戲。對於第一種活動，我推薦齊步走，它的目標不應該是節奏，而應該是穩重。開始齊步走時，最好同時唱一些歌曲，因為這樣可以加入呼吸練習，對增強肺部很有幫助。除了齊步走之外，還有許多由歌曲伴奏的福祿貝爾遊戲，與孩子們經常在一起玩的遊戲非常相似。在自由遊戲中，我們為孩子們提供各類的球、籃球、沙包和風箏。孩子們也可以玩「躲貓貓」，還有其他耳熟能詳的遊戲。

教育活動

我們設計了兩個系列的練習，它們實際上構成了其他學校活動的一部分，例如培土、照料植物和動物（給植物澆水、修剪植物、餵雞等）。這些活動需要各種協調的動作，例如鋤地、彎腰種地；孩子們把物品帶到某個特定的地方，並實際使用這些物品，就是非常有價值的鍛鍊。播灑玉米和燕麥等小顆粒，以及打開和關閉花園和養雞場大門的練習，都是很有價值的。所有這些演練都是在露天進行的，因此更有價值。在我們的教育活動中，我們有一些練習來發展手指的協調動作，這些練習使孩子們為生活實踐練習做好準備，例如穿衣和脫衣。這些練習的教學材

料非常簡單，由木製框架組成，每個框架上安裝兩塊布或皮革，透過按鈕和釦眼、鉤和眼、孔眼和繫帶或自動扣緊來固定和鬆開。

蒙特梭利博士在朱斯蒂大道「兒童之家」的花園裡

在我們的「兒童之家」裡，我們使用了十個這樣的框架，每一個框架的構造都說明了穿衣服或脫衣服的不同過程。

一：裝上厚重的毛料布，縫上骨扣，用來做孩子的外衣。

二：裝上兩塊亞麻布片，縫上珍珠扣，相當於孩子的內衣。

三：裝上兩塊皮革並安上鞋釦，相當於孩子的鞋。

四：用孔眼和鞋帶連在一起的皮革。

五：裝上兩塊用鯨骨撐起的布，用帶子繫在一起。（相當於義大利農婦穿的緊身馬甲）

六：用鈕鉤和鈕環固定的兩塊布。

第九章　體育鍛鍊

七：裝上兩塊細麻布，用小鉤子和孔眼繫緊。

八：裝上兩塊布，用寬大的綵帶繫上，用來打蝴蝶結。

九：裝上兩塊布，用圓繩繫在一起，充當兒童內衣上的繫帶方式。

十：用拉鏈把兩塊布固定在一起。

（A）三歲半和四歲的孩子正在學習扣鈕扣和穿鞋帶。
（B）用來繫蝴蝶結和扣鈕扣的框架。這些是最早的練習之一。

透過使用這些玩具，孩子們可以實際分析穿衣服和脫衣服所需的動作，並可以透過反覆練習來分別準備這些動作。我們成功地教會孩子自己穿衣服，而他卻沒有真正意識到這一點，也就是說，沒有任何直接或武斷的命令，我們引導他掌握了這一點。一旦他知道如何做到這一點，他就開始希望實際運用自己的能力，很快他就會為自己的能力感到自豪，並且會為自己的能力感到高興，這種能力使他的身體擺脫了別人的

手，使他更快地達到謙虛和活躍的程度，而這種謙虛和活躍在那些人身上發展得太晚了。今天的孩子們被剝奪了這種最實用的教育形式。這類扣緊遊戲非常受孩子們的歡迎，常常十個孩子同時圍坐在小桌子周圍，安靜而嚴肅，像是一間擠滿了小工人的工作室。

呼吸訓練以及口腔訓練

這些訓練的目的是調節呼吸運動：換句話說，教授呼吸的藝術。這種訓練也大大有助於讓孩子形成正確的言語習慣。我們使用的練習是薩拉（Sala）教授在一本教材中所介紹的。我們選擇了他在其論文〈巴布齊療法〉（*Cura della Balbuzie*）中描述的簡單練習。[09] 其中包括一些呼吸練習，這些練習與肌肉練習互相配合。我舉一個例子：

張開嘴巴，舌頭平放，手放在臀部。

深呼吸，迅速抬起肩膀，降低橫膈膜。

慢慢呼氣，慢慢放下肩膀，恢復正常姿勢。

教師應選擇或設計簡單的呼吸練習，配合手臂運動等，正確使用嘴唇、舌頭和牙齒。這些練習教嘴唇和舌頭在某些基本子音發音時的動作，加強肌肉，使它們為這些動作做好準備。這些體操讓形成語言的器官做好了準備。

在做這樣的練習時，我們從全班開始，但最後要單獨測試孩子們。我們要求孩子大聲而有力地朗讀單字的第一個音節。當所有人都想把最大可能的力量投入其中時，我們逐個讓每個孩子重複這個詞。如果他發音正確，我們就讓他到右邊去，如果發音不好，就讓他到左邊去。如果孩子對這個詞有困難，會鼓勵他重複幾次。老師會留意孩子的年齡，以

---

[09] 《巴布齊和發音缺陷的治療》薩拉，烏里克霍奧利出版公司，米蘭，義大利。

第九章　體育鍛鍊

及發音時肌肉運動的特殊缺陷。然後，她可以觸摸應該使用的肌肉，例如，輕拍嘴唇的曲線，甚至讓孩子的舌頭抵在牙弓上，或者清楚地向他展示她自己發音時的動作。她必須想方設法幫助孩子正確地發音。

我們會讓孩子們念單字：pane、fame、tana、zina、stella、rana、gatto。

在讀 pane 時，孩子應該用力重複 pa，pa，pa，從而鍛鍊肌肉，使嘴唇產生環狀收縮。

在讀 fame 時，fa，fa，fa 中，孩子練習下唇抵住上牙弓的動作。

在讀 tata 時，讓他重複 ta，ta，ta，我們讓他練習舌頭對上牙弓的運動。

在讀 zina 時，我們激發了上下牙弓的接觸。

在讀 stella 時，我們讓他把整個單字重複一遍，把牙齒放在一起，把舌頭（有突出的趨勢）緊貼上牙。

在讀 rana 時，我們讓他重複 r，r，r，從而在振動運動中鍛鍊舌頭。

在讀 gatto 時，我們把聲音放在喉音上。

第十章
農業勞動中的自然教育：培育動植物

第十章　農業勞動中的自然教育：培育動植物

阿韋龍野孩

在〈阿韋龍野孩的早期發展〉這篇傑出的教學論文中，伊塔德詳細闡述了一個令人好奇的教育奇蹟，他試圖讓一個弱智兒童衝破心靈的黑暗，擺脫原始本性，成為一個人。

阿韋龍野孩（Victor of Aveyron）是一個在大自然中長大的孩子：他被企圖殺害他的人遺棄在森林裡，他們以為他死了，但他卻活了下來，並在荒野中赤身裸體地生存了許多年。最後他被獵人抓住，進入了巴黎的文明生活。他的身體上遍布疤痕，有的是與野獸搏鬥留下的，有的是因為從高處墜落。

這孩子不會說話，他被皮內爾醫師診斷為弱智兒童，似乎永遠無法接受智力教育。

實證教育學的初步嘗試要歸功於這個孩子。伊塔德是一名聾啞醫生，也是一名哲學專業的學生，他採用了一些治療聽力缺陷的方法來對這個孩子進行教育。他從一開始就認為這個男孩之所以表現出低能的特徵，不是因為機體退化，而是因為缺乏教育。他信奉赫爾維修斯（Helvetius）的教育萬能論：「沒有教育，人類就一事無成」，反對盧梭（Rousseau）在革命前所宣稱的認為教育工作對人類有害的思想：「一切在創造者的手中都是好的，到了人類的手中卻都變壞了」。

阿韋龍野孩身上的特徵證明了前一個斷言的真實性。然而，當皮內爾的測試讓伊塔德意識到他必須訓練及教育一個弱智兒童時，他就從哲學理論轉向了令人欽佩的實驗教育學探索。

伊塔德把對男孩的教育分為兩部分。第一，他努力引導孩子從自然生活走向社會生活；第二，他試圖對弱智兒童進行智力教育。這個孩子在可怕的遺棄生活中找到了一種幸福，可以說，他沉浸在大自然中，與

大自然融為一體，雨、雪、風暴和無邊無際的空間，都是他快樂的泉源，是他的同伴，是他的愛人。城市生活放棄了這一切，但卻是一種有益於人類進步的獲得。在伊塔德的文章中，他生動地描述了引導男孩走向文明，讓孩子的需求增加，並給予他溫暖的人身關懷。由此我們可以了解到作為學生自發表達的觀察者，伊塔德如何耐心地展開工作。也可以最真實地讓準備進行實驗法的老師們了解到，什麼是對待被觀察現象的耐心和自我克制：

「例如，有人看見他在房間裡，他百無聊賴，懶洋洋地躺著，眼睛不停地向窗戶望去，目光在空曠中徘徊。如果在此時突然颳起一場暴風雨，或者躲在雲層後面的太陽突然出現，把天空照得光彩奪目，他就會帶著狂喜發出一陣陣的笑聲。有時，他會發脾氣，陷入一種瘋狂的憤怒：他會扭動雙臂，用緊握的拳頭捂住眼睛，咬牙切齒，散發出危險的氣息。

「一天早晨，下了大雪，他一醒來就高興地叫了一聲，從床上跳下來，急急跑到窗前，又跑到門前，然後脫光衣服跑到花園裡。在那裡，他用最尖銳的叫聲來發洩自己的喜悅，跑過去在雪地裡打滾，一把一把地捧起雪，懷著巨大的渴望把它吞了下去。

「但是，看到大自然的壯觀景象時，他並不總是如此生動喧鬧。值得注意的是，在某些情況下，他會表現出一種安靜的感傷和憂鬱。當天氣惡劣，花園空無一人時，男孩去了那裡。他繞著它走了好幾圈，最後在噴泉邊上坐了下來。

「我常常花整整幾個小時，帶著無法形容的喜悅，看著他這樣坐著，看看他原本淡漠或做著鬼臉而皺起的臉上，漸漸地流露出一種悲傷和憂鬱的表情，而他的眼睛卻盯著水面，時不時地往上面扔一些枯葉。

「如果有一輪滿月，一束柔和的光線穿透他的房間，他就會醒來，

第十章　農業勞動中的自然教育：培育動植物

坐在窗前。他會在那裡呆上一整夜，筆直地站著，一動不動，頭向前仰著，眼睛盯著月光照耀下的鄉間，沉浸在一種沉思的狂喜中，這種沉默只會被一聲深深的嘆息打斷」。

伊塔德還講述了這個男孩不知道我們在文明生活中怎樣走路，只知道奔跑。在一開始，當他把男孩帶到巴黎的街道上時，他跟在男孩後面奔跑，而不是粗暴地制止他。

讓阿韋龍野孩逐漸而緩慢地適應社會生活的各種方面；在早期由教師來適應學生而不是讓學生適應教師；用新生活的魅力來不斷吸引並最終征服孩子，而不是把暴力強加在他身上，使學生感到這是一種負擔和折磨。這些都是多麼寶貴的教育經驗，可以在兒童教育中推廣應用。

我相信，沒有任何一份文獻能如此深刻和鮮明地對比自然生活和社會生活，如此生動地表明社會完全是由放棄和約束組成的。因此我們不能奔跑，只能走路，不能大喊，必須控制自己說話的音量。

然而，沒有強加給孩子任何壓力，而是社會生活的任務一點點地吸引孩子，伊塔德的教育取得了勝利。誠然，文明生活來自於對自然生活的放棄；它幾乎是從大自然那裡奪走一個人，就像從母親的胸口奪走新生的孩子，但也給予他全新的生活。

在伊塔德的書中，我們看到人類的愛最終戰勝了自然的愛：阿韋龍野孩感受到伊塔德的愛，並選擇了這份愛，放棄了在雪地裡打滾、在繁星滿天的夜晚凝望天空的快樂。一天，他試圖逃到鄉下去，最終謙卑而悔改地自願回來，因為這裡才有可口的食物和溫暖的床。

在幼兒教育中
重現伊塔德成功的教育方法

誠然，人類在社會生活中創造了歡樂，在社會生活中帶來了一種充滿活力的人類之愛。但是，他仍然屬於自然，尤其是當他還是個孩子的時候，他必須從自然中汲取身體和精神發展所必需的力量。我們與大自然有著親密的交流，這對身體的生長有著實質性的影響。（例如，一位生理學家用絕緣體把小豚鼠從地磁中隔離出來，發現它們從小就患有佝僂病）。

在對幼兒的教育中，伊塔德的教育奇蹟再次上演：我們必須為做為大自然一部分的人類為社會生活做好準備。

但是，在幼兒身上，相當程度上無法展現為社會生活做好準備，因為他在生命的開始是類似植物人的生物。

為了緩和教育上的這種轉變，我們有必要把大部分的教育工作交給大自然本身，因為它不可能突然把孩子從母親手中粗暴地搶走，送去學校；而恰恰是在「兒童之家」裡完成了這部分工作，它開設在父母居住的公寓裡，母親可以聽到孩子的哭聲，孩子也可以聽到母親的回應。

如今，兒童保健讓這部分教育得到了很大的重視：允許兒童在戶外、公共花園中成長，或者讓他們半裸著在海邊晒好幾個小時的太陽。航海者和居住在亞平寧山脈的人都知道，使孩子充滿活力的最佳方法是讓他沉浸在大自然中。

給孩子穿上舒適輕便的衣服，腳穿涼鞋，露出雙腿，都可以讓他們從文明壓迫的枷鎖中解放出來。

顯然，我們犧牲教育中自然的自由，是為了獲得文明所提供的更大樂趣所必需的，而不是無用的犧牲。

第十章　農業勞動中的自然教育：培育動植物

但是，在現代兒童教育的過程中，我們並沒有停止對兒童精神表達和精神需求的否定，我們把兒童看作是一個可愛的植物人，需要被照顧、被親吻、被啟動。比如說，孩子在花園裡跑來跑去的時候，一個好媽媽或一位好老師的教育，就是勸告他不要碰花，不要踩草，彷彿孩子只要活動雙腿，呼吸新鮮空氣，就足以滿足身體的生理需求。

但是，如果對於物質生活來說，有必要讓孩子接觸到大自然生機勃勃的力量，那麼對於他的精神生活來說，也有必要讓孩子的靈魂學習到創造，這樣他就可以從活生生的自然的直接教育力量中為自己積蓄財富。達到這一目的的方法是讓孩子從事農業勞動，引導他種植及養育動植物，進而對自然進行明智的思考。

園藝學：兒童教育法的基礎

在英國，拉特（Latter）夫人已經設計出一種透過園林學和園藝學來教育兒童的方法。她在對生命發展的沉思中看到了宗教的基礎，因為孩子的靈魂可能會在創造的過程中與造物者相通。她把這種方法看作智力教育的出發點，她把智力教育局限於寫生——這是了解藝術的一步，局限於從農業中產生的關於植物、昆蟲和季節的觀念，局限於從種植和烹飪食物、端菜、擺放餐具、洗碗等活動中產生的家庭生活的最初觀念。

拉特夫人的觀念過於片面，但她的教育機構繼續在英國傳播，無疑完成了身體層面的自然教育，有效地使英國兒童的身體恢復活力。此外，她的經驗為幼兒農業教學的實用性提供了積極的佐證。

在巴黎，我看到農業大規模地應用於特殊兒童的教育，所使用的是巴切利試圖在小學建立「教育小花園」時引入的方法。在每個小花園裡種下不同的農產品，說明播種和收穫作物的適當方法和適當時間，以及各

種產品的生長週期、施肥方法等。這種教育還提倡讓孩子們學習園藝，當他們到了從事職業的年齡時，可以獲得可觀的收入。

引導兒童觀察生命現象，並透過自主教育形成預見

這方面的教育雖然包含了一種客觀的智力培養方法，並且是一種職業準備，但在我看來，對兒童教育來說是不值得認真考慮的。這個年齡的教育必須純粹地幫助個人的身心發展。農業和動物培育本身就包含著寶貴的道德教育手段，其內涵比拉特夫人分析的更為豐富，後者認為農業和動物培育本質上是一種讓孩子的靈魂產生宗教式感情的方法。事實上，這是一個漸進的提升過程，可以劃分為以下幾個層次：

第一。孩子開始觀察生命現象。孩子與動植物的關係類似於作為觀察者的老師與孩子的關係。隨著興趣和觀察力的增長，對生物的熱情也在一點一點地增長。這樣，孩子就可以順理成章地理解到母親和老師對他的關愛。

第二。透過自主訓練，孩子開始形成預見。已經播種的植物能否存活取決於他是否經常澆水，而動物則取決於他是否經常餵養牠們。沒有這種勤勉，小植物就會枯萎，動物就會挨餓。知道這些事實後，孩子就會變得小心翼翼，就像一個人剛剛開始感受人生的使命。此外，一個與他母親和老師呼喚他履行職責完全不同的聲音正在這裡講話，告誡他永遠不要忘記他所承擔的任務。這是依賴他的關懷才能生存的生靈們哀怨的聲音。在孩子和他所培養的生物之間，有一種神祕的連繫，它誘導孩子在沒有老師干預的情況下完成某些確定的行為，也就是說，引導他接受自主訓練。

第十章　農業勞動中的自然教育：培育動植物

　　孩子所收穫的獎賞也成為他和大自然之間的祕密：在長時間耐心地照料，為孵卵的鴿子運送食物和稻草之後的一個晴朗的日子，小鴿子終於出生了！看，昨天雞媽媽還一動不動地坐在那裡孵蛋，今天邊上就圍著幾隻小雞了！看那些毛茸茸的小兔子，原本那裡只有一對大兔子孤零零地待在小屋裡，他餵了牠們好幾次母親廚房裡剩下的青菜！

　　我還沒有在羅馬建立動物養殖場，但在米蘭的「兒童之家」裡有幾種動物，其中有一對漂亮的白色火雞，它們生活在一個優雅的小屋裡，結構類似於中國的一座寶塔。在它的前面，是一塊被城牆圍起來的小塊土地，是這對夫婦的領地。晚上小屋的小門是鎖著的，孩子們輪流照管。他們早晨高興地去開門，餵水餵食，白天小心地看管，晚上認真地把門鎖上！老師告訴我，在所有的教育練習中，這是最受歡迎的，而且孩子們很重視。很多時候，當孩子們安靜地忙於學習時，一個、兩個、三個孩子會靜靜地站起來，出去看一眼動物，看牠們是否需要照顧。常常發生這樣的事：老師長時間看不到一個孩子回來，卻驚奇地發現他正看著一條魚在陽光下的噴泉裡嬉戲。

　　一天，我收到了米蘭老師的一封信，信中她滿懷熱情地告訴我一個非常好的消息，小鴿子出生了。對孩子們來說，這是一個偉大的節日。在某種程度上，他們覺得自己是這些小鴿子的父母，沒有任何人為的獎賞會如此滿足他們的虛榮心，激起如此美好的情感。大自然也同樣給我們帶來巨大的快樂。在羅馬的一個「兒童之家」裡，沒有可以耕種的土壤，透過塔拉莫（Talamo）夫人的努力，在大露臺周圍布置了花盆，在牆壁附近種植了攀援植物。孩子們從不忘記用他們的小水壺給植物澆水。

　　有一天，我發現他們坐在地上，圍成一圈，圍著一朵在夜裡盛開的紅玫瑰，安靜而平和，完全沉浸在無聲的沉思中。

培養兒童的耐心、信心，以及對大自然的熱愛

第三。培養孩子們的耐心和信心，這是一種信仰和人生哲學。

當孩子們把一粒種子放進地裡，等到它結出果實時，他們第一次看到了植物的雛形出現，等待著生長和變成花和果實，看到了一些植物是如何先長和後長的，落葉植物是如何快速生長的，果樹是如何緩慢生長的，他們最終獲得了一種平和的良知平衡，並吸收了智慧的最初萌芽，這種智慧是土壤耕耘者的特點，讓他們仍然保持著原始樸素。

第四。讓孩子們熱愛大自然，造物的奇蹟讓孩子們產生這種熱愛。大自然的慷慨回報，遠遠高於孩子們在照料生命時所付出的勞力。

即使在工作中，孩子的靈魂和在他照料下成長的生命之間也會產生某種聯結。孩子很自然地喜歡生命的表現形式。拉特夫人告訴我們，小孩子們是多麼容易對蚯蚓和糞肥中昆蟲幼蟲的活動感興趣，卻沒有感受到我們這些從小沒有親近自然的人，對某些動物所經歷的那種恐怖。因此，我們應該培養這種對生物的信任和信心，這是愛的一種形式，也是與宇宙結合的一種形式。

最能培養出對自然感覺的是對生物的培養，因為它們透過自然的發展所給予的回報遠遠超過它們所得到的，並且它們展現出無限的美麗和多樣性。當孩子種植了鳶尾花或三色菫、玫瑰或風信子，在土壤中撒下一粒種子或種下一個鱗莖並定期澆水，或種了一種結果實的灌木，開放的花朵和成熟的果實就是大自然的慷慨餽贈，一點點努力就能得到豐厚的回報。似乎大自然是用寶貴的禮物來回應種植者小心翼翼的愛。

當孩子收穫勞動的物質成果時，情況就大不相同了：這些果實只會被分配和消耗，而不會增加和繁殖。

第十章　農業勞動中的自然教育：培育動植物

孩子的意識中自然而然就產生了這樣的觀點：農業產品與工業產品、天然產品與人類產品是不同的。

但同時，就像植物必須結出果實，人也必須付出勞力。

讓兒童遵循人類發展的自然道路

第五。讓孩子沿著人類發展的自然道路前進。自然教育使個體發育與人類的整體進化變得協調。人類透過農業從自然狀態過渡到人工狀態：當他發現加強土壤生產的祕密時，他獲得了文明的回報。

注定要成為文明人的孩子也必須走同樣的路。

如果這樣理解自然教育的作用，我們就更容易把它付諸實踐。因為，即使缺少活動所需的大片土地和大院，也總能找到幾平方公尺可以耕種的土地，或是一個鴿子可以築巢的小地方，這些東西足以進行精神教育。如果必要的話，即使是窗前的一盆花也能達到目的。

在羅馬的第一個「兒童之家」裡，我們有一個巨大的庭院，被培植成一個花園，孩子們可以在那裡自由地在戶外奔跑。此外，還有一片長長的土地，一邊種著樹，中間有一條分叉的小路，另一邊則開闢了一片空地種植植物。最後，我們把地分成了很多塊，為每個孩子保留一份。

小一點的孩子在小路上自由地跑來跑去，或在樹蔭下休息，而土地的主人（四歲以上的孩子）則在播種、鋤地、澆水或檢查土壤表面，觀察植物發芽。有趣的是，我們注意到這樣一個事實：孩子們的小保留地貼著房屋的牆壁，這是一個以前被忽視的地方，因為它通向一條死路。因此，這些房子的居民習慣從窗戶往外扔各種垃圾，一開始我們的花園就被弄髒了。

但是，一點一點地，我們沒有進行任何勸誡，僅僅因為人們心中對孩子們勞動的尊重，就沒有人再扔垃圾了，母親們對孩子們心愛的土地投去慈愛的目光並報以微笑。

第十章　農業勞動中的自然教育：培育動植物

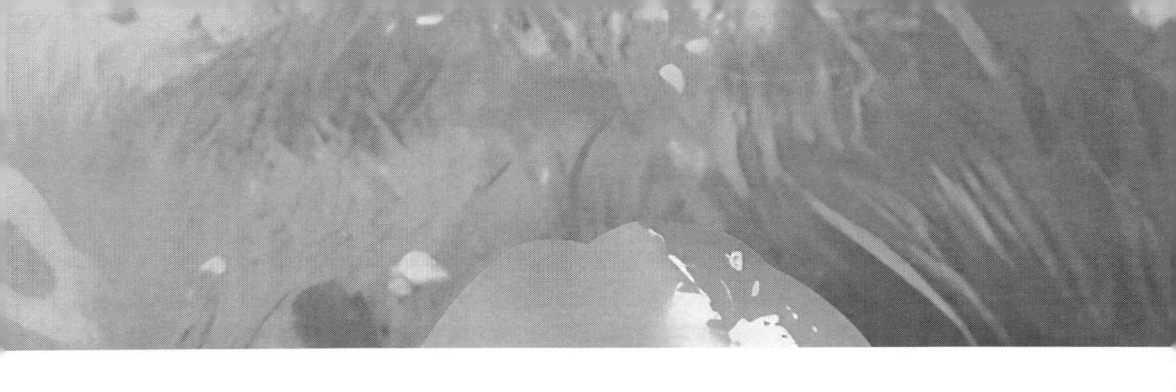

第十一章
手工勞動 ── 陶藝和建築

第十一章　手工勞動—陶藝和建築

手工勞動與手工鍛鍊的區別

手工勞動與手工鍛鍊的區別在於，前者是完成一項確定的工作，後者的目的是鍛鍊雙手。前者完善了個人，後者豐富了世界。然而，這兩件事是連繫在一起的，因為一般來說，只有一個人完善了自己的手才能生產出有用的產品。

經過短暫的試驗，我認為完全排除福祿貝爾的練習是明智的，因為在紙板上編織和縫紉不適合兒童視覺器官的生理狀態，因為這些器官的調節能力尚未完全發育；這些引起器官運動的練習可能對視力的發展產生致命的影響。福祿貝爾的其他一些小練習，如摺紙，是手的練習，而不是工作。

在福祿貝爾的所有練習中，最合理的就是讓孩子用黏土複製規定的物體。

然而，考慮到我提出的自由思想，我不喜歡讓孩子們複製任何東西。而且，在給他們黏土進行製作時，我並沒有指導孩子們製作有用的東西。我也不想達到訓練的效果，因為正如我後面將要提及的，泥塑工作是為了研究孩子自然展現的心理個性，而不是為了進行訓練。

藝術教育學校

因此，我決定在「兒童之家」嘗試一些非常有趣的練習，這些練習是我在蘭登（Randone）教授創辦的「藝術教育學校」裡看到的。這所學校起源於叫做「溫柔青年」（*Giovinezza Gentile*）的青年團體。學校和團體的目標都在於教育青年善待周圍環境，即保護設施、建築物和紀念碑，這是公民教育中一個非常重要的部分。因為「兒童之家」，我產生了很大的興趣，

因為這所學校的根本目的就是要教育人們尊重牆壁、房子和周圍環境。

蘭登教授明智地決定,「溫柔青年」社團不能依靠毫無成效對公民準則的理論說教,也不能依靠兒童所作的道德承諾。而必須從藝術教育出發,引導青年人欣賞、熱愛,進而尊重文物,特別是紀念碑和歷史建築。因此,「藝術教育學校」的靈感來源於廣泛的藝術構想,包括再現在周圍環境中常見的設施、對它們產生的歷史以及對主要的公民紀念碑的說明等等。在羅馬,這些紀念碑在相當程度上是由考古學紀念碑組成的。為了更直接地實現他的目標,蘭登教授在羅馬城牆中最具藝術性的部分之一,即貝里薩利斯城牆的一個開口處建立了他令人欽佩的學校,俯瞰著翁貝托‧普里莫別墅。這座城牆完全被當局忽視,也絕沒有受到公民的尊重。蘭登非常重視它,用優美的空中花園裝飾它,並在城牆內部建立了藝術學校。

在這裡,蘭登試圖重建和復興義大利和佛羅倫斯陶工藝術。

陶器的考古學、歷史學和美學價值

陶器在考古學、歷史學和美學上具有很高的價值,可以與錢幣藝術相媲美。事實上,人類最早需求的物品就是陶器,它存在於人類發現如何製造火之前,卻隨著火的使用而被推廣。的確,人類最早是用陶器烹煮食物的。

判斷原始民族文明程度的一個重要象徵,就是陶器的完美程度。事實上,陶器和斧頭是我們在史前時代發現最神聖的象徵,是與神的廟宇和先人崇拜有關的宗教符號。即使在今天,宗教信徒還會供奉聖瓶。

在文明的發展中取得進步的人們透過陶器中展現出他們對藝術和美學的追求,這些陶器發生了無窮無盡的演變,正如我們在埃及、伊特拉

第十一章　手工勞動—陶藝和建築

斯坎和希臘藝術中看到的那樣。

在人類文明的發展中，陶器應運而生，臻於完美，有多種多樣的用途和形式。透過陶器的歷史，我們也可以看到人類自身的歷史。陶器除了文化價值外，還具有實用價值，它可以進行各種修改和裝飾，因此為藝術家發揮個人天賦提供了自由的空間。

因此，一旦學會了製作陶器的手工藝品（這是學習的一部分，老師會直接進行循序漸進的指導），任何人都可以根據自己的審美趣味對其進行修改，這是學習的藝術性和個性化部分。除此之外，在蘭登的學校裡，還教授如何使用陶工轉盤，如何製作用於錫釉陶器的混合料，以及如何燒製陶器，這些都是包含工業文化的體力勞動。

製作小型磚、砌牆和建造房屋

藝術教育學校的另一項工作是製作小型磚塊，用燒製出來的磚塊建造小型牆。小型牆的建造過程與泥瓦匠建造房屋的過程相同，把磚塊透過用泥鏟處理的砂漿連線起來。在學會修砌牆壁之後，孩子們開始建造真正的房子，首先用小鋤頭和鏟子在地上挖一個大坑，然後打好地基，最後砌牆建房子。這些小房子有窗戶和門，並用孩子們自己製作的明亮多彩的小瓷磚裝飾在門廊上。

因此，孩子們學會欣賞周圍的物件和結構，而真正的手工和藝術勞動給了他們有益的鍛鍊。

我在「兒童之家」也採用了這樣的手工訓練。上了兩、三節課之後，孩子們已經對陶器的製作充滿了熱情，他們非常小心地保存自己的產品，並以此為榮。他們會仿製雞蛋或水果等小物件，然後放在陶器裡。他們會把一個紅土陶器裡面裝滿白土做成的蛋。接著他們會仿製帶壺嘴

的陶器、有柄陶器、三角鼎和雙耳陶器。

五、六歲的孩子開始學習使用陶工轉盤。但他們最喜歡的是用小磚頭砌牆蓋房子，他們會在房子周圍栽上植物，欣賞自己的勞動果實。因此，孩子們了解到人類從遊牧狀態轉變為定居生活時原始勞動的縮影，他們從大地收穫果實，建造自己的棲身之地，並製作陶器來烹調肥沃土地上產出的食物。

第十一章　手工勞動—陶藝和建築

第十二章
感覺訓練

第十二章　感覺訓練

感覺訓練不應該讓孩子覺得枯燥乏味

在實驗性的教學方法中，感覺訓練無疑是最重要的一項訓練。實驗心理學也是透過對感覺的測量來記錄孩子的活動的。

然而，教育學雖然可以利用心理測量學，但其目的並不是為了對感覺進行測量，而是對感覺進行訓練。這其實很容易理解，但卻常常容易混淆。雖然感覺測量的流程在相當程度上不適用於幼兒，但我們完全有可能對他們進行感覺訓練。

我們不需要從實驗心理學的結論出發。也就是說，我們不需要根據相同年齡孩子的一般感覺條件來決定我們應該進行哪些訓練。我們採用的方式是讓心理學理解教育法，並從中得出結論，而不是恰恰相反。

我採用的方法是對教學對象進行教學實驗，等待孩子的自發反應。這種方法與實驗心理學完全類似。

第一眼看到我使用的材料，人們可能會以為是心理測量材料。在米蘭實驗心理學學院學習過這門課程的米蘭教師們，發現我的材料中有測量顏色、硬度和重量感的物件，於是他們得出結論說我沒有給教育學帶來新的貢獻，因為他們已經了解這些物件。

但這兩種材料之間的巨大區別在於：感覺測量工具只能用於測量；相反，我的材料往往不能進行測量，而是為了讓孩子進行感覺練習而製作的。

為了使一件工具達到這樣的教學目的，它必須不會使孩子覺得疲倦，並且能讓孩子改變。教學材料的選擇難點就在於此。眾所周知，心理測量儀器會消耗巨大的能量，因此，當皮佐利（Pizolli）希望將這些儀器應用於感覺訓練時，他失敗了，因為孩子被這些儀器弄得疲憊不堪。恰恰相反，教育的目的是開發能量。

心理測量儀器，或者感覺測量儀器，是在韋伯定律的基礎上按不同的等級設計的，而這些定律實際上是從成人實驗中得出的。

對於幼兒，我們必須著手進行試驗，並且必須選擇他們表示感興趣的教學材料。

在「兒童之家」的第一年，我採用了各種各樣的刺激，其中一些我已經在特殊學校進行了實驗。

在正常兒童的教育中，許多用於治療特殊兒童的材料被拋棄了，還有一些材料做了很大的修改。我最終選擇了一些物件（在這裡，我不想用心理學的技術語言說這些物件是刺激物），對孩子們進行感覺訓練。

這些物件構成了我使用的教學體系（或一套教學材料）。它們是由米蘭慈善協會勞工部製造的。

特殊兒童與正常兒童對分級刺激所組成的教具會產生不同的反應

在解釋每一種物件的訓練範圍時，我將對物件進行描述。在這裡，我想先討論幾點一般性的思考：

第一；當呈現由分級刺激組成的教學材料時，特殊兒童和正常兒童的反應是有差異的。這種差異很明顯地表現在：同樣的教學材料對於特殊兒童來說，意味著對他們進行感覺訓練，而對正常的孩子來說，這會引發他們的自主訓練。

這是一件非常有趣的事，它給我帶來啟發，並使觀察和自由的方法成為可能。

假如我們使用一套立體幾何形狀的模型，它是由一塊帶孔的木板和插在孔中的十個小圓柱體組成的，圓柱體的直徑以十公釐的差異逐漸縮

第十二章　感覺訓練

小。把圓柱體從它們的位置拿出來，放在桌子上，混在一起，然後把每個圓柱體放回自己的位置。目的是訓練眼睛對尺寸差異進行感知。

對於特殊兒童，我們需要從刺激物對比強烈得多的練習開始，只有在完成了其他較為基礎的練習之後，才能進行這種練習。

而對於正常的孩子來說，這是我們可能呈現的第一個測試，在所有的教學材料中，這是2歲半和3歲的小孩子最喜歡的遊戲。當我們帶著特殊兒童來做這個練習時，有必要不斷地、積極地喚起他的注意力，邀請他看一看積木，給他看各個部分。如果這個孩子成功地把所有的圓柱體都放好了，他就會停下來，遊戲就結束了。每次特殊兒童做得不對，我們就要予以糾正，或者督促他自己改正。當他改正錯誤時，通常抱著無所謂的態度。

正常兒童反而會自發地對這個遊戲產生濃厚的興趣。他會推開所有想干涉他或是意圖幫助他的人，而希望自己能獨立解決問題。

人們已經注意到，兩、三歲的兒童最喜歡擺弄小物件，在「兒童之家」的這個實驗證明了這一說法的正確性。

現在重要的一點是，普通兒童會仔細觀察開口的大小和他要放在模具中物件的大小之間的關係，並且對遊戲非常感興趣，這一點從小臉上專注的表情可以清楚地看出。

如果他犯了錯誤，把其中一個物體放在一個對它來說很小的開口裡，他就把它拿走，繼續進行各種試驗，尋找合適的開口。如果他犯了一個相反的錯誤，讓圓柱體落在一個對它來說有點大的開口裡，然後把所有連續的圓柱體都放在一個有點大的開口裡，他會發現自己最後一個拿著大圓柱體，而只有最小的開口是空的。教學材料控制著每一個錯誤。孩子開始用各種方法來糾正自己。大多數時候，他會觸碰圓柱體或搖晃它們，以便辨識哪個是最大的。有時，他一眼就能看出自己的錯誤

所在，把圓柱體從不該放的地方拿出來，把漏掉的放在該放的地方，然後把其他的都換掉。普通兒童總是懷著越來越濃厚的興趣重複練習。

事實上，正是在這些錯誤中，教學材料的教育重要性才得以展現。當孩子完全自信地把每一塊放在適當的位置時，他已經獲得了成長，這一塊材料對他來說變得毫無用處。

這種自我糾正引導孩子把注意力集中在尺寸的差異上，並對不同的物件進行比較。正是在這種比較中，孩子進行了心理-感官的練習。

因此，我們並不是透過這些物件來教授孩子尺寸的知識。我們的目標也不是讓孩子知道如何準確無誤地使用呈現給他的材料，進而很好地完成練習。若是那樣我們的材料與許多其他材料（例如福祿貝爾材料）就沒有什麼差異了，並且需要教師的積極工作，他要忙於講授知識，並迅速糾正每一個錯誤，讓孩子可以學習使用這些物件。

相反的，真正發揮作用的是孩子進行自動糾正和自主訓練，老師對此不能有絲毫的干涉。沒有一個老師能給孩子們提供透過親手操作鍛鍊所獲得的敏捷：學生必須透過自己的努力使自己變得完美。感覺訓練也是同樣的道理。

可以說，每一種教育形式都是如此；一個人之所以成為這樣的人，不是因為他有過老師，而是因為他做過什麼。

把這種方法運用到舊式學校的老師身上的困難之一，在於當孩子困惑不已，眉頭緊鎖，撅著嘴唇，反覆努力糾正自己時，很難讓他們不要插手。當他們看到這一點時，老教師們都滿懷憐憫之心，情不自禁地去幫助孩子。當我們阻止這一干預時，他們會表達對這位孩子的同情，而實際上他很快就會流露出克服障礙的喜悅。

普通孩子會重複這樣的練習很多次。這種重複因人而異。有些孩子

第十二章　感覺訓練

做完五、六次練習後就厭倦了。有的則會做至少 20 次，仍然興趣盎然。有一次，我看到一個四歲的小女孩把這個練習重複了十六遍，我讓其他的孩子唱歌來分散她的注意力，但她仍然無動於衷地拿出圓柱體，把它們打亂，再放回原來的位置。

一位聰明的教師應該能夠進行有趣的個別心理觀察，並且在一定程度上，應該能夠測量各種刺激物吸引注意力的時間長度。

事實上，當孩子透過教學材料來進行自主訓練，控制和糾正錯誤時，老師能做的就只有觀察了。她一定更像是一個心理學家而不是一個老師，這說明了老師做好科學準備的重要性。

的確，用我的方法，老師教得少，觀察得多。最重要的是，她的職責在於對孩子的心理活動和生理發展進行指導。為此，我把老師的名字改成了指導者。

起先，很多人會嘲笑這個名字，因為他們會問這位老師可以指導誰，既然她沒有助手，而且必須讓她的學生們自由。但她的指導比一般人所理解的更為深刻和重要，因為這位老師指引著生命和靈魂。

透過反覆練習，感覺訓練可以提升兒童對刺激差異的感知力

第二。感覺訓練的目的是透過反覆練習來改善對刺激的不同感知。

感覺適應是確實存在的，儘管人們通常不怎麼考慮，但它是感覺測量學的一個因素。

例如，在法國使用的智力測驗中，或德·桑克蒂斯（De Sanctis）為診斷智力狀態而設立的一系列測試中，不同大小的立方體按照不同的距離

擺放，孩子要選擇最小的和最大的，而計時錶測量的是從命令到執行動作之間的反應時間。錯誤的次數也被記錄下來。我認為，在這樣的實驗中，感覺適應這個因素被遺忘了。

例如，在感覺訓練的教學材料中，有一系列十個立方塊。第一個立方塊的邊長為10公分，其他立方塊的邊長依次減少1公分，最小的立方塊邊長為1公分。這個練習是把粉紅色的方塊扔在綠色的地毯上，然後把它們建成一個小塔，把最大的方塊作為基礎，然後把其他方塊按大小順序排列，直到一公分的小方塊放在頂部。

小傢伙每次都要從散落在綠地毯上的積木中選出「最大的」積木。這個遊戲是兩歲半的孩子最感興趣的，一旦他們搭起了小塔，就又用手輕輕地把它推倒，欣賞粉紅色的立方體散落在綠色地毯上的樣子。然後，他們又開始建造，周而復始。

如果我們讓一個三、四歲的孩子，和一個小學一年級的孩子（六、七歲）同時進行這些測試，小學生毫無疑問會表現出更短的反應期，並且不會犯錯誤。同樣的道理也適用於色覺等的測試。

因此，這種教育方法也應該會引起實驗心理學專業學生的興趣。

最後，讓我簡單總結一下：我們的教學材料使自主訓練成為可能，它對感覺進行系統的訓練。這種訓練不依賴於教師的能力，而由教學體系完成。它呈現的物件首先要吸引孩子自發的注意力，其次要包含合理的刺激等級。

我們絕不能把對感覺的訓練與透過感官從環境中收集的具體資訊混為一談。這種感覺訓練也不應與語言等同起來，語言是對具體概念賦予相對應的術語，也不應與獲得練習的抽象概念完全相同。

讓我們考慮一下音樂大師在指導鋼琴演奏方面時是怎樣做的。他教學生身體的正確位置，給他講解音符的概念，給他看音符與琴鍵和手指位置

第十二章　感覺訓練

的對應關係，然後讓孩子自己練習。但如果要讓這個孩子成為鋼琴家，除了正常上課之外，他還必須耐心地進行長期的練習，使手指和肌腱變得靈活，特殊肌肉運動的協調變得自如，並且讓雙手的肌肉變得強壯。

因此，要成為鋼琴家，必須依靠學生自身的努力，他在天性中越能使他堅持這些練習，他就越可能獲得成功。然而，沒有大師的指導，這種練習也不足以把學生培養成真正的鋼琴家。

「兒童之家」的指導者必須清楚地意識到工作中的兩個因素：引導兒童和個別練習。

只有把這個概念熟記於心，她才能開始運用方法來指導孩子的自發教育，並向他傳授必要的觀念。

教育者的個人藝術在於這種介入的適時性和方式。

例如，在普拉蒂城堡的「兒童之家」裡，開學一個月後，我發現一個五歲的孩子已經知道怎麼寫所有的單字了，因為他非常熟悉字母表，他在兩週內就學會了。他知道如何在黑板上寫字。在自由繪畫的練習中，他不僅善於觀察，而且對透視有一些直觀的想法，非常巧妙地畫出了房子和椅子。在色覺練習中，我們有六十四個色板，都用不同顏色的絲綢包紮，這些色板分為八個序列，每個序列有八種顏色。他能迅速地把打亂的色板分為八組，然後輕輕鬆鬆地把每一組的色板按照完美的順序排列出來，就像在小桌子上鋪上一塊色彩鮮豔的地毯。我做了一個實驗，把他帶到窗前，讓他在明亮的光線下看一個色板，並且記住它。然後我讓他坐到另外一張桌子旁邊，上面鋪滿了所有的色板，我讓他找到跟剛才看到那塊一樣的色板。他很少犯錯誤，經常能選對，有時候是相鄰的顏色，很少會選距離正確的顏色兩個等級的顏色。這個男孩有一種精準的辨別力和幾乎驚人的顏色記憶。像所有其他的孩子一樣，他非常喜歡色彩練習。但當我問起白色系列的名字時，他猶豫了很久才不確定地回

答「白色」。一個如此聰明的孩子，即使沒有老師的特別干預，也應該能夠學會每種顏色的名字。

指導者告訴我，她注意到這個孩子很難記住顏色的命名，所以在那之前，她不得不讓他自由地玩色覺遊戲。同時，他迅速發展了一種對書面語言的控制力，在我的方法中，這種控制力是透過一系列需要解決的問題表現出來的。這些問題都是以感覺練習的形式出現的。因此，這個孩子是相當聰明的。在他身上，辨別性的感覺知覺與重大的智力活動——注意力和判斷力保持同步。但是他對名字的記憶很差。

到目前為止，指導者認為最好不要干涉孩子的教學。當然，孩子的教育有點混亂，指導者對他的心理活動的自發解釋也過於隨意了。將感覺訓練作為知識概念的基礎是可取的，但我們同時要將語言與這些感知連繫起來。

塞根的三階段課程

在這方面，我發現塞根的課程非常適合正常兒童使用，課程分為三個階段：

第一階段。將感覺知覺與名字連繫起來。

例如，我們給孩子呈現兩種顏色，紅色和藍色。呈現紅色，說「這是紅色的」，呈現藍色，說「這是藍色的」。然後，我們把兩種顏色放在孩子面前的桌子上。

第二階段。認識與名稱對應的物品。我們對孩子說：「把紅色的給我」，然後，「把藍色的給我」。

第三階段。記住與物品對應的名稱。我們給孩子看那個物件，問

第十二章　感覺訓練

「這是什麼」？他應該回答說：「床」。

塞根堅持我們要嚴格遵守這三個階段，並且讓顏色在孩子面前停留好幾秒鐘。他還建議我們不要單獨呈現一個顏色，而是一次呈現兩種顏色，因為對比有助於顏色記憶。事實上，我已經證明，這是教授弱智兒童色彩的最好方法，用這種方法，他們能夠比普通學校裡接受過隨意感覺訓練的正常孩子學得更好。然而，對於正常兒童來說，有一個階段先於這三個階段，即獲得細微的差異感知，只有透過自主訓練才能獲得這種感知。

因此，這是一個例子，說明正常兒童的巨大優越性，以及這種教育方法可以對正常兒童而不是特殊兒童的心理發展發揮更大的作用。

名字與刺激的連繫是正常孩子極大快樂的泉源。我記得，有一天，我教了一個還不到三歲，語言發展有點遲緩的小女孩三種顏色的名字。我讓孩子們把他們的一張小桌子放在靠近窗戶的地方，自己坐在一張小椅子上，我讓小女孩坐在我右邊的一張小椅子上。

我在桌子上有六個成對的彩色線軸，即兩個紅色，兩個藍色，兩個黃色。第一節課，我把一個線軸放在孩子面前，讓她找一個像這樣的線軸。我把這三種顏色都重複了一遍，教她如何仔細地成對排列。在這之後，我進入了塞根的三個階段。小女孩學會了辨認這三種顏色，並學會了發音。

她很高興，她看了我很長時間，然後開始跳上跳下。看到她的快樂，我笑著對她說：「你知道顏色嗎？」她仍然跳上跳下的回答說，「是的！是的！」她的喜悅是無窮無盡的，她在我周圍跳舞，高興地等著我問她同樣的問題，並以同樣的熱情回答：「是的！是的！」。

感覺訓練技術的另一個重要特點是，只要有可能，就把感覺隔離起來。舉例來說，在一個安靜黑暗的環境中，可以更成功地進行聽覺練習。

在觸覺、溫度感覺、壓覺和立體知覺練習中，我們要蒙住孩子的眼睛。心理學已經充分闡明了這種特殊技術的原因。在這裡，我們要注意的是，對於正常兒童來說，蒙上眼罩可以極大地提高他們的興趣，而不會使練習淪為喧鬧的取樂，也不會讓孩子的注意力更多地被眼罩而不是感覺刺激所吸引。

例如，為了測試孩子聽覺的敏銳性（這對老師來說非常重要），我使用了一種經驗主義的測試方法——醫生在進行體檢時幾乎普遍使用這種測試。這個測試裡，我們把聲音降低，把它變成耳語。孩子被蒙上眼睛，或者老師可能站在他身後，從不同的距離低聲說出他的名字。我在教室裡建立了一種莊嚴的寂靜，把窗戶調暗，讓孩子們把頭埋在手臂上。然後我一個接一個地小聲叫著孩子們的名字，越近的孩子聲音越輕，越遠的孩子聲音越大。每個孩子都在黑暗中等待著召喚他的微弱的聲音，專心地聽著，準備帶著最強烈的喜悅奔向那神祕而渴望的召喚。

在一些練習中，我們可能會蒙上正常孩子的雙眼。例如，在辨識重量的練習中，我們蒙上他的眼睛後，他就會更加把注意力集中在他面前的壓力刺激上。蒙上眼罩讓他更為興奮，他對自己能正確猜測而自豪。

而對特殊兒童來說，會帶來完全不同的影響。當他們被置於黑暗中時，他們常常會睡著，或者陷入混亂的行為。當使用眼罩時，他們把注意力集中在眼罩上，把練習變成一場玩樂，這並沒有達到我們期望的訓練效果。

誠然，我們把訓練中的活動稱為遊戲，但必須明確的是，這其實是一種有明確目標的自由活動，而並不會充滿分散注意力的喧鬧。

下面這些文字概括了教育學先驅所做的耐心實驗。他們沒有成功，主要是由於一些錯誤，部分原因是被測試的心態。

「四：在最後一個實驗中，沒有必要像前面的實驗那樣要求學生重複

第十二章　感覺訓練

他所感知到的聲音。這種雙重工作分散了他的注意力，也並不能達到我的目的，即分別訓練每個器官。因此，我把任務局限於對聲音的簡單感知。為了確保這個結果，我讓學生坐在我面前，閉上雙眼，握緊拳頭，每次我發出聲音，他都伸出一根手指。他明白這種安排，當聲音一傳到耳邊，他就急急地豎起了手指，常常帶著一種喜悅的神情，這說明學生在這些離奇的課程中無疑是感到愉快的。不管是因為他從人聲中找到了真正的樂趣，還是他終於克服了一開始被剝奪光照這麼長時間的煩惱，總之在休息的間隙，他不止一次拿著他的眼罩來找我，用它遮住眼睛，當他感到我的手在他的頭上繫帶時，他高興得跳了起來。

「五：透過上述實驗，我完全確信維托里奧能察覺到各種強度的所有人聲，於是我開始嘗試讓他比較這些聲音。不再是簡單地注意人聲，而是感知差異，欣賞這個詞所有的音調變化。這項任務和前一項任務有著巨大的差別，特別是對於一個依靠逐漸努力才能發展的人來說，他向文明前進僅僅是因為我如此溫和地領導他，以至於他沒有意識到進步。在面對現在的困難時，我需要比以往任何時候都更加堅強地用耐心和溫柔來武裝自己，因為我希望一旦克服了這一障礙，一切就會一馬平川。

「我們從母音的比較開始，在這裡，我們也用手來確定我們實驗的結果。每個手指上表示五個母音中的一個。因此，拇指代表 A，每當這個母音發音時，拇指就要豎起；食指代表 E，中指代表 I，以此類推。

「六：不久以後，經過一些努力，我能夠讓他清晰地分辨母音了。首先可以明確區分的是 O，然後是 A。其他三個則困難得多，而且混淆了很長一段時間。然而，耳朵終於開始清楚地感覺到了，然後，那種活力和喜悅又回來了。這種情況一直持續到上課的樂趣開始變得喧鬧起來，聲音開始混淆，他不加區別地亂舉手指。突然爆發的笑聲實在太過分了，我失去了耐心！我一把眼罩蓋在他的眼睛上，他就開始發笑」。

伊塔德發現他不可能繼續他的教育工作，於是決定把眼罩去掉。喧鬧停止了，但現在孩子的注意力被分散了。蒙上眼罩是必要的，但必須讓這個男孩明白，他不能笑那麼多，他正在上課。我們來看看伊塔德的糾正方法及其令人感動的結果！

「我想用我的態度嚇唬他，但用我的目光嚇不倒他。我用手鼓武裝自己，每當他犯錯時，我就輕輕地敲它。但他誤以為這是一個玩笑，他變得比以往任何時候都更加喧鬧。然後我覺得我必須更嚴厲一點地糾正他。他終於明白了，我帶著痛苦和快樂的雙重心情，從這個男孩黝黑的臉上看到了這樣一個事實：受傷的感覺超過了打擊帶來的不快樂。眼淚從眼罩下面流出來，他催促我把它摘下來，但是，無論是出於尷尬或恐懼，還是出於內心的某種憂慮，當他從眼罩中解脫出來時，他仍然緊閉著眼睛。他臉上愁眉苦臉的表情使我笑不出來，緊閉的眼瞼間偶爾滴下一滴眼淚！噢，在這一刻，我準備放棄我的任務，感到自己付出的時間已經付諸東流。我多麼後悔曾經認識這個男孩，我多麼嚴厲地譴責他無益又不人道的好奇心，為了科學進步而把他從天真無邪的生活中奪走！」

在此也證明了科學教育學對於正常兒童的巨大教育優勢。

最後，這種技術的一個特點是刺激物的分布。這將在教學體系（材料）和感覺訓練的描述中得到更充分的闡述。在這裡值得一提的是，我們應該從幾個強烈對比的刺激開始，到許多逐漸分化的、更加精細和不易分辨的刺激。因此，例如，我們首先一起呈現紅色和藍色、最短和最長、最粗和最細，然後再過渡到色彩、長度、大小等差別非常微妙的東西，讓孩子進行區分。

第十二章　感覺訓練

第十三章
感覺訓練和教具說明:總體感覺、觸覺、溫度感覺、壓覺和立體知覺

第十三章　感覺訓練和教具說明：總體感覺、觸覺、溫度感覺、壓覺和立體知覺

觸覺、溫度感覺、壓覺訓練

　　觸覺和溫度感覺的訓練是同時進行的，因為溫水和其他熱源會使觸覺更加敏銳。因為要鍛鍊觸覺就必須觸摸，用溫水洗手還有一個額外的好處，那就是教會孩子清潔的原則，即不要用不乾淨的手觸摸物體。因此，我將生活實踐練習中洗手、剪指甲的概念引入到觸覺刺激辨別的準備練習中。

羅馬方濟各修道院蒙特梭利學校的迴廊
孩子們正在玩色板遊戲

　　出於實際生活的需求，觸覺的訓練應針對指腹。它是感覺訓練的必要階段，為人類透過指腹來鍛鍊和使用觸覺的生活做準備。因此，我讓孩子在一個小盆裡用肥皂認真地洗手；在另一個盆裡，我讓他用溫水洗手。然後我教他如何擦乾和輕輕地搓他的手。接下來我教孩子如何觸摸

物品的表面。我們會抓住孩子的手指，非常非常輕地在物品的表面上畫過。

這種技術的另一個特別之處是教孩子在觸摸時閉上眼睛，鼓勵他這樣做，告訴他這樣能夠更好地感受到差異，進而引導他在沒有視覺幫助的情況下辨別觸覺的變化。他很快就能學會，並且會表現出他喜歡這種練習。通常，引入這些練習之後，孩子經常會來主動找你。他閉上眼睛，小心翼翼地撫摸你的手掌或衣服的布料，特別是任何絲綢或天鵝絨的裝飾物。他們確實鍛鍊了觸覺。他們喜歡敏銳地觸摸任何舒服柔軟的表面，並非常熱衷於區分不同的砂紙卡片。

教學材料包括：

a —— 一塊長方形木板，分為兩個相等的長方形，一塊用非常光滑的紙包覆，或者把木頭打磨光滑，另一塊用砂紙覆蓋。

b —— 一塊和前面類似的木板，用光滑的紙和砂紙交替包裹。

我還收集了一些粗糙程度各異的紙片，從光滑的細紙板到粗糙的砂紙。課程中也使用其他材料。

至於溫度感覺，我用了一套小金屬碗，裡面裝滿了不同溫度的水。我試著用溫度計測量，以保證兩碗水的溫度不相同。

我設計了一套很輕的金屬器皿。它們有蓋子，每個蓋子上都附有溫度計。倒進熱水之後，從外面接觸就可以感覺到水的溫度。

我還讓孩子們把他們的手放進冰冷、溫熱的水中，這是他們覺得最有趣的活動。我想讓孩子們用腳來做這個練習，但我還沒有機會嘗試。

第十三章　感覺訓練和教具說明：總體感覺、觸覺、溫度感覺、壓覺和立體知覺

（A）女孩正在觸摸字母，男孩正在說出物品的重量。
（B）學生們正在按照順序排列色板。一共有八個色系，
　　每個色系各有八種顏色，總共有六十四個等級。

為了培養壓覺（重量感），我非常成功地使用了長和寬為 6×8 公分，厚度為 0.5 公分的小木片。這些木片由紫藤，胡桃和松木這三種不同的木材製成。它們分別重 24 克、18 克和 12 克，重量相差 6 克。這些木片應該非常光滑，如有可能，可以塗上亮光漆，讓它們變得光滑，同時保持木材的原色。孩子觀察顏色，知道它們的重量不同，這提供了一種控制活動的方法。他攤開手掌，把兩塊木片放在他伸出的指尖上。然後他上上下下地移動雙手以測量重量。這種活動的幅度應該一點一點減小。我們引導孩子閉上眼睛，純粹透過體重的差異來區分。他學會了自己做

這件事，並且對「猜測」非常感興趣。

這個遊戲吸引了附近孩子的注意，他們在拿木片的孩子邊上圍成一圈，輪流猜。有時孩子們會自發地使用眼罩，在活動中夾雜著歡快的笑聲。

立體知覺訓練

這種感覺的訓練是讓孩子可以透過感覺，即透過觸覺和肌肉感覺的同時幫助來辨識物體。

我們對此做了一些實驗，取得了非常成功的訓練效果。我覺得為了對教師有所幫助，應該把這些練習描述出來。

我們使用的第一種教學材料是福祿貝爾長方體和立方體。我們提醒孩子注意這兩個物體的形狀，讓他睜大眼睛，仔細而準確地感覺它們，專注地留意所呈現形狀的細節。在這之後，孩子被告知要把正方體放在右邊，長方體放在左邊，只能感覺它們，而不能看它們。最後，孩子蒙著眼睛重複練習。幾乎所有的孩子都在練習中取得了成功，經過兩三次，都能全部做對。總共有二十四塊長方體和正方體，這樣可以透過這個「遊戲」保持一段時間的注意力，但毫無疑問，被一群關注而熱切的同伴注視著，這樣可以大大增加孩子的快樂。

一天，一位指導者讓我注意一個三歲的小女孩，她是我們最小的學生之一，她完美地重複了這個練習。我們讓小女孩舒服地坐在桌邊的扶手椅上。然後，我們把擺在她面前的二十四個木塊放在桌子上，把它們混合在一起，讓孩子注意形狀的不同，讓她把正方體放在右邊，把長方體放在左邊。當她被蒙上眼睛後，她開始了我們教她的練習，每隻手拿一個物體，感覺每一個物體並把它放在正確的位置。有時她拿兩個正方

第十三章　感覺訓練和教具說明：總體感覺、觸覺、溫度感覺、壓覺和立體知覺

體，或兩塊長方體，有時她右手拿一個長方體，左手拿一個正方體。孩子必須認清形狀，並在整個練習過程中記住不同物體的正確放置區。對於一個三歲的孩子來說，這似乎很困難。

但是觀察後，我發現她不僅能輕鬆地完成練習，而且我們教她感覺形體的動作也是多餘的。事實上，當她拿起手中的兩件東西的那一刻，如果碰巧她用左手拿了一個正方體，右手拿了一個長方體，她立刻交換了它們，然後重新用我們教過的方法感覺物體。但是在我們看來，她透過第一次輕觸就分辨出了這些物體，也就是說，辨識與抓取是同時發生的。

對這個問題繼續研究後，我發現這個小女孩的雙手同利性是非常出色的。考慮到雙手同時接受訓練的可取性，我很樂意對這一現象進行更廣泛的研究。

我和其他孩子重複了這個練習，發現他們在感覺物體的輪廓之前就已經認出了物體。這對幼兒來說尤其如此。我們在這方面的訓練方法為相關的體育鍛煉提供了一個出色的練習，可以幫助兒童做出快速的判斷，這是真正令人驚訝的，並且非常適合幼兒。

透過一些方式，可以讓這些立體知覺練習的效果事半功倍。它們可以讓進行溫度感覺練習的孩子在辨識刺激時感到快樂。比如，他們可以舉起一些小物件、玩具士兵、小球，尤其是各種硬幣。他們開始區分形狀差異很小的東西，如玉米，小麥和稻米。

他們為「不用眼睛看」而感到自豪，伸出雙手叫喊：「我的眼睛在這裡」！「我能用我的手看見」！事實上，我們的孩子們按照我們計劃的方式前進，讓我們驚嘆於他們意想不到的進步，每天都給我們驚喜。通常，當他們為新的勝利而欣喜若狂的時候，我們就帶著深深的驚訝和思考旁觀。

味覺和嗅覺訓練

　　這一階段的感覺訓練是最困難的，我至今還沒有取得任何令人感到滿意的成績。我只能說，通常在心理測試中使用的練習，在我看來，似乎不適用於幼兒。

　　兒童的嗅覺沒有得到很大的發展，很難用嗅覺來吸引他們的注意力。我們已經使用了一個測試，這個測試的重複次數不足以構成一個方法的基礎。我們讓孩子聞到新鮮的紫羅蘭和茉莉花的味道。然後我們蒙上他的眼睛，說：「現在我們要送給你鮮花」。一個小朋友把一束紫羅蘭放在另一個孩子的鼻子下面，好讓他猜出花的名字。無論強度大小，我們呈現的花都較少，甚至只有一朵花。

　　和味覺訓練一樣，這一部分的訓練可以在午餐時間進行。

　　至於味覺，用各種溶液接觸舌頭的方法，無論是苦的還是酸的、甜的、鹹的，都是完全適用的。四歲的孩子們很樂意參加這樣的遊戲，這是向他們展示如何認真漱口的一個機會。孩子們喜歡辨識各種味道，每次測試後，他們都會用溫水裝滿杯子，並仔細地漱口。這樣一來，味覺的練習同時也是個人衛生的練習。

視覺訓練

I. 尺寸的差異化視覺感知

　　第一。插座圓柱體：一共有三套插座圓柱體，長55公分，高6公分，寬8公分。每個大木塊包含十個圓柱形的小木塊，分別放入相應的孔中，可以用固定在頂部中心的小木扣或黃銅釦來提取。圓柱體的盒子

第十三章　感覺訓練和教具說明：總體感覺、觸覺、溫度感覺、壓覺和立體知覺

在外觀上很像化學家使用的砝碼盒子。在第一組中，所有的圓柱體高度相等（55公釐），但直徑不同。最小的圓柱體直徑為1公分，其他圓柱體的直徑依次增加0.5公分。在第二組中，圓柱體的直徑都相等，相當於前一系列中最大圓柱體直徑的一半（27公釐）。這組圓柱體的高度不同，第一個只有一公分高，其他的依次增加5公釐，第十個55公釐高。在第三組中，圓柱體的高度和直徑各不相同，第一組圓柱體的高度和直徑分別為1公分和1公分，隨後每一組圓柱體的高度和直徑都增加0.5公分。有了這些木塊，孩子們透過自己的工作，就可以學會區分不同厚度、高度和大小的物體。

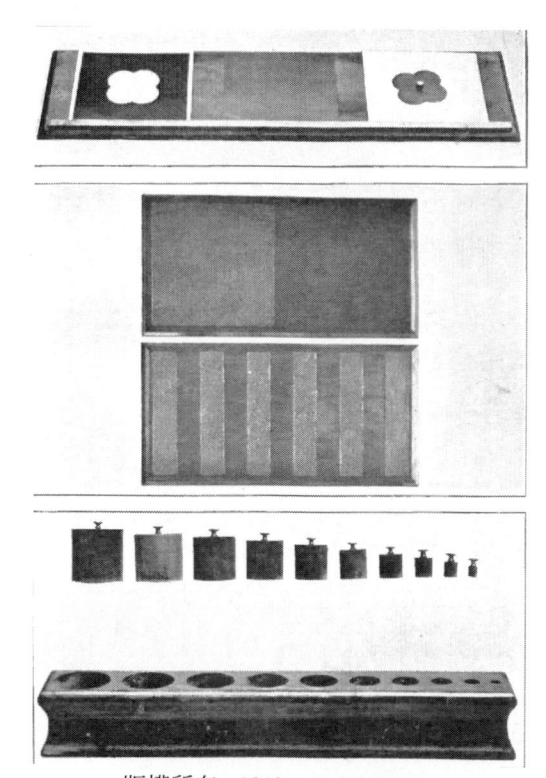

版權所有，1912，Carl R. Byoir
（A）繪畫板和嵌板。（B）木板。一部分用砂紙覆蓋，使表面粗糙或光滑。
（C）插座圓柱體。孩子可以用它們自己工作，學習區分物體的粗細、高矮和大小。

視覺訓練

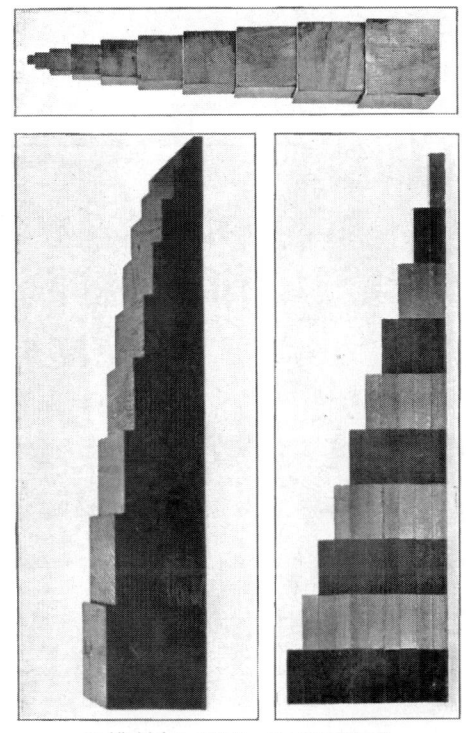

版權所有，1912，Carl R. Byoir
(A) 寬樓梯。 (B) 長樓梯。 (C) 塔樓。教授孩子們粗細、長短和大小的積木。

在教室裡，這三套遊戲可以由三個孩子圍著一張桌子玩，交流遊戲增添了多樣性。孩子從模具中取出圓柱體，在桌子上打亂，然後將每個圓柱體放回相應的開口中。這些物體是由堅硬的松木製成的，經過拋光和上漆處理。

第二。分級尺寸的教具：一共有三組，每個學校最好有其中兩組。

(a) 厚度教具：此集合由粗細不等的物體組成。共有十個四邊角柱，其中最大的底部邊長為 10 公分，其他的則依次減少 1 公分。這些角柱長度都是 20 公分，被染成深棕色。孩子把它們混合在一起，撒在小地毯上，然後把它們排列整齊，根據厚度的刻度把一個放在另一個上面，注意長度應該完全一致。孩子可以從最薄的一塊開始，也可以從最厚的

第十三章　感覺訓練和教具說明：總體感覺、觸覺、溫度感覺、壓覺和立體知覺

一塊開始。對練習的控制並不像圓柱體木塊那樣確定，因為圓柱體太大就不能進入小開口，圓柱體太高會伸出積木頂部。在這個大樓梯的遊戲中，孩子很容易辨識出錯誤，因為如果他犯錯，整個序列就會不規則，即應該上升的地方會突然下降。

　　(b) 長度教具：長短物件，這套由十根木棒所組成。這些是四邊形的，每面 3 公分。第一根棒長一公尺，最後一根十公分，中間的棒長度依次減少十公分。按照每十公分的間隔交替塗成紅色或藍色。當木棒彼此靠近放置時，其排列方式必須使顏色一致，形成許多橫向條紋。當排列好之後，整套木棒的外觀就是一個由管風琴的風管組成的直角三角形。

　　孩子把原本打亂的木棒排列起來。他根據長度的順序把它們放在一起，觀察顏色的對應關係。這個練習也提供了一個非常明顯的誤差控制，因為如果木棒放置不當，樓梯長度沿著斜邊減少的規律將會改變。

　　正如我們將看到的，這組教具將主要應用於算術。有了它，人們可以從一數到十，可以構造加法和乘法，也可以初步學習十進位制和公制。

　　(c) 體積教具：這套教具是由十個塗有玫瑰色琺瑯的木製立方體組成。最大的立方體稜長為 10 公分，最小的只有 1 公分，中間的立方體稜長依次減少 1 公分。這些積木配上一塊小綠地毯，可以是油布或紙板。孩子們按照大小順序一個接一個地搭建立方體，建造一個小塔樓，最大的立方體放在底部，最小的立方體放在頂部。我們會把立方體散落在地毯上，當孩子們搭建塔樓時，要練習跪下、站起的動作。如果搭建塔樓時出現明顯的不規則，那麼說明孩子放錯了地方。孩子們一開始玩這些積木時最常見的錯誤是把第二個立方體作為基礎，然後把第一個立方體放在上面，這樣就把最大的兩個積木弄混了。我注意到，在使用德·桑克蒂斯測驗對特殊兒童進行重複試驗時，他們也會犯同樣的錯誤。當我問「哪個最大？」

時，孩子不會拿那個最大的，而是會拿第二大的那個立方體。

我們可以讓孩子們在形式稍作改變的遊戲中使用這些教具。我們可以把教具在地毯或桌子上打亂，然後讓孩子在稍遠的另一張桌子上把它們排列整齊。當他每次要拿一個物件時，注意力必須保持集中，因為他必須記住在積木堆中他要拿的那塊的尺寸。

這種遊戲非常適合四、五歲的孩子。而三到四歲的孩子更適合在同一塊地毯上原地按順序排列物品的簡單工作。用粉色立方體建造塔樓對不到三歲的孩子非常有吸引力，他們一次次地把它推倒再蓋起來。

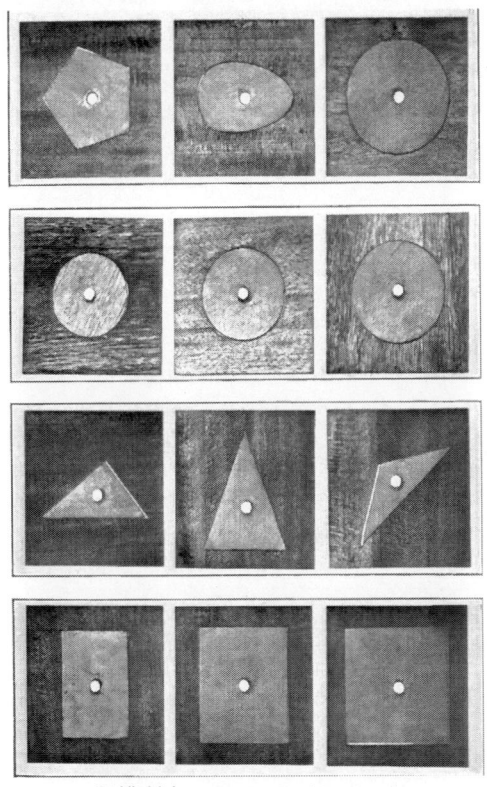

版權所有，1912，Carl R. Byoir
教授形狀的木製幾何嵌板的一部分

第十三章　感覺訓練和教具說明：總體感覺、觸覺、溫度感覺、壓覺和立體知覺

版權所有，1912，Carl R. Byoir
(A) 木製幾何嵌版和框架。框架提供了精確工作所需的控制。
(B) 櫃子。（用於存放幾何嵌板框架。）

II. 形狀的差異化視覺感知與視覺觸覺肌肉感知

　　教學材料。木製平面幾何嵌板：這些鑲嵌的想法可以追溯到伊塔德，塞根也採用了這種方法。

　　在特殊兒童學校，我以傑出前輩們使用的同樣形式製作和應用了這些嵌板。裡面有兩塊大木板，交疊著釘在一起。下面一塊木板是實心的，而上面一塊有各種空心的幾何圖形。遊戲的內容就是在這些空缺處放上相應的木製圖形，為了便於操作，圖形上配有一個小銅把手。

　　在我的特殊兒童學校裡，我曾多次使用需求這個遊戲，並把用來教

顏色的和用來教形狀的嵌板分開。教學顏色的嵌板是圓形的，教學形式的嵌板都塗成藍的。我有很多這樣的嵌板，有各式各樣的顏色，形狀千變萬化。這種教具非常昂貴，而且非常笨重。

在後來的許多對正常兒童的實驗中，經過多次試驗，我完全放棄將平面幾何嵌板作為色彩教學的輔助手段，因為這種材料不能控制錯誤，孩子只會按照形狀把嵌板放到相應的嵌孔裡。

我保留了幾何嵌板，但進行了創新。我參觀了位於羅馬聖麥可感化院的一所出色的手工培訓學校，了解到現在製作幾何嵌板的形式。我看到那裡有木製的幾何圖形模型，可以放在相應的框架裡，也可以放在相應的形狀上面。這些材料的目的是使幾何物件在尺寸和形狀控制方面能保持精確性；框架保證了產品準確性所需的控制。

這使我想到利用框架和嵌板對我的幾何嵌板進行修改。因此，我做了一個矩形托盤，尺寸為 30x20 公分。這個托盤被漆成深藍色，周圍是一個深色的框架。它有一個蓋子，可以容納六個正方形框架及其嵌板。這個托盤的優點是形式可以改變，因此允許呈現我們選擇的任何組合。我有一些空白的木製正方形，可以一次只呈現兩個或三個幾何形狀，留下很多空間。在這個材料上我加了一套 10 平方公分見方的白卡。這些卡片可以用來呈現了三個系列的幾何圖形。在第一個系列中，從藍色的紙上剪下形狀，然後裝在卡片上。在第二盒卡片中，相同圖形的輪廓裝在同樣的藍紙上，形成一公分寬的輪廓。在第三組卡片上，用一條黑線勾勒出幾何形狀的輪廓來。我們有托盤、小框架及其相應的嵌板，還有三個系列的卡片。

我還設計了一個能裝六個托盤的箱子。箱子前面的擋板可以放下來，頂部可以開啟，我們可以像拉抽屜一樣把托盤抽出來。每個抽屜都有六個小框架和各自的嵌板。在第一個抽屜裡，放著四個普通的木製正

第十三章　感覺訓練和教具說明：總體感覺、觸覺、溫度感覺、壓覺和立體知覺

方形和兩個框架，一個是菱形的，另一個是梯形的。在第二個抽屜裡，有一個由正方形和五個矩形組成的序列，它們的長度相同，但寬度不同。第三個抽屜有六個直徑逐漸減小的圓。第四個是六個三角形，第五個是從五邊形到十邊形的六個多邊形。第六個抽屜裡有六個彎曲的圖形（橢圓、蛋形等，還有由四條交叉弧線組成的花狀圖形）。

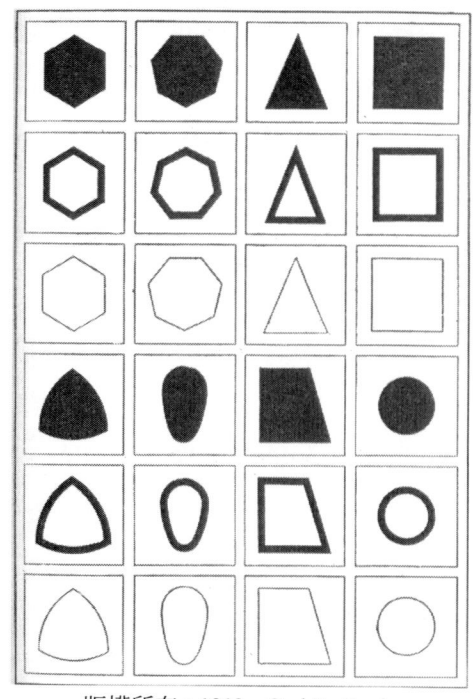

版權所有，1912，Carl R. Byoir
三套卡片練習中所使用的一些卡片形狀。

用嵌板進行練習。向孩子們展示一個大的框架或托盤，我們可以在其中按照自己的意願排列圖形。我們接著拿出嵌板，在桌子上打亂，然後請孩子把它們放回原位。這個遊戲甚至可以由年幼的孩子玩，並讓注意力保持很長一段時間，雖然不是像圓柱體練習那麼長的時間。事實上，我從未見過一個孩子重複這個練習超過五六次。事實上，孩子在這項活動上花費了很多精力。他必須認出形狀，必須仔細看。

182

視覺訓練

　　起初，許多孩子只有在多次嘗試之後才能成功，例如他們會嘗試將三角形放置在梯形中，然後放置在矩形中等等。或者當他們取了一個矩形，並且了解到它應該放在哪裡時，他們仍然會將嵌板的長邊放在開口的短邊上，只有經過多次嘗試，才能成功放置。在連續上了三四節課之後，孩子們非常容易地辨認出幾何圖形，並用一種帶有一絲漠然的確定感，或對過於簡單的練習有的些許輕蔑來放置嵌板。在這個時刻，孩子可能會被引導進行有條不紊的形狀觀察。我們改變框架中的形狀，從對比的框架傳遞到相似的框架。這個練習對孩子來說很容易，因為他已經可以準確無誤地將物件放在框架裡。

　　在這些練習的第一個階段，孩子反覆嘗試對比強烈的圖形。這種辨識在相當程度上得益於視覺與對形狀的肌肉觸覺之間的練習。我讓孩子用右手食指觸摸[10]物體的輪廓，然後讓他對物體必須裝入的框架輪廓重複這個動作。我們成功地使這成為孩子的習慣。這是很容易做到的，因為所有的孩子都很喜歡觸摸東西。透過對特殊兒童的研究，我已經了解到，在各種形式的感覺記憶中，肌肉感覺是最早熟的。事實上，在許多兒童還無法透過看一個圖形來辨識它時，他們可以透過觸摸它來辨識它，也就是說，透過計算跟隨它的輪廓所必需的運動來辨識它。對於正常兒童也是如此：他們不知道該把圖形放在哪裡，徒勞無功地把它轉來轉去，試圖把它裝進去，然而，一旦他們接觸到這幅作品和它的框架的兩個輪廓，他們就可以將它完美地放置起來。毫無疑問，肌肉觸覺與視覺的連繫，顯然可以幫助人們感知形狀並將其固定在記憶中。

　　在這樣的練習中，控制是絕對的，就像在插座圓柱體練習中一樣。圖形只能進入相應的框架。這使得兒童能夠獨立工作，並在對形狀的視覺感知中完成真正的感官自主訓練。

---

[10] 在本書中，「觸摸（touch）」一詞不僅用來表示手指和物體之間的接觸，而且用來表示手指或手在物體或其輪廓上移動。

第十三章　感覺訓練和教具說明：總體感覺、觸覺、溫度感覺、壓覺和立體知覺

三套卡片練習。

系列一。我們給孩子木製形狀和上面有白色圖形的卡片。然後我們把卡片放在桌子上打亂；孩子必須把它們在桌子上排列（他喜歡這樣做），然後把相應的木塊放在卡片上。這裡的控制關鍵在於雙眼。孩子必須辨識這個圖形，並把木塊放在上面，使其完美地覆蓋紙上的圖形。孩子的視覺和框架必須達成一致，才能配對成功。除了遮蓋圖形外，作為練習的一部分，孩子還要習慣於觸摸已安裝圖形的輪廓（孩子總是自願地跟隨這些動作）；在他放置了木製嵌板之後，他會再次觸摸輪廓，用手指調整疊加的物體，直到它完全覆蓋下面的形狀。

系列二。我們給孩子一些卡片和相應的木製嵌板。在第二個系列中，用藍色紙的輪廓重複這些圖形。透過這些練習，孩子們正逐漸從具體到抽象。起初，他只處理實物。然後他過渡到平面圖形，也就是說，過渡到一個本身並不存在的平面。他現在正向線條過渡，但這條線對他來說並不代表一個平面圖形的抽象輪廓。對他來說，這就是他用食指走過無數次的路徑；這條線就是運動的軌跡。再次用手指描摹圖形的輪廓時，孩子覺得自己實際上脫離了軌跡，因為圖形被他的手指蓋住了，當他移動它時就出現了。現在是眼睛在引導這個動作，但必須記住，當孩子觸摸到實木塊的輪廓時，這個動作已經準備好了。

系列三。我們現在把畫有黑色圖案的卡片送給孩子，像以前一樣給他相應的木製物件。在這裡，他實際上已經過渡到線條；也就是說，他過渡到了抽象，而且仍然認為這是運動的結果。

誠然，這不是手指留下的軌跡，而是手在之前相同的運動中引導完成的軌跡。這些簡單輪廓的幾何圖形是從一系列漸進的具體視覺和觸覺的表徵中發展出來的。當孩子們進行疊放相應木製圖形的練習時，這些表徵會回到他的腦海中。

III. 色彩的差異化視覺感知 —— 色覺訓練

在許多關於顏色的課程中，我們使用色彩鮮豔的物品和覆蓋著不同顏色羊毛的球。在對正常兒童進行了一系列的測試之後，我設計了以下用於色覺訓練的教學材料（在特殊兒童機構，我使用了前文提及的幾何嵌板）。目前使用的材料是用彩色羊毛或絲綢纏繞的小片。這些小片的兩端都有一個小小的木製保護套，以防止絲綢覆蓋的卡片碰到桌子。孩子們還被教導用這些木製的保護套來拿取物件，這樣他就不會弄髒這些精緻的顏色。這樣，我們就可以長時間使用這種材料而不必更新。

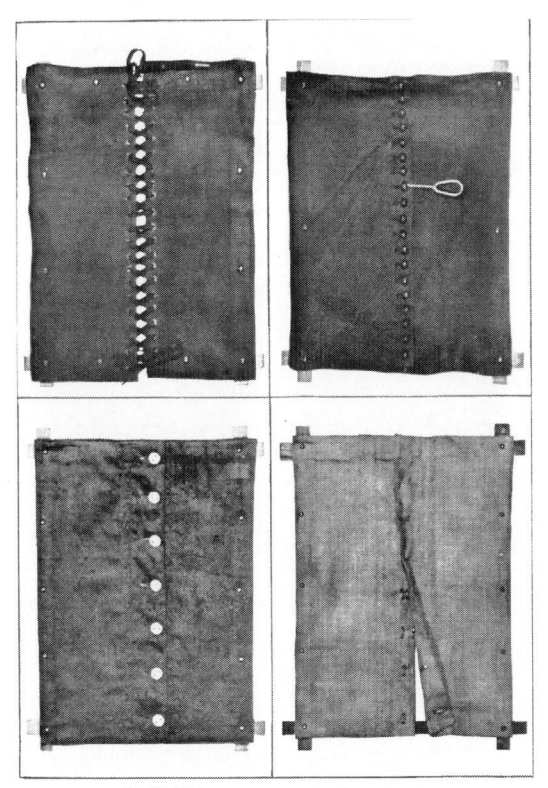

版權所有，1912，Carl R. Byoir
（A）系鞋帶。（B）搭鞋釦。（C）扣鈕扣。
（D）扣鉤扣。表現穿衣和脫衣不同過程的框架。

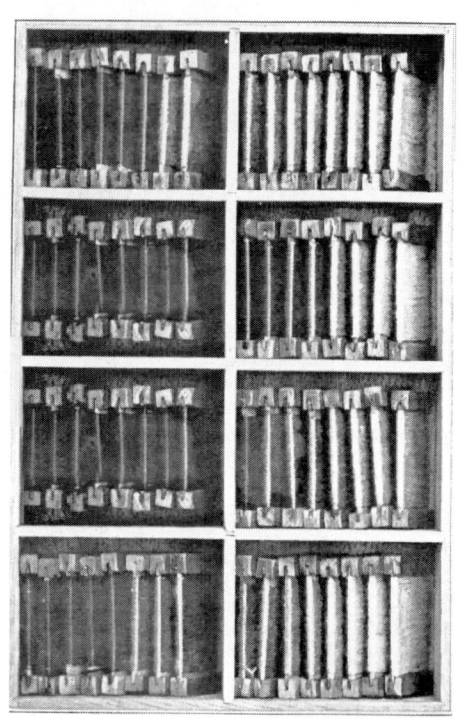

第十三章　感覺訓練和教具說明：總體感覺、觸覺、溫度感覺、壓覺和立體知覺

版權所有，1912，Carl R. Byoir
用彩色絲綢纏繞的小片
用於培養色覺。小片被放在儲存盒裡展示。

　　我選擇了八個色系，每個色系都有八種不同的色彩色階。因此，總共有六十四種顏色的小片。我選擇的八個色系是黑色（從灰色到白色）、紅色、橙色、黃色、綠色、藍色、紫色和棕色。我們有兩個一模一樣的盒子，這樣練習時就可以有兩塊一樣的色板。所以，整套共有 128 片。它們裝在兩個盒子裡，每個盒子分成八個相等的隔間，這樣一個盒子裡可以裝六十四片小片。

　　用色板進行練習。作為最初的練習，我們選擇三種對比較為明顯的顏色：例如，紅色、藍色和黃色。我們把這十六塊色板放在孩子面前的桌子上。我們給他看了其中一種顏色，請他在桌上打亂的色板中找到與它相同的。這樣，我們讓他把色板兩個兩個排列，按顏色配對。

遊戲中色板的數量可能會增加，直到同時給出八種顏色或十六種色板。呈現最鮮明對比的色彩之後，我們可以用同樣的方式繼續呈現相對較淺的顏色。最後，我們將呈現兩到三片顏色相同但色調不同的色板，向孩子展示如何按層次排列這些色板。這樣，八個等級最終就呈現出來了。

　　接下來，我們把兩種不同顏色（紅色和藍色）的八個等級放在孩子面前；向他展示如何將各組分開，然後按等級排列每組。在我們繼續進行的過程中，我們提供了一組更接近相關的顏色；例如，藍色和紫色、黃色和橙色等。

　　在其中一個「兒童之家」裡，我看到了孩子們帶著濃厚的興趣玩下面的遊戲，他們很成功，並且速度驚人。指導者把顏色組放在孩子們圍坐的桌子上，有幾個孩子，就放幾組顏色，在這裡我們假設是三個。然後，她讓每個孩子的注意力集中在自己要選擇或者她分配給他的顏色上。然後，她在桌子上打亂三組顏色。每個孩子都迅速地從一堆打亂的色板中取出他所有的顏色等級，然後開始排列色板，當這樣排列成一行時，就會出現一條美麗的緞帶。

　　在另一個「兒童之家」，我看到孩子們拿著整個盒子，把桌上的六十四塊色板倒空，在認真打亂後，迅速地把色板收集起來，按層次排列，構成了一種色彩細膩、色彩交融的小地毯。孩子們很快就學會了一種能力，我們對此感到驚訝。三歲的孩子能把所有的顏色都分等級。

　　顏色記憶實驗。顏色記憶的實驗可以這樣做：給孩子看一種顏色，讓他能看多久就看多久，然後讓他走到一張遠處的桌子前，把所有的顏色都擺在桌子上，從中選擇與他看的顏色相似的色板。孩子們在這個遊戲中取得了顯著的成功，只犯了一些小錯誤。五歲的孩子們非常喜歡這一點，他們非常高興地比較這兩個色系，判斷他們是否選擇了正確的色系。

第十三章　感覺訓練和教具說明：總體感覺、觸覺、溫度感覺、壓覺和立體知覺

在我開始工作的時候，我使用了皮佐利（Pizzoli）發明的一種樂器。這是一個棕色的小圓盤，頂部有一個半月形的開口。透過一個由各種顏色的條帶組成的轉盤，各種顏色從這個開口後面穿過。老師讓孩子注意某種顏色，然後轉動圓盤，讓他在相同的顏色再次出現在開口處時指出來。這個練習使孩子變得被動，他無法控制材料。因此，這個工具無法幫助進行感覺訓練。

辨音練習

最好可以使用德國和美國聾啞人機構中用於「聽覺訓練」的教學材料。這些練習是語言習得的入門，以一種非常特殊的方式讓孩子們把注意力集中在「人類聲音的調節」上。

對於幼兒來說，語言訓練必須占據最重要的地位。這種練習的另一個目的是教育孩子的耳朵注意噪音，使他習慣於分辨每一個輕微的噪音，並將其與聲音進行比較，進而對刺耳或雜亂無章的噪音產生反感。這種感覺訓練的價值在於它能鍛鍊人的審美情趣，並能以一種最值得注意的方式應用於實際的紀律。我們都知道年幼的孩子們是如何透過喊叫和翻倒物品的噪音擾亂房間秩序的。

嚴格的聽覺科學訓練在教學法上是不適用的。這是真的，因為孩子不能像對其他感官那樣透過自己的活動自行練習。一次只有一個孩子可以使用任何產生聲音層次的樂器。換句話說，絕對的安靜對於聲音的辨別是必要的。

麥克切羅尼（Maccheroni）小姐曾歷任米蘭「兒童之家」和羅馬方濟各修道院蒙特梭利學校的指導者，她發明並製造了一套掛在木架上的十三個鈴鐺。這些鈴鐺在外觀上都是一樣的，但錘擊所產生的震動會發出

十三個不同的音符。

整套教具由兩組十三個鈴鐺和四把錘子組成。敲響第一組其中的一個鈴鐺後，孩子必須在第二組鈴鐺中找到相應的聲音。這個練習難度很大，因為孩子不知道如何每次擊打時用同樣的力量，因此產生的聲音強度不同。即使老師敲打鈴鐺，孩子們也很難區分不同的聲音。因此，我們不認為這一工具的形式是完全可行的。

為了辨別聲音，我們使用了皮佐利的一系列小口哨。為了製造不同等級的噪音，我們用小盒子裝入不同的物質（沙子或鵝卵石），其細膩程度不同。透過震動箱子，產生噪音。

在聽覺課上，我會進行如下程序：我讓老師們按照通常的方式保持教室安靜，然後我繼續工作，使周圍更加安靜。我用不同的嗓音說，「St！St！」忽而尖銳而短暫，忽而輕緩如耳語。孩子們漸漸地被吸引了。偶爾我會說：「再安靜些——再安靜些」。

然後我再次開始了St！St！的嘶嘶聲，讓它慢慢變輕，並用幾乎聽不見的聲音重複「再安靜些」。接著，我低聲說：「現在，我聽見時鐘的指標在沙沙走動，我聽見蒼蠅翅膀嗡嗡作響，我聽見花園裡的樹在竊竊私語」。

孩子們欣喜若狂，安靜地坐著，房間裡似乎空無一人。然後我低聲說：「讓我們閉上眼睛吧」。這個練習重複著，使孩子們習慣了要一動不動，要保持絕對的安靜，當其中一個孩子打斷這種安靜時，只需要一個音節，一個手勢，就可以立即把他叫回來，使其恢復井然有序。

在寂靜中，我們開始製造聲音和噪音，先是產生明顯的對比，然後是比較相似的。有時我們會比較噪音和聲音。我相信用伊塔德在1805年採用的原始方法可以得到最好的結果。他使用了鼓和鈴。他的計畫是用一系列聲音漸重的鼓來演奏噪音，或者更確切地說，用來演奏重諧音，

第十三章　感覺訓練和教具說明：總體感覺、觸覺、溫度感覺、壓覺和立體知覺

因為這些鼓屬於樂器，還有一系列的鐘。管風琴、口哨、盒子發出的聲音對孩子沒有吸引力，也不像其他樂器那樣培養聽覺。有一個有趣的現象是，人類仇恨的形式（戰爭），和人類傳達愛的形式（宗教），都採用了鼓和鐘這兩種工具。

我相信，在安靜之後，敲響和諧的鈴鐺具有教育意義，時而平靜而甜美，時而清晰而響亮，把它們的振動傳遞到孩子的全身。我們除了對耳朵進行訓練之外，還透過這些經過精心選擇的鐘聲，對整個身體進行了振動訓練，使他全身都瀰漫著一種平靜。這樣，我相信這些年輕的身體會對粗野的噪音敏感，孩子們會開始討厭，停止製造雜亂難聽的噪音。

這樣一來，一個耳朵受過音樂教育的人就會無法忍受刺耳或不和諧的音符。我不需要舉例說明這種訓練對廣大兒童的重要性。新一代人會更加平靜，遠離混亂和不和諧的聲音，這些聲音今天充斥著在窮人居住的狹小公寓，它們源於更低階的人類本能，應當被我們所拋棄。

音樂教育

音樂教育必須在科學教育法的指導下進行。我們看到小孩子對一些偉大音樂家的演奏無動於衷，就好像對牛彈琴一樣。他們沒有察覺到聲音微妙的複雜性。街上的孩子們聚集在風琴藝人身旁，大聲喊叫著，雀躍歡呼，其實他們聽到的是噪音。

要進行音樂教育，我們不僅要創造音樂，還要創造樂器。這種樂器的作用除了讓孩子分辨聲音外，還在於喚醒他們的節奏感，讓孩子的肌肉變得放鬆和協調。

我相信弦樂器（也許是某種非常簡化的豎琴）將是最方便的。絃樂與

鼓、鐘構成了人類古典樂器的三重奏。豎琴是「個人生活的親密夥伴」。希臘神話中的奧菲斯手中拿的是豎琴，民間傳說中的仙女拿的是豎琴，浪漫故事中征服邪惡王子心靈的公主拿的也是豎琴。

背對著學生們演奏的老師（常常很糟糕），永遠無法訓練他們的樂感。

孩子需要在各個方面被吸引，無論是眼神還是姿勢。老師彎腰面向他們，把他們聚攏在身邊，讓他們自由地停留或離開，以簡單的節奏觸動和絃，跟他們溝通，與他們的靈魂連繫在一起。如果能用自己的聲音來伴奏，讓孩子們自由地跟著她唱，但不強迫他們唱，那就更好了。這樣她就可以把那些所有孩子們都跟著唱的歌曲選為「適合訓練」的歌曲。於是她可以針對不同的年齡層來調整節奏的複雜性，這樣不同年齡的孩子都可以跟著節奏走。無論如何，我相信簡單而原始的樂器是最適合喚醒孩子音樂靈魂的。

我曾試著讓米蘭「兒童之家」的指導者，一位有天賦的音樂家，做過一些嘗試和實驗，以期更多地了解幼兒的肌肉能力。她用鋼琴做了許多嘗試，觀察孩子們為什麼對音樂的音調不敏感，而只對節奏敏感。她根據節奏安排了一些簡單的舞蹈，目的是研究節奏本身對肌肉運動協調的影響。她很驚訝地發現這種音樂對教育中的紀律有所幫助。居住在街頭和大樓裡、總是不停跳躍的孩子們，以透過自由獲得的極大智慧和藝術，自發地指揮著自己的行為和動作。

作為自由方法的忠實追隨者，她不認為跳躍是一種錯誤的行為，她從未糾正過這些錯誤。

她現在注意到，隨著她不斷地重複節奏練習，孩子們一點一點地停止了醜陋的跳躍，直到最後這一切都成了過去。一天，指導者要求孩子們對這種行為的改變作出解釋。幾個小一點的孩子什麼也沒說，就看著

第十三章　感覺訓練和教具說明：總體感覺、觸覺、溫度感覺、壓覺和立體知覺

她。大一點的孩子回答得五花八門，意思是一樣的。

「跳起來不好看」。

「跳起來很難看」。

「跳起來很粗魯」。

這對我們的教育法來說無疑是一個美麗的勝利！

這一經驗表明，訓練兒童的肌肉感覺是可能的，它明示，隨著這種感覺與肌肉記憶的發展，以及與其他形式的感覺記憶並肩發展，它的精細程度可能會有多高。

聽覺敏感度測試

到目前為止，我們在「兒童之家」中所做的唯一完全成功的實驗是時鐘實驗和低語實驗。這種嘗試純粹是經驗的，不適合測量感覺，但它最大的用處在於幫助我們大致了解孩子的聽覺敏銳度。

這個練習就是在完全安靜下來的時候，喚起人們對時鐘滴答作響的注意，以及對耳朵通常聽不到的所有小噪音的注意。最後，我們從隔壁房間一個接一個地叫著孩子們，低聲念著每個名字。在準備這樣的練習時，有必要教孩子們安靜的真正含義。

為此，我有幾個安靜的遊戲，它們可以用令人驚訝的方式加強孩子的紀律。

我把孩子們的注意力集中到自己身上，告訴他們，我可以保持安靜。我採取不同的姿勢；站著，坐著，安靜地保持每個姿勢，紋絲不動。手指移動會產生噪音，即使是不易察覺的。我們呼吸的聲音可能會被聽到。但我保持絕對的安靜，這不是一件容易的事。我叫一個孩子上來，

請他照我做的做。他調整了一下腳的位置，這會發出噪音！他移動一隻手臂，把它伸到椅子的扶手上；這是一種噪音。他的呼吸並不像我那樣完全安靜，無法被聽見。

在這個孩子做這些動作的時候，我會進行簡短的評論，之後是安靜的間歇，其他的孩子們在觀察和傾聽。他們之中的許多人對這個現象很感興趣，他們以前從來沒有注意到過這個現象，也就是說，我們發出了那麼多我們沒有意識到的噪音，而且安靜是有不同程度的。在一片寂靜中，什麼都不動。當我如此安靜地站在房間中央，彷彿「並不在場」時，他們驚奇地看著我。然後他們努力模仿我，做得更好。我時不時地提醒他們注意，他們的腳在幾乎不經意間移動了。孩子的注意力被召喚到身體的每一個部位，急切地想要達到靜止不動的狀態。

當孩子們試著這樣做的時候，教室就會變得安靜，這種安靜與我們平時說的安靜截然不同。

好像生命漸漸消失了，房間一點一點地變得空蕩蕩的，好像裡面再也沒有人了。然後我們開始聽到時鐘的滴答聲，隨著越來越寂靜，這種聲音似乎變得越來越大。從外面，從以前似乎很安靜的院子裡，傳來各式各樣的聲音，一隻鳥在啁啾，一個孩子經過。孩子們被這種寂靜迷住了，彷彿是被某種勝利所吸引。指導者說：「這裡再也沒有人了，孩子們都走了」。

到了那個時候，我們把窗戶調暗，叫孩子們閉上眼睛，把頭靠在手上。他們採取這種姿勢，在黑暗中，絕對的寂靜又回來了。

「現在聽著」，我們說，「一個輕柔的聲音在呼喚你的名字」。然後我走到孩子們後面的一個房間裡，站在敞開的門裡面，低聲呼喚，餘音裊裊，彷彿是穿越群山的呼喚。這近乎神祕的聲音似乎觸及心靈，呼喚著孩子的靈魂。每一個被呼喚名字的孩子抬起頭，開心地睜開眼睛，然後

第十三章　感覺訓練和教具說明：總體感覺、觸覺、溫度感覺、壓覺和立體知覺

站起來，小心地不碰到椅子，踮著腳尖走著，安靜得幾乎聽不見他的聲音。然而，他的腳步聲在寂靜中，在持續的靜止中迴響。

他走到門口，臉上洋溢著喜悅的神情，跳進了房間，忍住了一陣輕柔的笑聲。另一個孩子可能會來掩面貼著我的衣服，另一個，轉過身來，會看著他的同伴像雕像一樣靜靜地坐著等待。一個被召喚的人覺得他是有特權的，他收到了一份禮物，一份獎品。然而，他們知道所有的人都會被召喚，「從整個房間裡最安靜的人開始」。所以每個人都試圖透過自己完美的安靜來獲得召喚。我曾經看到一個三歲的小傢伙試著憋住不打噴嚏，她成功了！她用小胸脯屏住呼吸，反抗著，勝利地走了出來。一次非常令人驚訝的努力！

這個遊戲使孩子們無比高興。他們專注的表情，耐心的靜止，流露出極大的喜悅。一開始，當我不了解孩子的靈魂時，我曾想過給他們看糖果和小玩具，答應把它們送給被叫到名字的人，以為這些禮物對說服孩子做出認真的努力是必要的。但我很快發現這並不必要。

孩子們在盡力保持安靜之後，享受著這種感覺，並從安靜本身得到樂趣。他們就像安全地停泊在寧靜港灣中的船隻，樂於嘗試新事物，並戰勝了自己。這的確是他們的報償。他們忘記了糖果的承諾，也不想再拿玩具了，我原以為這些玩具會吸引他們。因此，我放棄了那無用的手段，且驚奇地看到，遊戲變得越來越完美，直到在把整整四十個孩子叫出房間的那段時間裡，連三歲的孩子都安靜地一動不動！

就在那時，我才知道，孩子的靈魂有它自己的獎賞，也有它特有的精神享受。經過這樣的練習，我覺得孩子們離我越來越近了，當然他們變得更聽話，更溫柔，更可愛了。事實上，我們與世界隔絕了，在這幾分鐘裡，我們之間的交流非常密切，我為他們許願，向他們呼喚，他們在完美的安靜中，收到了向他們每一個人發出的、依次為他們加冕幸福的聲音。

安靜的一課

　　我將要描述一節課,事實證明這節課是最成功的一節課,教給我們一種可以達到完美的安靜。一天,當我正要進入一個「兒童之家」時,我在庭院裡遇到一位母親,她抱著她四個月大的孩子。小傢伙是用襁褓包起來的,這仍然是羅馬人民的習俗,因此襁褓裡的嬰兒被我們稱為「蠶寶寶」。這個安靜的小傢伙似乎是安靜的化身。我把她抱在懷裡,她靜靜地躺在那裡。我繼續抱著她向教室走去,孩子們從教室裡跑出來迎接我。他們總是這樣歡迎我,雙臂摟著我,緊緊抓住我的裙子,迫不及待地幾乎要把我摔倒在地。我向他們微笑,給他們看我懷裡的「蠶寶寶」。他們理解了我的意思,在我周圍蹦蹦跳跳,愉快地看著我,但因為顧及我抱在懷裡的那個小傢伙,所以沒有碰觸我。

　　我走進教室,孩子們圍著我。我們坐下來,我坐在一把大椅子上,而不是像往常一樣坐在他們的一把小椅子上。換句話說,我莊嚴地坐著。他們帶著溫柔和喜悅的心情看著我懷裡的孩子。我們誰也沒說一句話。最後我對他們說:「我給你們帶來了一個小老師」。他們投來驚訝的目光,一陣笑聲。「一個小老師,是的,因為你們誰也不像她那樣懂得安靜」。這時所有的孩子都換了姿勢,安靜了下來。「然而,沒有人像她那樣安靜地管住四肢」。每個人都更加注意四肢的位置。我看著他們微笑著說:「是的,但你們永遠不會像她那樣安靜。你動了一下,但她,一點也不動;你們誰也不能像她那樣安靜」。孩子們看起來很嚴肅。他們似乎已經想到小老師的優勢。他們中的一些人微笑著,似乎用他們的眼睛說,襁褓樂隊值得所有的優點。「你們誰也不能像她那樣安靜,不發出聲音」。教室裡鴉雀無聲。「像她那樣安靜是不可能的,因為,聽她的呼吸多麼輕巧,踮著腳尖走近她」。

第十三章　感覺訓練和教具說明：總體感覺、觸覺、溫度感覺、壓覺和立體知覺

　　幾個孩子站起身來，踮著腳尖慢慢地走上前去，彎腰看著嬰兒。非常安靜。「你們誰都無法像她這樣安靜地呼吸」。孩子們驚奇地環顧四周，他們從來沒有想過，即使安靜地坐著也會發出聲音，一個小嬰兒比成年人更加安靜。他們幾乎停止了呼吸。我站起來了。「安靜地，安靜地出去」，我說，「用腳尖走路，不要出聲」。我跟著他們說，「我仍然聽到一些聲音，但是小嬰兒和我一起走，沒有出聲。她安靜地離開了」！孩子們笑了。他們明白了我話語中的真諦和幽默，我走到開著的窗戶前，把孩子放回站在一旁看著我們的母親懷裡。

　　小女孩似乎留下了一種微妙的魅力，籠罩著孩子們的靈魂。事實上，自然界中沒有什麼比新生嬰兒的無聲呼吸更甜美的了。這個小小的生命有一種無法形容的威嚴，它在靜謐中凝聚著生命的力量和新生。與此相比，華茲華斯（Wordsworth）對自然寧靜的描述似乎黯然失色，「多麼寧靜啊，多麼安靜啊！唯一的聲音是懸槳的滴水聲」。一個新生的人類生命的寧靜中，孩子們也感受到了詩與美。

第十四章
感覺訓練中的注意事項

第十四章　感覺訓練中的注意事項

感覺訓練的生物學和社會學目標

我並不想說自己已經把應用於幼兒的感官訓練方法做到了完美。不過，我相信，它為心理學研究開闢了一個新的領域，有望獲得豐富而有價值的成果。

迄今為止，實驗心理學一直致力於感覺測量工具的完善。沒有人嘗試過準備個體感覺的方法論。我相信，心理測量學的發展將更多地歸功於對個體準備的關注，而不是工具的完善。

但是拋開這個問題純粹科學的方面不談，感覺訓練必定具有最重要的教育學意義。

我們的訓練目標大體上是雙重的，包括生物學的和社會學的。從生物學的角度來看，我們希望幫助個體的自然發展；從社會學的角度來看，我們的目標是讓個體為適應環境做好準備。在後者的問題上，技能訓練可能被認為占有一席之地，因為它教導個人利用周圍的環境。從這兩個角度來看，感覺訓練是最重要的。感官的發展確實先於高級智力活動的發展，三至七歲的兒童正處於形成期。

因此，我們可以在這個時期幫助感官的發展，就像在孩子的語言開始發展之前給予他們幫助一樣。

所有對幼兒的訓練都必須遵循這一原則——幫助兒童自然的心理和生理發展。

訓練的另一個目標（使個人適應環境的目標）應該在以後的快速發展期給予更多的關注。

這兩個階段總是交織在一起的，但根據兒童的年齡不同，其中一個階段會占優勢。三歲到七歲之間的是身體快速發育的時期，是與智力有關的感覺活動形成的階段。這個年齡的孩子發展他的感官。他的注意力

以被動好奇的形式進一步被環境所吸引。

刺激物，而不是事物的原因，吸引了他的注意力。因此，這是我們應該有條不紊地引導感官刺激的時候，由此他所接受的感覺將以一種合理的方式發展。這種感覺訓練將為他準備一個有序的基礎，進而建立一個清晰而強大的心智。

除此之外，透過感覺訓練，有可能發現並最終糾正今天在學校裡沒有發現的缺陷。在這個階段，缺陷表現為無法利用他周圍的生命力量，是明顯的、無法彌補的（例如耳聾和近視）。因此，這種訓練是生理上的，並且同樣透過完善感覺器官和發送與聯結的神經通路，直接為智力訓練做準備。

但訓練的另一部分，即個人對環境的適應，是間接涉及的。用我們的方法讓幼兒做好我們時代的人格準備。現代文明者是他們環境的傑出觀察者，因為他們必須盡可能地利用環境中的一切財富。

就像在希臘人的時代一樣，今天的學科以觀察真理為基礎。

實證科學的進步是建立在觀察的基礎上的，它的所有發現和應用，在上個世紀給我們的城市環境帶來如此巨大的變化，也是遵循同樣的路線，也就是說，它們是透過觀察而來的。因此，我們必須讓新一代為這種態度做好準備，這種態度在我們現代文明生活中已成為必要。如果人類要有效地繼續我們進步的發展，這是一個必不可少的手段，他必須如此武裝。

我們看到了由觀察產生的「倫琴射線」的發現。「赫茲波」和「鐳的振動」的發現也是透過同樣的方法，我們也期待著馬可尼電報帶來的神奇事物。沒有哪個時期的思想能像本世紀那樣從實證研究中獲得如此多的收穫，同時在這個世紀，思辨哲學領域和心靈問題也迎來了新的曙光，關於物質的理論本身引出了最有趣的形而上學概念。我們可以說，在準備觀察的方法時，我們也準備了通往靈性發現的道路。

第十四章　感覺訓練中的注意事項

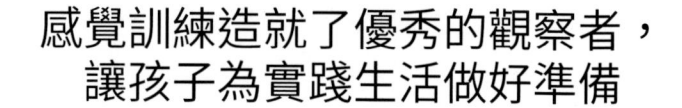

感覺訓練造就了優秀的觀察者，讓孩子為實踐生活做好準備

　　感覺訓練使人成為觀察者，不僅完成了適應當今文明時代的一般工作，而且直接為實際生活做好準備。我相信，到目前為止，我們對現實生活中什麼是必要的有著非常不完善的認知。我們總是從觀點出發，然後接著採取行動。例如，教育的方法一直是智力教學，讓孩子遵循他被教導的原則。一般來說，我們在教學時，會討論學生感興趣的能力，當他理解之後，我們試圖引導學生用能力來執行某種工作。然而，理解了這個想法的學生在後來執行我們給他的工作時，往往會遇到很大的困難，因為我們在他的教育中遺漏了一個最重要的因素，那就是感覺的完善。我也許可以用幾個例子來說明這一說法。例如，我們要求廚師去購買「新鮮的魚」。她理解這個想法，並試圖在採購時遵循這個想法。但是，如果廚師沒有受過訓練，無法透過視覺和嗅覺辨識魚是否新鮮，她將不知道如何遵循我們給她的指令。

　　這種不足在烹飪操作中表現得更加明顯。廚師可能受過書本方面的訓練，可能準確地知道食譜和烹飪書中建議的時間長度；她或許能夠進行所有必要的操作，使菜餚呈現出所需的外觀，但當需要從菜餚的氣味來決定其正確烹飪的確切時刻時，或者透過菜餚的外觀或味道來確定在什麼時候加入某種調味品時，如果她的感覺沒有做好充分的準備，那麼她就會犯錯誤。

　　她只有透過長期的實踐才能獲得這樣的能力，而廚師的這種實踐不過是一種遲來的感覺訓練，這種訓練往往是成年人永遠無法得到的。這就是為什麼很難找到好廚師的原因之一。

　　同樣的道理也適用於醫生，一個從理論上研究脈搏特徵的中醫醫學

學生，誠心誠意地坐在病人的床邊把脈，但是，如果他的手指不知道如何讀脈搏，他的研究將是徒勞的。在他成為一名醫生之前，他必須具備辨別感覺刺激的能力。

聆聽心臟搏動也是如此，醫學學生在理論上學習，但耳朵只有透過實踐才能學會辨別。

我們可以對所有微妙的振動和運動說同樣的話，在這些振動和運動中，醫生的手往往無法有足夠的感知。醫生越是依賴體溫計，就越說明他的觸覺是不適應和未經訓練的，無法收集熱刺激。眾所周知，一個聰明博學的人不一定是一名好醫生，而要成為優秀的醫生，必須進行長期的實踐。實際上，這種長時間的練習只不過是一種延後的，而且常常是低效的感覺練習。在他吸收了豐富完整的理論之後，醫生被迫從事乏味的符號學工作，即記錄他對病人的觀察和實驗所揭示的症狀。如果他想從這些理論中得到任何實際的結果，他必須這樣做。

在這裡，我們讓初學者以一種刻板的方式進行觸診、叩診和聽診的測試，目的是辨識搏動、振動、音調、呼吸和各種聲音，只有這些聲音才能讓他作出診斷。因此，許多年輕醫生深感沮喪，最重要的是白白耗費了時間，因為這往往是一件經年累月的事。在一個人還無法熟練準確地處理症狀時，就讓他從事一項責任重大的職業，這是不道德的。整個醫學學科都是建立在感覺訓練的基礎上的；相反，學校卻透過學習經典來培養醫生。一切看起來都很好，但醫生優越的智力卻在他感覺的不足面前，變得無能為力。

有一天，我聽到一位外科醫生給一些貧困家庭的母親上了一堂課，讓她們了解到兒童佝僂病引起的初期性明顯畸形。他希望能引導這些母親把那些患有這種疾病但仍處於早期階段的孩子帶到他這裡來治療，因為在這個階段，醫療救助可能仍然有效。母親們理解這個想法，但她們

第十四章　感覺訓練中的注意事項

不知道如何辨識這些畸形的最初跡象，因為她們缺乏感覺訓練，透過這種訓練，她們可能會辨別出與正常情況稍有不同的跡象。

因此，這樣的課程是無用的。如果我們想一想，我們會發現幾乎所有形式的食品摻假都是由於大多數人的感覺麻木造成的。造假行業源於大眾缺乏理性教育，因為任何形式的造假都是基於受害者的無知。我們經常看到購買者寄希望於商家的誠信，或是信賴公司品牌或盒子上的標籤。這是因為購買者缺乏直接為自己判斷的能力。他們不知道如何用感官區分各種物質的不同性質。事實上，我們可以說，在許多情況下，由於缺乏實踐，智力變得毫無用處，而這種實踐基本都是感覺訓練。在現實生活中，讓每個人都了解精確判斷不同刺激所必要的基礎知識。

但感覺訓練對成年人來說往往是非常困難的，就像當他想成為一名鋼琴家時，很難對他的手進行訓練一樣。想要在後續訓練中讓感覺的發展更加完善，就必須從形成期開始進行感覺訓練。應該在嬰兒期就有系統地開始感覺訓練，並且應該在整個讓個體為社會生活做好準備的指導期繼續進行。

美育、德育與這種感覺訓練密切相關。增強感知，發展鑑賞刺激的細微差別的能力，我們讓自己的感受力更加敏銳，倍增愉悅的情感。

美在於和諧，而不是對比，只有精緻才能和諧。因此，我們要欣賞和諧，就必須具備精細的感覺。粗俗的人無法欣賞自然的和諧之美。世界對他來說是狹隘而貧瘠的。在我們周遭的生活中，存在著取之不盡的帶來審美享受的資源，人們卻對此無動於衷，像野獸一樣在那些粗獷和華而不實的感覺中尋求享受，因為這些感覺是他們唯一可以獲得的。

從享受粗俗的快樂中，惡習常常滋生。事實上，強烈的刺激不會使感官變得敏銳，而是使感官變得遲鈍，因此它們需要的刺激越來越強烈，越來越加粗俗。

在正常的社會下層階級兒童中經常出現的手淫、酗酒、喜歡觀看成年人的性行為成為他們的享受，他們的智力使用的很少，感覺非常遲鈍。這樣的快樂殺死了個體中的人性，召喚出他們的獸性。

從生理學的觀點來看，透過觀察代表神經系統功能的圖解，可以看出感覺訓練的重要性。外界刺激作用於感覺器官，印象沿向心方向傳遞到神經中樞——相應的運動神經脈衝被精細化，並沿離心路徑傳輸到運動器官，引發運動。儘管這條弧線以圖解的方式反映了反射性脊髓活動的機制，但它仍然可以被認為是解釋更複雜的神經機制現象的關鍵。人類透過周圍的感覺系統，從環境中收集各種刺激。他就這樣把自己置身於與周圍環境的直接交流之中。因此，精神生活的發展與神經中樞系統有關；而人類活動，尤其是社會活動，透過個體的手工勞作、寫字、口語等行為，藉助心理運動器官而表現出來。

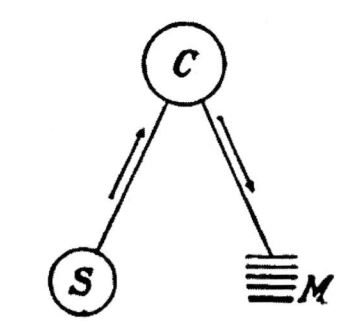

S——感覺，C——神經中樞，M——運動神經。

感覺訓練應該引導和完善這三個階段的發展，即兩個外圍階段和一個中心階段；或者更恰當地說，由於這一過程從根本上是神經中樞的過程，訓練應該給予心理感覺練習與給予心理運動練習同等的重要性。

否則，我們就會把人類從環境中孤立出來。事實上，當我們相信有了文化知識，我們就完成了教育，那我們只會造就了空想家，他們喜歡生活在無人之境。我們沒有培養出務實的人。另一方面，如果我們希望

第十四章　感覺訓練中的注意事項

透過訓練為實際生活做準備,把自己局限於心理運動階段,我們就忽視了訓練的主要目的,即讓人可以與外部世界直接交流。

由於職業工作幾乎總是要求人們運用周圍的環境,所以技術學校必須回到教育的最初階段,即感覺練習,以彌補普遍存在的巨大不足。

第十五章
智力教育

第十五章　智力教育

「⋯⋯引導孩子從感覺訓練走向觀念。」

—— 愛德華・塞根

感覺練習是一種自主訓練

感覺訓練構成了一種自主訓練，如果這些練習被多次重複，就可以完善兒童的心理感覺過程。指導者必須介入，引導孩子從感性到觀念，從具體到抽象，再到觀念的聯想。為此，她應該使用一種方法，這種方法可以隔離孩子的內在注意力，並將其固定在感知上——就像在最初的課程中，透過隔離把他的客觀注意力固定在單一刺激上一樣。

換言之，教師在上課時必須設法把孩子的意識領域限制在課程內容中，例如，在感覺訓練中，她把她希望孩子練習的感覺隔離開來。

為此，一種特殊技術的知識是必要的。教育者必須「盡可能地限制自己的干預；但是他不能讓孩子在自主訓練的過度努力中感到疲倦」。

在這裡，教師需要極其敏銳地感受到個體的局限和不同的感知程度這兩個因素。換言之，這種干預的品質構成了教師在課程中的獨特性。

精確命名的重要性以及教授方法

教師工作中一個明確而不容置疑的部分就是教授一個確切的術語。

在大多數情況下，她應該說出必要的名字和形容詞，不新增任何東西。這些單字她應該發音清晰，聲音響亮有力，這樣孩子就可以清楚地聽到構成這個單字的不同聲音。

例如，在第一次觸覺練習中觸摸平滑和粗糙的卡片時，她應該說，「這是光滑的；這是粗糙的」。並用不同的音調重複這些單字，總是讓音

調和發音清晰明確。「光滑、光滑、光滑；粗糙、粗糙、粗糙」。

同樣地，當她教授冷熱的感覺時，她必須說，「這是冷的」、「這是熱的」、「這是冰冷的」、「這是溫熱的」。然後她可能會開始使用通用術語，「熱」、「非常熱」、「不太熱」等。

首先，「命名的課程必須僅僅包括激發名稱與對象之間的連繫，或與名稱所代表的抽象概念之間的連繫」。當對象和名稱被孩子的頭腦接受時，它們必須是統一的，因此除了名稱之外，我們不能說其他的單字，這一點是最為重要的。

其次，教師必須經常測試她的課程是否達到了自己所期望的目的，並且她的測試必須在命名法課程激發的限定意識領域內進行。

第一個測試是發現在孩子的頭腦中，是否仍然將這個名稱與對象連繫在一起。她必須在上課和測試之間留出一段短暫的空白時間。然後，她慢慢地，非常清楚地說出所教授的名稱或形容詞，問孩子：「哪個是光滑的？哪個是粗糙的」？

孩子會用手指著物體，教師就會知道他已經做出了想要的連繫。但如果他沒有這樣做，也就是說，如果他犯了一個錯誤，她不能糾正他，而必須暫停她的課，改天再上。的確，為什麼要糾正他？如果孩子沒有成功地把名字和物體聯結起來，唯一成功的方法就是重複感覺刺激和命名的動作；換句話說，就是重複這一課。但是，當孩子失敗了，我們應該知道他在那一刻還沒有準備好接受我們希望在他身上激發的心理連繫，因此我們必須另擇時機。

如果我們在糾正孩子時說：「不，你錯了」，那麼以責備形式出現的這些話，會給孩子帶來比其他詞（如光滑或粗糙）更為強烈的印象，會留在孩子的腦海中，阻礙孩子學習名字。相反，錯誤之後的沉默使意識領域變得清晰，就可以順利地進行下一次課程。事實上，我們對錯誤的揭

第十五章　智力教育

示可能會讓孩子做出不必要的努力去記住，或者讓他灰心喪氣，我們有責任盡可能地避免所有不自然的努力和低落情緒。

第三，如果孩子沒有犯任何錯誤，老師可能會激發與對象觀念相對應的運動神經活動；即說出名稱。她可能會問他：「這是什麼」？孩子會回答：「光滑」。然後教師可以打斷他，教他如何正確而清晰地發音；首先，深吸一口氣，然後，大聲說「光滑」。當他這樣做時，老師可能會注意到他特定的語言缺陷，或是他發音的特別方式。

關於所接受觀念的泛化，我指的是這些觀念在他環境中的應用，我並不建議在一定的時間，甚至幾個月內進行這類課程。有一些孩子在摸了幾次物體，或者僅僅知道光滑和粗糙的卡片之後，會很自然地觸摸周圍的各種表面，重複著「光滑！粗糙！它是天鵝絨的」！對待正常的孩子，我們必須等待他們對周圍環境的自發調查，或者這種探索精神的自動爆發。在這種情況下，孩子們在每一個新的發現中都會感到快樂。他們有一種尊嚴感和滿足感，這鼓勵他們從環境中尋求新的感覺，使自己成為自發的觀察者。

教師應該非常仔細地觀察，看看孩子在什麼時候，如何達到這種觀念的泛化。例如，有一天，一個四歲孩子在庭院裡跑來跑去，突然站住，大聲喊道：「哦！天是藍的」！他站了一會兒，抬頭望著蔚藍的天空。

孩子的自發進步是科學教育法的最大成功

有一天，當我走進其中一個「兒童之家」時，五、六個小孩安靜地圍在我身邊，開始輕輕地撫摸我的手和衣服，說：「它很光滑」、「它是天鵝絨的」。其他孩子走到我跟前，臉上帶著嚴肅而專注的表情重複著同樣的話，一邊撫摸著我。指導者想插手讓我脫身，但我示意她安靜，我自己

也沒有動，只是保持沉默，欣賞著孩子們自發的智力活動。我們的教育方法最大的成功應該是：讓孩子自發地進步。

另一天，在做了繪圖練習之後，一個小男孩選擇用彩色鉛筆畫出一棵樹的輪廓。為了給樹幹上色，他抓住一支紅蠟筆。老師想要干預，她說：「你認為樹有紅色的樹幹嗎」？我拉住她，讓孩子把樹塗成紅色。這個圖案對我們來說很珍貴，它表明這個孩子還不能觀察周圍的環境。我處理這件事的方法是鼓勵孩子進行培養色覺的遊戲。他每天都和其他孩子一起到花園裡去，隨時都能看到樹幹。如果感覺訓練成功地把孩子的自發注意吸引到他周圍的顏色上，那麼在某個快樂的時刻，他就會意識到樹幹不是紅色的，就像另一個孩子在玩耍時意識到天空是藍色的一樣。事實上，老師繼續給孩子樹木的輪廓讓他填色。有一天，他用一支棕色的鉛筆給樹幹塗上顏色，把枝葉畫成綠色。後來，他把樹枝變成了棕色，只用綠色來塗樹葉。

這樣我們就有了對孩子地智力進步進行了測試。僅僅對孩子說「觀察」，是無法創造觀察者的，我們需要賦予他們觀察的力量和手段，而這些手段是透過感覺訓練獲得的。一旦我們激發了這樣的活動，自主訓練就有了保證，因為訓練有素的精細感官引導我們更仔細地觀察環境，而環境以其無限的多樣性吸引了人們的注意力，並繼續著心理感覺訓練。

另一方面，在色覺訓練中，我們單單選出與訓練有關的某些對象性質的明確觀念，這樣訓練就僅僅局限於那些被接受和記錄的觀念。所以感覺訓練是沒有成效的。例如，當一位老師以舊的方式講授顏色的名稱時，她傳授了一種與特殊品質有關的觀念，但她沒有傳授色彩的感覺。孩子會以膚淺的方式認識這些顏色，時不時地忘記它們；他對這些顏色的欣賞最多只能在老師規定的範圍內。因此，當採用舊式方法的教師想要激發這個觀念的泛化，比如她說：「這朵花是什麼顏色的」？「這條絲帶呢」？這孩子的注意力很可能仍然固著在她所例舉的實物上。

第十五章　智力教育

我們可以把孩子比作鐘，也可以說，按照傳統的教學方法，我們很像是握住鐘的齒輪不動，用手指在鐘面上移動指標。只要我們用手指施加必要的動力，指標就會繼續繞錶盤轉。相反，與這種推動指標旋轉的過程相比，新的教學方法可以讓鐘的整個結構運轉起來。

這種運動是機器自發的，不需要用手指去推動。因此，兒童自發的心理發展是無限的，與兒童自身的心理潛能直接相關，而與教師的工作無關。運動或自發的心理活動是從感覺訓練開始的，由觀察著的智力維持。

舉例來說，獵狗的能力不是來自主人的教育，而是來自於它的感官的特殊敏銳性；一旦這種生理特性被應用到正確的環境中，狩獵的練習讓感官不斷完善，給獵狗帶來快樂，然後它有了追逐的激情。

鋼琴家也是如此，他在不斷完善自己的樂感和靈巧手法的同時，也越來越喜歡在鋼琴上彈奏出新的悅耳旋律。這種雙重的完美繼續下去，直到鋼琴家最終踏上了一條只受他內在個性限制的道路。

一位學物理的學生可能知道構成他科學知識一部分的所有和聲定律，但他可能不知道如何譜寫最簡單的樂曲。他的知識無論多麼博大精深，都會受到科學的明確限制。

我們對幼兒的教育目標必須是幫助他們在心靈和身體上個性的自我發展，而不是讓他們成為一個有教養的人，這是一個被普遍接受的概念。因此，在我們向孩子提供了適合促進其感官發展的教學材料之後，我們必須等到被稱為觀察的活動發展起來。這就是教育家的藝術：知道如何衡量我們可以幫助幼兒個性發展的行為。面對採取正確態度的成人，兒童很快就會顯露出深刻的個體差異，這需要老師給予截然不同的幫助。其中一些幾乎不需要她干預，而另一些則需要教學。因此，在教學中必須嚴格遵循最大程度地限制教育者積極干預的原則。

這裡有一些有效的遊戲，在這個過程中我們試圖遵循這一原則。

蒙眼遊戲

蒙眼遊戲在相當程度上是做為一般感覺的練習來使用的：

—— 材料。我們的教學材料中有一個由抽屜組成的小櫃子，裡面有各式各樣的長方形物品。有天鵝絨、緞子、絲綢、棉花、亞麻布等。我們讓孩子觸摸每一件物品，教授相應的名稱，並新增一些關於性質的內容，如粗、細、硬、軟。然後，我們叫來孩子，讓他坐在一張桌子旁，讓他的同伴看見他，蒙上他的眼睛，把東西一個一個地遞給他。他撫摸它們，用手指按壓，然後確定：「這是天鵝絨，這是細麻布，這是粗布」等等。孩子們對這個練習都很感興趣。當我們給孩子一些意想不到的其他物品（比如一張紙，一塊面紗）時，孩子們在等待那個孩子的回應時會緊張得發抖。

—— 重量。我們把孩子放在同一個位置，讓他注意用於重量感訓練的小片，讓他再次注意重量差異，然後告訴他把所有深色的小片，即較重的小片放在右邊，把所有較淺色的小片，即較輕的小片放在左邊。然後我們蒙上他的眼睛，他繼續遊戲，每次拿起兩片小片。有時他拿兩個相同的顏色，有時兩個不同的顏色，但他必須判斷把它們放在桌子上的正確位置。這些練習是令人興奮的。例如，當孩子手裡拿著兩塊黑色的小片，把它們從一隻手換到另一隻手，最後把它們一起放在右邊時，其它的孩子們就帶著一種強烈的渴望觀看，用一聲巨大的嘆息來表示他們最後的解脫。當整個遊戲準確無誤地完成時，觀眾的叫喊聲會讓人以為，這位小朋友用手看到了小片的所有顏色。

—— 尺寸和形狀。我們使用與前一個遊戲類似的遊戲，讓孩子區分不同的硬幣、立方體和磚塊，以及乾種子，如豆子和豌豆。雖然孩子們對這樣的遊戲沒有像前面的遊戲那樣，有強烈的興趣，但它們是有用的，有助於將它們特有的性質與各種物體連繫起來，並確定名稱。

第十五章　智力教育

運用視覺練習來觀察環境

——命名；這是訓練之中最重要的階段之一。的確，命名是為精確使用語言做的準備，這在我們的學校裡並不多見。例如，許多兒童可以交互使用「粗」和「大」、「長」和「高」這些詞。透過前面所描述的方法，教師可以很容易地透過教學材料建立非常準確和清晰的觀念，並且可以將適當的詞與這些觀念連繫起來。

如何使用尺寸、形狀和圖案教具

——尺寸；在孩子玩了很長時間的三套插座圓柱體，並在練習中獲得了信心之後，指導者拿出所有等高的圓柱體，將它們平均的放置在桌子上，一個挨著一個。然後她選擇了頭部和尾部的兩個圓柱體，說，「這是最粗的，這是最細的」，把它們並排放在一起進行更加鮮明的比較。然後她拿著它們的小把手，比較兩個圓柱體的底部，提請孩子們注意巨大的差異。然後，她又把他們挨著放在一個垂直的位置上，以顯示他們的高度相等，並重複好幾次「粗——細」。結束後，她應該接著測試，問：「給我最粗的，給我最細的」，最後她應該繼續進行命名測試，問：「這是什麼」？在接下來的課程中，指導者可能會把兩端的物體拿走，然後可能會把對剩下的頭尾部的兩個物體放在末端重複這一課，以此類推，直到她用完了所有的物體。然後，她可能會隨意拿起這些物體，說：「給我一個比這個粗一點的」，或「給我一個比這個細一點的」。對第二組插座圓柱體，她繼續重複同樣的方式。她把這些圓柱體豎立起來，因為每一塊都有一個足夠寬的底座來支撐它的位置，說：「這是最高的」和「這是最低的」。然後把頭部和尾部的物體並排放在一起，她可能會把它們從佇列中拿出來，比較兩個的底部，表明它們是相等的。她可能會像以前一樣

從兩端出發，每次都選擇對比最強烈兩個物體。

在第三組插座圓柱體中，指導者把這些物體按層次排列好後，讓孩子注意第一個，說「這是最大的」，然後注意最後一個，說「這是最小的」。然後她把它們並排放置，觀察它們在高度和底座上的差異。然後，她繼續以同樣的方式進行其他兩個的比較練習。

可以對角柱、木棒、立方體系列進行相同的課程。角柱粗細不同，長度相等。木棒長短不同，厚度相等。立方體大小和高度不同。

當我們用人體測量儀測量兒童時，這些概念在環境中的應用將變得非常容易。他們將開始在彼此之間作出判斷，比如說：「我更高，你更胖」。當孩子們伸出他們的小手來表示自己的手很乾淨，而指導者也伸出她的手來表示她的手也很乾淨時，他們也會進行這些比較。通常手掌的尺寸對比會讓孩子們發出笑聲。孩子們做了一個完美的自我測量遊戲。他們並肩站著，他們互相看著，他們作出判斷。他們常常把自己放在成年人身邊，懷著好奇和興趣觀察他們身高的巨大差異。

—— 形狀。當孩子表現出能自信地區分平面幾何圖形的形狀時，指導者可以開始命名的學習。她應該從兩種強烈對比的形狀開始，如正方形和圓形，並應使用塞根的三階段方法。我們並不教授與幾何圖形有關的所有名稱，只教那些最常見的形狀，如正方形、圓形、矩形、三角形、橢圓形。要注意的是，有窄而長的矩形，也有寬而短的矩形，而正方形各邊相等，只能是大小不同。這些東西最容易用嵌板表現出來，因為無論我們如何轉動正方形，它仍然會進入框架，而如果把矩形放在開口上，就不會進入框架。孩子對這個練習很感興趣，我們在框架中安排一個正方形和一系列矩形，五塊矩形最長的一邊等於正方形的一邊，另一邊逐漸縮短。

同樣地，我們繼續展示蛋形、橢圓形和圓形之間的區別。無論如何

第十五章　智力教育

放置或旋轉，圓形都會進入；橢圓形橫向放置時不會進入，但如果縱向放置，即使倒置也會進入。然而，蛋形不僅橫向放置不能進入框架，而且即使倒置也不能進入框架；必須使寬曲線朝向開口寬大的部分，使窄曲線朝向開口狹窄的部分。

不管怎麼轉，大小不同的圓形都會進入它們的框架。直到孩子們接受教育的晚期，我才揭示蛋形和橢圓形之間的區別，並且不是對所有的孩子，而只是對那些透過經常選擇遊戲或詢問差異而對形狀表現出特殊興趣的孩子。我更希望孩子們以後能自發地了解到這種差異，也許是在小學。

在許多人看來，在教這些形式時，我們是在教幾何學，而這在這樣年幼的孩子的學校裡還為時過早。其他人認為，如果我們想呈現幾何形式，我們應該使用實體，因為實體更具體。

我覺得應該在這裡說幾句話來反對這種偏見。觀察一個幾何形狀並不是分析它，分析幾何形狀才是幾何學的開端。例如，當我們跟孩子談到邊和角，並向他進行解釋時，即使像福祿貝爾所提倡的那樣，使用客觀的方法（例如，正方形有四條邊，可以用四根等長的棍子搭建），那麼我們確實進入了幾何學領域，我相信幼兒還不夠成熟，不適合這些步驟。但對於這個年齡的孩子來說，對形狀進行觀察卻並不過分。孩子吃晚飯時坐的桌子的平面可能是一個長方形；盛食物的盤子是一個圓形，我們當然不認為孩子過於不成熟，不允許他看桌子和盤子。

我們呈現的嵌板只是把注意力吸引到固定的形狀上。至於名稱，與孩子學會稱呼其他東西相類似。為什麼我們認為教孩子圓形、正方形、橢圓形這些詞還為時過早，而他在家裡反覆聽到與圓形盤子等有關的單字？他會聽到父母說起方桌、橢圓形桌等，如果我們不在形狀教學中給予這樣的幫助，這些常用的詞在他的頭腦和言語中會長期混淆。

我們應該反思這樣一個事實：很多時候，如果任由孩子自己去理解

大人的語言和他周圍事物的意義，會做出徒勞的努力。適時和理性的教育阻止了這樣的徒勞，因此不會使孩子感到疲倦，而是減輕了孩子的痛苦，滿足了他對知識的渴望。事實上，他會表現出愉悅和滿足。同時，他的注意力也被吸引到這個詞上，如果他對這個詞說得不清楚，那麼他的語言使用是不完美的。

這常常是因為他努力模仿別人漫不經心的言談，而教師清晰地說出引起孩子好奇心的物體，進而防止這種白工和不完美。

在這方面，我們也面臨一種普遍的偏見，即認為讓孩子獨處可以使他的心靈得到絕對的休息。如果是這樣的話，他對這個世界仍然是一個陌生人，相反的，我們一點一點地看到他自發地征服各式各樣的觀念和詞語。他是一個生命的旅行家，觀察他所經歷的新事物，並試圖理解周圍人所說的未知語言。事實上，他做出了巨大的和自願的努力來理解和模仿。對幼兒的指導應該減少這種缺乏方向性的努力，而把它轉化為變得容易和無限擴大的勝利和樂趣。這些旅行家剛剛進入人類思想的宏大世界，我們是他們的嚮導。我們應該注意，我們是聰明而有教養的嚮導，不要在徒勞的話語中迷失自己，而要簡明扼要地說明旅行者對之感興趣的藝術作品，然後我們應該抱著尊重的態度讓他願意觀察多久就觀察多久。我們有幸帶領他觀察生命中最重要和最美麗的事物，這樣他就不會在無用的事情上浪費精力和時間，而是會在整個朝聖過程中找到快樂和滿足。

我已經提到過這樣一種偏見，即認為把立體幾何圖形（立方體、球體、角柱等）而不是平面幾何圖形呈現給孩子更加合適。立體圖形的視覺辨識比平面圖形的視覺辨識更複雜，讓我們先把這個生理因素放在一邊，只從實際生活中更純粹的教育學角度來看待這個問題。

我們每天看到的大多數物體都接近於我們的平面幾何嵌板。事實上，門、窗框、鑲框畫、木製或大理石桌面確實是立體的，但其中一個

第十五章　智力教育

維度大大縮小,而決定平面形狀的兩個維度最為明顯。

當平面形狀占上風時,我們說窗戶是矩形的,畫框是橢圓形的,這個桌子是正方形的。有一個確定的平面表面形狀的立體事物幾乎是唯一引起我們注意的。我們的平面幾何嵌板可以清晰地代表這些立體事物。

孩子通常會在自己的環境中辨識出,他透過這種方式學習到的形狀,但他很少會辨識出立體幾何形狀。

當他觀察到桌子的頂部是長方形時,他就會知道桌腿是角柱體、截錐體或細長圓柱體。因此,我們不談論承認房子是稜鏡或立方體的事實。實際上,在我們周圍的普通物體中,從來就不存在純粹的立體幾何形式;相反,它們呈現的是一種形狀的組合。所以,拋開一眼就能看到房子複雜形狀的困難不談,孩子在裡面了解到的不是形狀的同一性,而是類似性。

然而,他看到在窗戶和門上,以及在家中使用的許多立體物體的表面上,完美地呈現出平面幾何形狀。因此,他在平面幾何嵌板中獲得的形狀知識將是一把神奇的鑰匙,幫他開啟外部世界,讓他感覺到自己了解它的祕密。

一天,我和一個小學男生在賓西亞丘陵上散步。他學過幾何設計,懂得平面幾何圖形的分析。當我們到達最高的露臺時,在那裡我們看到波波洛廣場和城市延展開來,我伸出我的手說,「看,人類所有的作品都是由大量的幾何圖形構成的」。事實上,長方形、橢圓形、三角形和半圓,以一百種不同的方式裝飾著各種建築的灰色矩形立面。在如此廣闊的建築中,這樣的一致性似乎證明了人類智力的局限性,而在相鄰的花園裡,灌木和鮮花生動地訴說著自然界中各式各樣的形狀。

這個男孩從來沒有做過這樣的觀察,他研究過角、邊和幾何圖形的構造,但沒有考慮過這些,對這項枯燥的工作只感到煩惱。一開始,他對人類將幾何圖形聚集在一起的想法嗤之以鼻,後來他變得很感興趣,

如何使用尺寸、形狀和圖案教具

久久地望著眼前的建築，一種生動而帶著思索的興趣浮現在他的臉上。在瑪格麗塔橋的右邊是一座正在建造中的工廠建築，它的鋼框架勾勒出一系列的矩形。「多麼乏味的工作啊」！男孩指著工地說。然後，我們走近花園，靜靜地站了一會兒，欣賞著土地上自由地長出來的草和花，「太美麗了」！他說。但是「美麗」這個詞指的是他自己靈魂的內在覺醒。

這段經歷使我想到，透過觀察平面幾何形狀，以及他們在自己的小花園裡看到的植物，孩子們獲得了寶貴的心理和智力教育的資源。因此，我希望把我的工作做得廣泛些，引導孩子，不僅要觀察他周圍的形狀，還要區別人的工作和自然的工作，欣賞人類勞動的成果。

(a)自由圖案。我給孩子一張白紙和一支鉛筆，告訴他想畫什麼就畫什麼。實驗心理學家長期以來一直對這種繪畫感興趣。它們不僅揭示了兒童的觀察能力，也顯示了兒童的個體傾向。一般來說，第一幅畫是未成形和混亂的，教師應該問孩子他想畫什麼，並寫在圖案下面做為一個記錄。漸漸地，圖案變得更加易懂，真實地揭示了孩子在觀察周圍的形體時所取得的進步。通常一個物體最細微的細節都被觀察到並記錄在粗略的草圖中。而且，既然孩子畫出了他想要的東西，他就向我們展示了哪些東西最能吸引他的注意力。

(b)填色圖案。這種繪畫是非常重要的，因為它們構成了「寫字的準備」。它們對於色覺的意義，就如同自由圖案對於形狀感覺的意義。換言之，它們揭示了孩子觀察顏色的能力，就像自由圖案向我們展示了他在多大程度上是周圍物體形狀的觀察者。我將另寫字一章，在其中會更全面地論述這項工作。這些練習包括用彩色鉛筆給一些黑色輪廓塗色。這些輪廓呈現了簡單的幾何圖形和各式各樣的物體，孩子們在教室、家庭和花園裡都很熟悉。孩子必須選擇自己的顏色，在這樣做的時候，我們可以了解他是否觀察到周圍事物的顏色。

第十五章 智力教育

自由泥塑製作

　　這些練習類似於自由圖案和用彩色鉛筆填色的練習。在這裡，孩子用黏土做他想做的任何東西；也就是說，他模仿那些他記得最清楚、給他留下最深刻印象的物體。我們給孩子一個裝著一塊黏土的木托盤，然後等待他的工作。我們有一些非常了不起的黏土作品，是我們的孩子們做的。有一些孩子以驚人的細節再現了他們所看到的物體。而最令人驚訝的是，這些模型往往不僅記錄了物體的形狀，甚至還記錄了兒童在學校接觸到的物體的尺寸。

　　許多小孩子模仿他們在家裡看到的物品，特別是廚房家具、水壺、湯鍋和平底鍋。有時，我們會看到一個簡單的搖籃裡躺著一個弟弟或妹妹。起初，有必要對這些作品進行書面說明，就像自由圖案一樣。然而後來，模型變得容易辨識，並且孩子們學會再現立體幾何圖形。這些黏土模型對老師來說無疑是非常有價值的材料，而且能清楚地說明許多個體差異，進而幫助她更全面地了解孩子。在我們的方法中，它們也是不同年齡階段發展的心理表現。這對於教師在兒童教育中的干預也是很寶貴的指導。在這個工作中擔任觀察者身分的孩子們，很可能會成為他們周圍世界的自發觀察者，並且透過對各種感覺和想法進行修正和精確化的練習，我們可以提供間接的幫助，引導孩子走向這個目標。

　　這些孩子也將是那些最快達到自發寫字行為的。那些黏土作品未成形和不確定的孩子可能需要指導者的直接啟示，她需要以某種必要的方式喚起他們對周圍物體的注意。

圖形的幾何分析：邊、角、中心、底部

對圖形的幾何分析不適合幼兒。我嘗試了一種引入這種分析的方法，將這項工作限制在矩形上，並使用了一個遊戲，其中包括分析，但是不把孩子的注意力固定在它上面。

我使用的矩形是一張兒童桌子的平面，遊戲是擺桌子吃飯。在每個「兒童之家」，我都有一套玩具桌家具，在任何玩具店都可以找到。其中包括餐盤、湯盤、湯碗、鹽瓶、玻璃杯、酒瓶、小刀、叉子、湯匙等。我讓他們擺了六個人吃飯的桌子，長邊各放兩個位置，短邊各放一個位置。其中一個孩子拿著東西，按我的指示擺放。我叫他把湯放在桌子的中心，把餐巾放在角落裡。「把這個盤子放好在短邊的中間」。

我讓孩子看了看桌子，我說，「這個角落缺了什麼東西。我們在這條邊上需要再放一個玻璃杯。現在讓我們看看，在兩條長邊上的所有物品是不是都已經擺放妥當。兩條短邊上的物品都準備好了嗎？四個角缺什麼嗎」？

我不相信在六歲之前我們可以進行更為複雜的分析，因為我相信孩子有一天會拿起一個平面嵌板，並自發地開始數邊和角的數量。當然，如果我們教他們這樣的概念，他們也能夠學會，但只是公式化的學習，而並非實踐經驗。

色覺練習

我已經指出了我們要做什麼顏色練習。在這裡，我想更明確地指出這些練習的順序，並更全面地描述它們。

圖案和圖片。我準備了一些輪廓圖，讓孩子們用彩色鉛筆描框，然

第十五章　智力教育

後準備用毛筆讓他們使用水彩顏料填滿。最初的圖案是花卉、蝴蝶、樹木和動物，然後我們將其轉換為包含草、天空、房屋和人物的簡單景觀。

這些圖案有助於我們研究兒童做為周圍環境觀察者在色彩方面的自然發育。孩子們選擇顏色，在塗色過程中完全自由。例如，如果他們把雞塗成紅色，或者把牛塗成綠色，這表明他們還沒有成為觀察者。但我已經在方法的一般性討論中談到了這一點。這些設計也展現了色覺訓練的效果。當孩子選擇精緻和諧的色調，或強烈對比的色調時，我們可以判斷他在改善色覺方面所取得的進步。

事實上，孩子必須記住圖案中所代表物體的顏色，這鼓勵他觀察周圍的事物。然後，他也希望能夠填塗更難的圖案。只有那些知道如何將顏色保持在輪廓內並再現正確顏色的孩子，才能繼續進行更加複雜的工作。這些圖案非常簡單，往往非常有效，有時是一副真正的藝術作品。墨西哥學校的指導者曾和我一起學習了很長一段時間，她送給我兩幅畫：一個是懸崖，石頭是淺紫色和棕色的，樹木是深淺兩種綠色，天空是柔和的藍色。另一個圖案是一匹栗色皮毛、黑色鬃毛和尾巴的馬。

第十六章
閱讀和寫字的教學方法

第十六章　閱讀和寫字的教學方法

書面語言的自覺發展：塞根和伊塔德

書面語言的自我發展。當我在羅馬特殊兒童學校擔任指導者的時候，我已經開始嘗試各式各樣的教學方法來教授閱讀和寫字。這些實驗對我來說幾乎是獨創的。

伊塔德和塞根沒有提出合理的寫字學習方法。在上文引用的內容中，我們可以看到伊塔德是如何進行字母教學的，我在這裡描述塞根關於寫字教學的看法。

「要讓一個孩子從圖案過渡到寫字，教師只需要把 D 稱為一個圓的一部分，兩端有一條垂直的線；A 是兩條斜線在頂端會合，被一條水平線切割等等。

我們不再需要擔心孩子該如何學習寫字：他畫出圖案，然後寫字。不用說我們應該讓孩子根據對比和類比的規律來畫字母，例如 O 和 I、B 和 P、T 和 L 等等」。

根據塞根的說法，那麼，我們就不需要教授寫字了。畫畫的孩子就會寫字。但寫字對塞根來說，意味著大寫的印刷體！他也沒有在任何其他地方解釋他的學生是否用其他方式寫字。相反的，他在說明為寫字做準備的圖案時留下了很大的空間。這種方法困難重重，把伊塔德和塞根的努力結合在一起，這個目標才能實現。

「第四十章：圖案。第一個要掌握的理念是接受圖案的平面。第二個是軌跡或描繪。這兩個概念可以涵蓋所有的圖案，所有的線性創造。

「這兩個概念是相互關聯的，它們的關係製造了產生線條的想法或能力。只有當遵循一個有條理的、確定的方向時，線條才能被稱為線條。偶然產生的、沒有方向的軌跡不是線條。

「相反，理性符號之所以被命名，是因為它有一個方向，而且由於

所有的文字或圖案都是由遵循不同方向的線條組合而成。所以在接近通常所說的寫字之前，我們必須堅持這些平面和線條的概念。普通的孩子是憑藉本能理解這些的，但為了使弱智兒童在運用它們時變得謹慎和敏感，這種堅持是必要的。透過有條不紊的設計，他將與平面的各個部分進行理性的接觸，並在模仿的引導下，製造一開始簡單，但越來越複雜的線條。

「學生可能被教導：首先，追蹤不同種類的線條。其次，在不同的方向和相對於平面的不同位置上追蹤它們。第三，重新組合這些線條，形成由簡單到複雜的圖形。因此，我們必須教導學生區分直線和曲線，垂直線和水平線，以及各種斜線；最後必須弄清楚兩條或兩條以上的線在形成一個圖形時的主要交會點。

「這種對圖案的理性分析，是寫字的泉源，它的各個方面都是如此重要。一個孩子在交到我手上之前，已經寫了許多字母，他花了六天時間學習畫一條垂直線或水平線；他花了十五天時間才能模仿一條曲線和一條斜線。事實上，我的學生中，有相當一部分在以確定的方向畫一條線之前，很長一段時間內甚至無法模仿我的手在紙上的動作。最有模仿能力或者是最聰穎的孩子，會畫出一個與我給他們看的截然相反的符號，所有這些符號都混淆了兩條線的連線點，不管這是多麼明顯。的確，我教給他們的關於線條和結構的透澈知識，幫助他們在平面和各種標記之間建立了連繫，但是在由於學生的不足而導致的研究中，在垂直線，水平線、斜線和曲線方面的進步，必須考慮到智力遲緩和手部不穩定而導致的理解和執行的困難。

「我在這裡說的不僅僅是讓他們做一件困難的事情，因為我讓他們克服了一系列的困難，因此我問自己，這些困難中是否有一些比較大，有一些比較小，它們是否並非像數學定理那樣，一個接一個地產生。以下

第十六章　閱讀和寫字的教學方法

是我在這方面的指導性想法。

「垂直線是眼睛和手直接上下移動跟隨的一條線。水平線對眼睛和手來說都不是自然的，它會下降，形成一條曲線（就像它的名字來源於地平線），從中心開始，一直延伸到平面的兩端。

「斜線預設了更複雜的比較思想，曲線要求如此堅定，與平面的關係也有如此多的差異，研究這些線我們只會浪費時間。最簡單的一條線就是垂直線，這就是我給學生們的一個想法。

「第一個幾何公式是這樣的：從一個設定點到另一個設定點只能畫直線。

「從這個用手就能證明的公理出發，我在黑板上固定點兩點，並用垂直線把它們連線起來。我的學生們試圖在紙上的兩點之間做同樣的事情，但是有些垂直線下降到點的右邊，有些垂直線下降到點的左邊，更不用說那些手向各個方向發散的人了。為了阻止這些各式各樣的偏差——這些偏差往往是智力和視覺的缺陷，而不是手的缺陷，我認為限制平面的範圍是明智的，在孩子要連線的點的左右兩邊畫兩條垂直線，在兩條封閉線中間畫一條平行線。如果這兩條線還不夠，我就在紙上豎直放兩把尺子，這樣絕對可以阻止手的偏差。然而，這些屏障在很長時間內都沒有用處。我們首先壓住直尺，回到兩條平行線，在這兩條平行線之間，弱智兒童學會畫第三條線。然後我們去掉一條引導線，有時留下右邊的引導線，有時留下左邊的引導線，最後去掉最後一條引導線，最後去掉點，從指示線條和手的起點的那個點開始。這樣，孩子就學會了在沒有材料控制、沒有圓點的情況下畫垂直線。

「我們用同樣的方法，同樣的難度，同樣的方向來畫水平線。如果碰巧，這些線條開始得很好，我們必須等待，直到孩子把它們彎成曲線，離開中心，走到大自然命令的盡頭，因為我已經解釋過的原因。如果這

兩個點不足以支撐手,我們就用平行線或者直尺來來防止它偏離。

「最後,讓他畫一條水平線,用一把豎直的尺與它交疊,我們就形成了一個直角。透過這種方式,孩子將開始理解垂直線和水平線到底是什麼,並在描繪一個圖形時看到這兩個概念之間的關係。

「按照線條的發展順序,似乎斜線的學習應該緊跟垂直線和水平線的學習,但事實並非如此!斜線的方向部分是垂直的,部分是水平的,而它又部分吸收了垂直線和水平線的特點(因為它是一條直線)。由於它與其他直線的關係,可能呈現出一種太過複雜的思想,如果沒有準備就無法理解」。

於是,塞根花了很多篇幅,談到他讓學生們在兩條平行線之間畫出各個方向的斜線。然後,他講述了他讓他們在垂直線的左右和水平線的上下畫四條曲線,並得出結論:「所以我們找到了問題的解決方案,我們尋找垂直線、水平線、斜線、四條曲線,它們的結合形成了圓,包含了所有可能的線條,所有的寫字。

「到了這個時候,伊塔德和我陷入了很長一段時間的停頓。了解線條後,下一步就是讓孩子描出規則的圖形,開始當然用最簡單的。伊塔德建議我從正方形開始,我遵循這個建議嘗試了三個月,但沒能讓孩子明白我的意思」。

在他關於幾何圖形起源的思想指導下,經過一系列漫長的實驗,塞根意識到三角形是最容易畫出來的圖形。

「當三條線這樣相交時,它們總是形成一個三角形,而四條線可能在一百個不同的方向上相交而不保持平行,因此也就不會呈現一個完美的正方形。

「從這些實驗和其他許多實驗中,我推論出了弱智兒童寫字和畫圖的首要原則;這些原則的應用對我來說過於簡單了,不做進一步討論」。

第十六章　閱讀和寫字的教學方法

這就是我的前輩們在教弱智兒童寫字時使用的步驟。至於閱讀，伊塔德是這樣進行的：他把釘子釘進牆上，在上面，掛上木製的幾何圖形，如三角形、正方形、圓形。然後，他在牆上畫上這些圖案的準確印記，把這些圖案拿走，讓「阿韋龍野孩」在圖案的指引下，把它們換、掛在合適的釘子上。這個設計構思了平面幾何嵌板的概念。後來他製作了木製的大寫字母，並且用與幾何圖形相同的方法來處理，也就是說，把釘子按照圖案釘在牆上，讓孩子可以把字母放在上面，然後再把它們取下來。後來，塞根用水平平面代替了牆壁，在一個盒子的底部畫出字母，並讓孩子疊加立體字母。二十年來，塞根一直沒有改變他的操作方法。

對伊塔德和塞根的閱讀和寫字方法的批評在我看來是多餘的。這種方法有兩個根本性的錯誤，這使它不如正常兒童所用的方法，即：用印刷體大寫字母進行寫字，以及透過學習有理幾何為寫字做準備，我們現在只能期望中學的學生這樣做。

在這裡，塞根以一種非同尋常的方式混淆了思想。他突然從對孩子的心理觀察，從他與環境的關係，跳到對線條的起源及其與平面關係的研究。

他說孩子很容易能夠畫出一條垂直線，但水平線很快就會變成一條曲線的原因是「自然的命令」，而這種自然的命令，展現在人類把地平線看作一條曲線的事實上！

塞根的例子說明了進行特殊訓練的必要性，這種訓練應適合人的觀察，並應對邏輯思維進行指導。

觀察必須是絕對客觀的，換句話說，去掉先入為主的觀念。在這種情況下，塞根有一種先入為主的觀念，即幾何設計必須為寫字做好準備，這妨礙了他發現這種準備所必需的真正自然的過程。此外，他還有一種先入為主的觀念，認為一條線的偏離，以及孩子追蹤它的不準確，

都是由於「思想和眼睛,而不是手」,因此為了解釋線條的方向,引導弱智兒童的視覺,他花費了數週甚至數月,並且疲憊不堪。

人類有必要接受
有關觀察和邏輯思考的特別教育

似乎塞根覺得一個好的方法必須從一個更高的點,幾何學開始;孩子的智力只有在與抽象事物的關係中才被認為是值得注意的。這不是顯而易見的缺陷嗎?

讓我們觀察平庸的人吧,他們傲慢地裝出博學的樣子,輕視簡單的事情。讓我們研究那些我們認為是天才者的清晰思想。牛頓安靜地坐在戶外;一個蘋果從樹上掉下來,他觀察它,問:「為什麼」?現象從來都不是無足輕重的;落下的果實和萬有引力可以並肩落在天才的頭腦裡。

如果牛頓是個教孩子的老師,他會引導孩子在星光燦爛的夜晚觀察世界,但是一個博學的人可能會覺得有必要首先讓孩子了解崇高的微積分,這是天文學的關鍵。伽利略觀察到了一盞高高搖曳的燈的擺動,發現了鐘擺的規律。

在知識生活中,樸素意味著把一個人的思想從每一個先入為主的觀念中剝離出來,這就導致了新事物的發現,正如在道德生活中,謙卑和物質的貧窮引導我們走向崇高的精神境界一樣。

觀察和邏輯思考的結果

如果我們研究發現的歷史,就會發現它們來自真實的客觀觀察和邏輯思維。這些都很簡單,但非常少見。

第十六章　閱讀和寫字的教學方法

例如，在拉韋朗(Laveran)發現侵入紅血球的瘧原蟲之後，儘管我們知道血液系統是一個封閉的血管系統，但我們卻仍然懷疑只要注射疫苗就可以預防瘟疫，這不是很奇怪嗎？相反的，人們相信疾病來自低地、被非洲的風攜帶過來，或是由於潮溼。然而，這些都是模糊的想法，而寄生蟲是一個明確的生物標本。

瘧蚊的發現不可思議地在邏輯上完善了拉韋朗的理論。在生物學之中，分子植物體的繁殖是透過交替孢子的分裂形成，而分子動物的繁殖是透過交替系統的分裂。也就是說，經過一段時間，原始細胞分裂，等分為兩個不同的新鮮細胞，一個雄性和一個雌性，它們必須聯合起來形成一個細胞，能夠透過分裂重新開始生殖循環。人們在拉韋朗時代就已經了解這一切，瘧原蟲也被認為是原生動物，把它在紅血球基質中的分裂視為分裂階段似乎是合乎邏輯的，直到瘧原蟲讓位給性相，而性相必須在隨後的分裂階段出現。取而代之的是，這種分裂被視為孢子的形成，無論是拉韋朗，還是追隨研究的眾多科學家，都不知道如何解釋性相的出現。拉韋朗表達了一種觀點，這種觀點立即被接受，即這兩種性相是瘧疾寄生蟲的退化形式，因此不能產生決定疾病的變化。事實上，瘧原蟲兩種性相的出現顯然治癒了瘧疾，這兩種細胞不可能在人類血液中結合。莫雷爾(Morel)關於人類退化伴隨著畸形和虛弱的理論，啟發了拉韋朗的解釋，每個人都認為這位傑出的病理學家是幸運的，因為他受到莫雷爾偉大思想的啟發。

相反的，有沒有人能做出這樣的推理：瘧原蟲的原始形態是原生動物，我們看到它透過分裂自我繁殖；當分裂結束時，我們看到兩個不同的細胞，一個是半月形，另一個是線狀。這些雌性和雄性細胞必須透過系統交替分裂——這樣推理的人都可以獲得和拉韋朗一樣的發現，但事實並非如此。我們可以捫心自問，如果一種特殊的教育形式使人們能夠

進行純粹的觀察和邏輯思考，世界會取得多大進步。

這個世界白白浪費了大量的時間和智力，因為虛假看起來很強大，而事實卻如此渺小和微不足道。

我說這些話是為了捍衛我們所面臨的必要性，即我們需要用更理性的方法培育下一代。正是透過這幾代人，世界會取得進步。我們已經學會了利用周圍的環境，但我相信，我們已經到了需要透過科學訓練來利用人類力量的時候。

學習寫字沒有必要從畫垂線開始

回到塞根的寫字方法，它闡明了另一個真相，那就是我們在教學中喜歡選擇曲折的道路。這也與將事物複雜化的本能有關，類似於使我們傾向於欣賞複雜事物的本能。塞根教幾何學是為了教孩子寫字，讓孩子的思想努力去跟隨幾何學的抽象，只不過是為了簡單地畫一個的 D。難道孩子不必為了忘記大寫字母，學習小寫字母而再努力一次嗎？

即使是現在，我們仍然相信要想學會寫字，孩子必須先寫出豎直的筆畫。這種信念是非常普遍的。然而，要寫出字母表中的字母（這些字母都是圓形的），就必須從直線和銳角開始，這似乎並不自然。

我們都了解，要消除初學者描繪 O 的美麗曲線時所表現出的稜角和僵硬應該是很困難的。[11] 然而，透過我們和他自己的努力，他被迫用僵硬的線條和銳角填滿了一頁又一頁！是誰抱有這個由來已久的觀念，認為要追蹤的第一個符號必須是一條直線？為什麼我們要避免為曲線和角度做準備呢？

讓我們暫時拋開這些成見，以一種更簡單的方式進行訓練。這樣我

---

[11] 這是對義大利學校體系的批評。

第十六章　閱讀和寫字的教學方法

們也許可以減輕後代在學習寫字方面的負擔。

有必要從筆畫開始嗎？花一點時間進行清晰的邏輯思考，我們就可以回答：不，孩子做這樣的練習太痛苦了。第一步應該是最容易的，而上下筆劃，恰恰相反，是所有鋼筆動作中最難的一個。只有一個專業的寫字者才能填滿一整頁，並保持這種筆畫的規律性，一個寫字能力中等水準的人才能完成一頁漂亮的作品。事實上，直線是唯一的，它表示兩點之間的最短距離，而偏離該方向的任何偏差都表示一條不直的直線。因此，這些無限的偏差比完美的軌跡更容易。

如果我們請一些成年人在黑板上畫一條直線，每個人都會畫一條從不同方向開始的長線，有的從一邊開始，有的從另一邊開始，幾乎所有人都能把這條線畫直。如果我們要求從一個確定的點開始，沿著特定的方向畫一條線，他們最初表現出來的能力會大大減弱，我們會看到更多的不規則或錯誤。幾乎所有的路線都很長，因為個人必須聚集動力，才能成功地使路線筆直。

如果我們要求把這些線縮短，並保持在精確的範圍內，錯誤就會增加，因為這樣我們就會阻礙有助於保持確定方向的動力。在通常用於寫字教學的方法中，我們還增加了進一步的限制，即必須以某種方式握持寫字工具，而不是遵循每個人的本能。

因此，我們以最有意識和限制的方式來處理寫字的第一個動作，這應該是自願的。在第一次寫字中，我們還要求筆畫保持平行，這使孩子的任務變得艱難，因為這對不理解所有這些細節意義的孩子來說毫無目的。

我注意到在法國特殊兒童的抄寫本上［沃辛（Voisin）也提到了這個現象］，練習垂直筆劃的一頁在末尾的那幾行會變成 C。這說明特殊兒童大腦的抵抗力不如正常兒童，他們一點一點地耗盡了最初的努力，自然運

動逐漸取代了被強迫或刺激的運動。因此，直線變成了曲線，越來越像字母 C。這種現象在正常兒童的抄寫本中沒有出現，因為他們透過努力抵抗，直到一頁的末尾。因此，正如經常發生的那樣，教學的錯誤被隱藏起來。

正常兒童的自發性繪畫

但是讓我們觀察正常兒童自發的繪畫。例如，當他們撿起一根倒下的樹枝，在鬆軟的花園小徑上追蹤圖形時，我們從來沒有看到過短的直線，而是長而多樣的交錯曲線。

當他讓學生畫的水平線如此迅速地變成曲線時，塞根也看到了同樣的現象。他把這種現象歸因於地平線的傾斜！

垂直筆劃應該為字母寫字做好準備，這似乎不合邏輯。字母表是由曲線組成的，因此我們必須透過學習畫直線來準備它。

「但是」，有人說，「在字母表的許多字母中，直線確實存在」。是的，但是我們沒有理由選擇完整形式的一個細節作為寫字的開始。我們可以用這種方法分析字母符號，發現直線和曲線，就像透過分析話語，我們發現語法規則一樣。但是我們都是獨立於這樣的規則的，那麼為什麼我們不可以獨立於這樣的分析而寫字，不可以脫離構成字母部分的獨立寫字呢？

如果我們只在學習了語法之後才能說話，那真是太悲哀了！這和要求我們在看天上的星星之前，必須學習微積分是一樣的；同樣的道理，在教一個弱智兒童寫字之前，我們必須讓他理解線條的抽象推導和幾何問題！

如果為了寫字，我們必須分析並學習構成字母符號的部分，我們同

第十六章　閱讀和寫字的教學方法

樣會覺得悲哀。事實上，我們認為學習寫字必須伴隨的努力是一種純粹人為的努力，不是與寫字有關，而是與教寫字的方法有關。

讓我們暫時拋開這方面的所有教條。讓我們不要注意文化或習俗。在這裡，我們不想知道人類是如何開始寫字的，也不想知道寫字本身的起源是什麼。讓我們放下長久以來的習慣給我們的信念，那就是必須用豎直的筆畫開始寫字。讓我們試著放下偏見，保持清醒的頭腦。

「讓我們觀察一個正在寫字的人，並試圖分析他在寫字中的行為」。即進入寫字過程的機械操作。這將是對寫字的哲學研究，毋庸置疑，我們應該審視寫字的個體，而不是寫字；主體，而不是客體。許多人從對象開始，審視寫字，並以這種方式建構了許多方法。

但是一種從個體出發的方法肯定是獨創的，與之前的其他方法截然不同。這的確意味著一個以人類學為基礎的寫字新紀元。

事實上，當我對正常兒童進行實驗時，如果我想給這種新的寫字方法起個名字的話，我應該稱之為人類學方法。當然，我在人類學方面的研究啟發了這種方法，但令人驚訝的是，經驗給了我另一個在我看來很自然的名字：「自發寫字的方法」。

使用福祿貝爾墊教孩子縫紉

在教特殊兒童時，我碰巧看到了這樣一個事實：一個 11 歲的弱智女孩，她擁有正常的力量和運動能力，但學不會縫紉，甚至連第一步都學不會，那就是把針穿到織物下面，把線拉起來。

我讓孩子用福祿貝爾墊織東西，裡面有一條紙帶橫向地穿入和穿出固定在頂部和底部的垂直紙帶。於是我想到了這兩個練習之間的類似性，並對觀察那個女孩產生了濃厚的興趣。當她已經熟練地完成福祿貝

爾的編織，我又把她領回縫衣服的地方，高興地看到她現在能進行縫紉了。從那時起，在我們縫紉課的開始，會安排福祿貝爾編織的固定課程。

在讓孩子執行一項任務前應當先教會他們怎麼做

我看到，我們還沒有告訴孩子怎麼進行縫紉前，但是卻要求孩子在學縫紉時，手勢要把必要動作準備好。我們確實應該想辦法教孩子怎麼做，然後再讓他執行任務。尤其是，我們可以透過反覆練習來進行準備活動，並將其簡化為一種機制，這種練習不是執行工作本身的練習，而是為工作做準備的練習。學生們一旦做好準備工作，就可以開始真正的工作並能順利完成它。

我想我可以這樣為教導寫字做準備，這個想法使我非常感興趣。我對它的簡單感到驚奇，並且懊悔自己以前沒有想到這種方法。

事實上，因為我已經教過孩子們觸摸平面幾何插圖的輪廓，我現在只教他們用手指觸摸字母表的字母形狀。

我製作了一個漂亮的字母表，字母是流暢的手寫體，低的字母高8公分，高的字母按比例排列。這些字母是木製的，有0.5公分厚，而且塗上顏色，子音是藍色的，母音是紅色的。這些字模的下邊沒有上漆，而是塗上了銅，以使它們更耐用。我們只有一個木製字母表的副本，但是有許多卡片，上面的字母被塗上了與木製字母相同的顏色，尺寸也相同。這些彩繪的字母按照形狀的對比或相似，分組排列在卡片上。

與字母表中的每個字母相對應，我們有一張圖片，代表其名稱以這個字母開頭的某個物體。在這上面，有大大的手寫體，旁邊是同字母小

第十六章　閱讀和寫字的教學方法

小的印刷體。這些圖畫用來固定對字母發音的記憶，而小小的印刷體字母與手寫體字母結合在一起，形成了閱讀書籍的通道。這些圖片確實並不標新立異，但它們形成了從未有過的布局。這樣一個字母表無疑是昂貴的，手工製作的成本是 50 美元。

我實驗中有趣的一點是，當我向孩子們展示了如何將可移動的木製字母放在卡片上分組繪製的字母上後，我讓他們以流暢書寫的方式反覆觸摸這些字母。

我以各種方式多次進行這些練習，這樣孩子們不需要寫字，就學會了做出再現圖形符號的形狀所必要的動作。

寫字過程中兩種不同形式的動作

我被一個從未進入腦海的想法所打動：在寫字中，我們創造了兩種不同形式的動作，因為除了再現形狀的動作之外，還有操縱寫字工具的動作。事實上，當這些特殊兒童已經能熟練地按形狀觸摸所有的字母時，他們還不知道怎麼拿鉛筆。牢牢地握住和操縱一根小棍子，相當於獲得一種特殊的肌肉機制，這種機制獨立於寫字動作；事實上，它必須伴隨著產生各種字母形狀所必需的動作。因此，它是一種獨特的機制，必須與單一圖形符號的運動記憶一起存在。當我讓特殊兒童用手指觸摸字母，激發他們寫字的動作時，我機械地訓練精神運動中的神經通路，並固定每個字母的肌肉記憶。在掌握和管理寫字工具的過程中，還需要準備好必要的肌肉機制，我在上述階段的基礎上增加了兩個階段。在第二階段，孩子不僅用右手食指觸摸字母，也用食指和中指兩個手指觸摸字母。在第三階段，他用一根小木棍，拿著當筆來寫字。實際上，我是在讓他重複同樣的動作，時而拿著工具，時而不拿。

寫字過程中兩種不同形式的動作

我說過，孩子是跟隨輪廓字母的視覺影像的。的確，他的手指已經透過接觸幾何圖形的輪廓進行了訓練，但這並不是一個充分的準備。事實上，即使是我們成年人，當我們透過玻璃或紙巾來描繪一個圖案時，也不能完全按照我們看到的和我們應該畫鉛筆的線條來畫。圖案應該為鉛筆提供某種控制，某種機械引導，以便精確地跟蹤軌跡，在現實中只有眼睛對這種軌跡敏感。

因此，無論是用手指還是用棍子，特殊兒童並不總是能精確地跟隨圖案。教學材料並沒有對工作進行任何控制，或者更確切地說，它只對孩子的目光（確定食指是否繼續跟蹤符號）提供了不確定的引導。我現在想，為了讓學生更準確地跟隨動作，更直接地指導執行，我應該準備帶凹槽的字母，這樣木棍可以在上面畫。我為這種材料做了設計，但由於太過昂貴，我無法完成我的計畫。

在對這種方法進行了大量的實驗之後，我在州立精神病院的教學法課堂上對我的老師們進行了很多講解。這些講座被印刷成冊，我說了下述這段話。儘管 200 多名小學教師都接收到了，但他們並沒有給出一點有用的意見。費雷里（Ferreri）教授在一篇文章中對這一事實表示驚訝。

此時我們拿出紅色母音的卡片。看見孩子會將其畫成紅色的不規則圖形。隨後，我們把塗成紅色的木製母音卡片交給他，讓他把這些母音卡片疊加在字模上的字母卡上。我們讓他用寫字的方式觸摸木製母音卡片，並給他每個字母的名字。母音在卡片上按以下的形式排列：

o e a

i u

然後我們對孩子說，「找到 o，把它放回原處。」然後問：「這是什麼字母」？我們在這裡發現，很多孩子如果只是看著字母，就會犯錯誤。

第十六章　閱讀和寫字的教學方法

然而，他們可以透過觸摸來辨別這個字母。這個有趣的觀察可能揭示了不同的個體類型：視覺型、運動型。

我們讓孩子先用食指觸摸卡片上的字母，然後用中指和食指一起觸摸，之後再用一根小木棍作為筆。必須用寫字的方式描出這個字母。

子音卡片被塗成藍色，並按照相似的形式排列在卡片上。這些卡片上附有一個藍色木頭的可移動字母表，字母要放在子音上，就像放在母音上一樣。除了這些材料，還有另一系列的卡片，除了子音外，還畫了名稱以那個字母開頭的一個或兩個物體。在手寫體字母旁邊，是一個較小的印刷體字母，用同樣的顏色繪製。

教師根據語音方法給子音命名，先指出字母，然後是卡片，把畫在那裡的物體名字念出來，並強調第一個字母，例如，「p-pear：給我子音 p，把它放在原處，觸摸它」等等。在這個過程中，我們了解了孩子的語言缺陷。

以寫字的方式對字母進行追蹤，開啟了為寫字做準備的肌肉訓練。我們用這種方法教一個小女孩，她用鋼筆把所有的字母都複製了出來，儘管她還沒有認出所有的字母。她把它們寫成大約八公分高，而且有著驚人的規律性。這孩子的手工活也做得很好。以寫字的方式看、認、摸字母的孩子，同時為閱讀和寫字做好準備。

觸摸字母，同時看著字母，透過感官的配合，可以更快地固定影像。後來，這兩個事實分開了；看變成了閱讀；觸摸變成了寫字。根據不同的個體類型，有些人先學會閱讀，有的人先學會寫字。

大約在 1899 年，我開始了我的閱讀和寫字方法，到現在它還一直在使用。我驚奇地注意到一個特殊兒童，有一天我給了他一支粉筆，用一隻結實的手在黑板上描出整個字母表的字母，這是他第一次寫字。

這比我想像的要快得多。正如我所說的，有些孩子用鋼筆寫這些字母，但卻認不出其中一個字母。我也注意到，在正常兒童中，肌肉感覺在嬰兒期最容易發展，這使得兒童寫字非常容易。閱讀可不是這樣，它需要更長的教學過程，需要更高的智力發展，因為它涉及到符號的解釋，以及聲音重音的調節，這樣才能理解這個詞。所有這一切都是純粹的腦力作用，而在寫字中，孩子在聽寫下，把聲音實質性地翻譯成符號和動作，這對他來說總是容易和愉快的。寫字是在孩子身上靈活和自發地發展起來的，類似於口語的發展，口語是聽聲音的運動翻譯。相反，閱讀是抽象知識文化的一部分，它是從圖形符號中對思想的解釋，只有在後期才能習得。

針對正常兒童的實驗

1907 年 11 月的上半月，我開始了對正常兒童的第一次實驗。

在聖洛倫索的兩個「兒童之家」裡，從他們各自創辦之日起（一個是 1 月 6 日，另一個是 3 月 7 日），我只使用了生活實踐和感覺訓練的遊戲。我沒有做過寫字練習，因為和其他人一樣，我有一種偏見，那就是閱讀和寫字的教學必須盡可能晚一點開始，最好避免在 6 歲以前開始。

但孩子們的表現似乎要求對這些練習做出了一些不一樣的結論，這些練習已經以一種非常令人驚訝的方式發展了他們的智力與學習力。他們知道如何自己穿衣服、脫衣服和洗澡；他們知道如何掃地、撣除家具的灰塵、整理房間、開啟和關閉箱子、用不同的鑰匙開啟各種鎖頭；他們可以把碗櫥裡的東西放得井然有序，可以照料植物；他們知道如何觀察事物，以及如何用手「看」物體。他們其中的一些人來找我們，坦率地要求我們教他們讀寫。即使面對我們的拒絕，也有幾個孩子來到學校，

第十六章　閱讀和寫字的教學方法

自豪地向我們展示他們知道在黑板上寫 O。

最後，許多母親來求我們幫個忙，教孩子寫字，他們說：「在兒童之家的孩子們的學習能力被喚醒了，很容易學會很多東西，只要你教他們讀和寫，他們很快就能學會，然後他們到了小學階段就不會那麼費力了」。母親們相信，他們的孩子在我們這裡能夠不費力地學習讀和寫，這深深打動了我。考慮到自己在特殊兒童學校所取得的成績，我在八月的假期決定在九月開學時進行一次嘗試。經過再三考慮，我決定最好在九月分開始這項中斷的工作，在十月分小學開學之前不讓孩子接觸閱讀和寫字。這樣做的另一個好處是，我們可以將小學一年級孩子們的進步與我們的孩子們進行比較，我們的孩子們在同一時間開始同一門課程。

目前使用字母的起源

因此，在九月，我開始尋找一個能製造教學材料的人，但沒有人願意從事這項工作。我希望有一個華麗的字母表，像特殊兒童使用的那樣。後來我放棄了這一點，覺得商店櫥窗上普通的搪瓷字母也可以接受，但我找不到它們的手寫體形狀。我失望不已。

整個十月就這樣過去了。小學一年級的孩子們已經寫了無數個豎直的筆畫，而我的孩子們還在等待。然後我決定剪下大號的紙板字母，讓我的一位老師把這些字母的一面塗上藍色。至於字母的觸摸，我想把字母表上的字母從砂紙上剪下來，黏在光滑的卡片上，這樣做的物件就很像最初觸覺練習中使用的物件。

只有在我做了這些簡單的事情之後，我才意識到這個字母表比我給特殊兒童使用的那個華麗的字母表更加優越，而我在尋找這種字母表的過程中浪費了兩個月！如果我有錢的話，我就會擁有那些美麗但並不理

想的字母表！我們期望原有的事物是因為我們不理解新的可能，我們總是在追求屬於已經衰落事物的華麗，而不能帶著樸素的新思想意識到正在萌芽發展的未來。

我終於明白，紙上的字母表可以很容易地進行乘法運算，而且可以同時被許多孩子使用，不僅可以用於辨識字母，還能夠用於建構詞彙。在砂紙字母表中，我找到了自己之前尋找的，對觸摸字母的手指引導。我們不再僅僅透過視覺，也得以透過觸覺來教授精確控制的寫字動作。

下午放學後，我和兩位老師帶著極大的熱情，開始從寫字紙上剪下字母，從砂紙上剪下其他的字母。我們先把這些字母塗成藍色，然後裝在卡片上，當我們工作的時候，在我的腦海中展現了一個清晰的景象，這個方法如此完美而又簡單，讓我感到前所未有的愉快，我不禁笑了。

我們的第一次嘗試很有趣。有一天，一位老師生病了，我派了我的學生安娜·費德利（Anna Fedeli）小姐代課，她是一位師範學校的教育學教授。那天上課快結束時我去看她，她給我看了她對字母表的兩處修改。一種是在每個字母後面放一條橫條白紙，這樣孩子就可以辨認出字母的方向，因為他經常把字母顛來倒去。另一種方法是製作一個紙板箱，每個字母都可以放在自己的隔間裡，而不是像一開始那樣亂成一團。我到現在仍然保留著這個粗糙的箱子，它是用一個舊的紙板盒做成的，費德利小姐在庭院裡發現了它，用白線簡單縫了一下。

她笑著把它拿給我看，並試圖為自己那糟糕的工作辯解，但我對此非常感興趣。我立刻看出箱子裡的字母對教學是一種寶貴的幫助。事實上，它為孩子的眼睛提供了比較所有字母的可能性，並協助他選擇需要的那些字母。這樣，下面所描述的教學材料就有了它的起源。

我只需要補充一點，不到一個半月之後，在聖誕節的時候，當小學一年級的孩子們正在辛苦地學習，忘記他們令人厭煩的潦草字跡，準備

第十六章　閱讀和寫字的教學方法

做O和其他母音的曲線時,我的兩個四歲的孩子,每一個都以同伴的名義寫了一封致意愛德華‧塔拉莫先生的祝福和感謝信。這些都寫在便箋紙上,沒有塗改的痕跡,被認為相等於小學三年級的寫字水準。

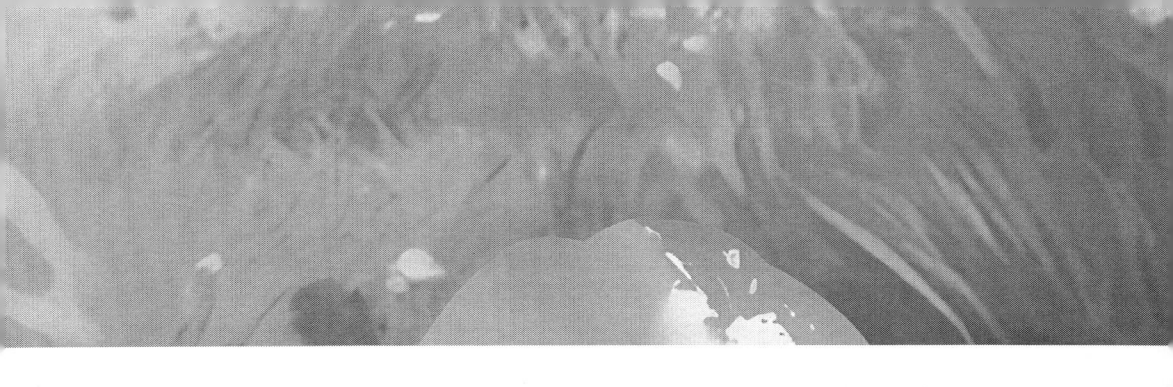

第十七章
教育法及相關教具的詳細說明

第十七章　教育法及相關教具的詳細說明

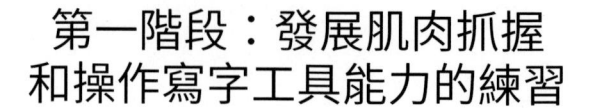

第一階段：發展肌肉抓握和操作寫字工具能力的練習

寫字前準備圖案。教學材料：小木桌、金屬塊、輪廓圖、彩色鉛筆。

在我的材料中有兩張小木桌，它們的頂部有一個邊條，可以防止放在桌上的東西滑落。每張桌子剛好足夠容納四個方形框架，金屬平面幾何嵌板安裝在框架內，並且被漆成三個棕色框架，每個框架包含一個與金屬嵌件中心相同的深藍色方形中心。

金屬嵌板的尺寸和形狀與前文描述的木製平面幾何嵌板相同。

練習。並排放在老師的桌子上，或者放在孩子們的一張小桌子上，這兩張小桌子看起來像一張長桌子，裡面有八個圖形。孩子可以選擇一個或多個圖形，同時取走嵌板框架。這些金屬嵌板完全與木製平面幾何嵌板相同。在這種情況下，孩子可以自由使用之前他們放在木製框架裡的物體。他首先拿起金屬框架，把它放在一張白紙上，用彩色鉛筆畫出中心空白的輪廓。然後，他拿走框架，在紙上留下一個幾何圖形。

這是孩子第一次透過圖案來再現幾何圖形。到目前為止，他只在三套卡片上描繪的圖形上方放置了幾何嵌板。現在，他在自己畫的圖形上放上了金屬嵌板，就像他把木製嵌板放在卡片上一樣。他的下一個動作是用一支不同顏色的鉛筆沿著這個嵌板的輪廓畫。提起那塊金屬片，他便看到紙上有兩種顏色的圖形。

在這裡，第一次誕生了幾何圖形的抽象概念，因為從兩塊形狀如此不同的金屬物件（如框架和嵌板），產生了相同的圖案，即代表確定形狀的一條線。這個事實引起了孩子的注意。他們常常驚奇地發現，用兩件如此不同的東西可以複製同一個圖形，並且很長一段時間內，他們帶著很大的愉悅來欣賞被複製出來的圖案——就好像實際上是這些物件引導

第一階段：發展肌肉抓握和操作寫字工具能力的練習

他的手來完成的。

除此之外，孩子們還學會了自己追蹤確定圖形的線條。總有一天，他們會帶著更大的驚喜和愉悅，追蹤確定文字的圖形符號。

此後，他們開始了一項工作，這項工作直接為形成抓握和操作寫字工具有關的肌肉能力做準備。他們用一支自己挑選的彩色鉛筆，筆尖直立，把他們勾勒出來的圖形填滿。我們教導他們不要越過輪廓線，這樣我們就把他們的注意力吸引到這個輪廓線上，進而固定了一條線可以確定一個圖形的想法。

給圖形填色的練習，會使孩子反覆進行操作，這是用垂直筆劃填寫十頁抄本所必需的。然而，孩子並不會感到疲倦，因為儘管需要進行他們做到這項工作所必需的肌肉協調，但每一個人都是心甘情願的，他們的眼睛盯著一個又大又鮮豔的圖案。一開始，孩子們在一頁又一頁紙上畫上大大的正方形、三角形、橢圓形、梯形，然後把它們塗成紅色、橙色、綠色、藍色、淺藍色和粉色。

漸漸地，他們開始只使用深藍色和棕色繪製圖形或者填充圖形，進而再現了金屬件本身的外觀。許多孩子都主動在圖形的中央畫一個橘黃色的小圓圈，以此表示要用它來固定金屬件的小黃銅按鈕。他們非常高興地感覺到，他們像真正的藝術家一樣，準確地再現了他們在小架子上看到的物體。

如果觀察一個孩子的連續繪畫，我們會發現相同的發展過程：

第一；一點一點地，線條越來越少地超出輪廓，直到最後，它們被完美地包含在封閉的線條中，中心和框架都被緊密而一致的筆劃填滿。

第二；孩子的筆畫從最初的短小和混亂，逐漸變長，更加平行，直到最後，圖形在許多情況下是透過完全規則的、從圖形一側到另一側的上下筆畫來填充的。在這種情況下，很明顯孩子熟練掌握了鉛筆的使用，獲得了掌控寫字工具所必需的肌肉能力。因此，透過研究這些圖案，我們可以

清楚地了解到孩子在握筆方面的成熟程度。我們對這些練習稍加改變，使用了前文描述的輪廓圖。透過這些圖案，鉛筆的操作日臻完美，因為他們迫使孩子畫出各種長度的線，使他越來越自信地使用鉛筆。

如果我們能數一數一個孩子在給這些圖形填色時所畫的線條，並能把它們轉換成寫字時所用的符號，那麼它們就會填滿許許多多的抄寫本！事實上，我們的孩子對寫字的熟練程度可以與普通小學三年級的孩子相比。當他們第一次握著鋼筆或鉛筆時，他們幾乎和一個熟手一樣知道如何掌控它。

沒有其他任何方法能在如此短的時間內成功地建立這種能力。並且在這個過程中，孩子很開心，也不無聊。我以前教授特殊兒童時，就是用一根小棍子指著字母的輪廓，相比之下，這種方法多麼枯燥而無效啊！

即使孩子們知道如何寫字，他們也會繼續進行這些練習，因為這些練習的圖案可能是複雜多樣的。孩子們在每一個圖案中遵循基本相同的動作，並得到各式各樣的圖片，這些圖片越來越完美，他們感到非常自豪。因為透過我們稱之為預備的練習，不僅可以激發，而且完善寫字。控制鋼筆變得越來越有把握，不是透過反覆練習寫字，而是透過圖案填色。就這樣，不需要真正進行寫字，孩子們就完善了自己的寫字能力。

第二階段：
建立字母符號的視覺 —— 肌肉影像，以及建立寫字所需的肌肉運動記憶的練習

教學材料。小卡片，用砂紙按照字母表中的單個字母的形狀貼在上面；包含相同字母組的較大卡片。

裝上砂紙字母的卡片在大小和形狀上與每個字母相對應。母音用淺

第二階段：建立字母符號的視覺—肌肉影像，以及建立寫字所需的肌肉運動記憶的練習

色砂紙寫在深色卡片上，子音字母組用黑色砂紙寫在白色卡片上。分組的安排是為了方便進行對比或類比。

字母被切成清晰的字體，加寬了陰影部分。我們選擇了複製小學裡使用的豎直字型（vertical script）。

練習；在教授字母表中的字母時，我們從母音開始，接著是子音，讀出字母的發音，而不是名字。教授子音時，我們立即將與一個母音連繫起來，按照通常的發音方法重複音節。

教學按照以下三個階段進行。

第一階段；將視覺和肌肉觸覺與字母發音連繫起來。

指導者向孩子出示兩張母音卡片（或子音，視情況而定）。假設我們呈現字母 i 和 o，說，「這是 i！這是 o」！一旦我們發出了字母的聲音，我們就讓孩子追蹤它，注意向他演示如何追蹤，如果有必要的話，還可以引導他右手的食指描畫砂紙字母。

「知道如何追蹤」意味著，知道一個確定的圖形符號必須遵循的方向。

孩子學得很快，他的手指已經在觸覺練習後變得很熟練，在有點粗糙的細砂紙的引導下，可以精確地追蹤字母的輪廓。然後，他可以無限次地重複進行書寫字母所需的動作，而不用擔心孩子第一次用鉛筆寫字時會意識到的錯誤。如果他偏離了方向，卡片的平滑會立即讓他修正回來。

孩子們一旦熟悉了這些字母的描摹，就會非常高興地閉上眼睛重複著，讓砂紙引導他們追蹤形狀。因此，我們透過對字母的直接肌肉觸覺建立感知。換言之，它不再是字母的視覺形象，而是觸覺，這種觸覺引導孩子的手做出這些動作，進而固定在肌肉記憶中。

第十七章　教育法及相關教具的詳細說明

　　同時，當指導者給孩子展示字母並讓他追蹤時，會產生三種感覺：視覺、觸覺和肌肉覺。透過這種方式，圖形符號的影像，在與透過視覺影像的普通方法相比，可以在短得多的時間內被孩子記住。人們會發現，幼兒的肌肉記憶是最強大的，同時也是最完善的。事實上，他有時會透過觸摸來辨識字母，但他不能透過觀看字母來辨識字母。除此之外，這些影像還與按字母順序排列的聲音同時存在。

　　第二階段；感知。當孩子聽到與字母對應的聲音時，他應該知道如何比較和辨識它們。

　　例如，指導者問孩子：「把 o 給我！把 i 給我」！如果孩子認不出這些字母，她會邀請他追蹤這些字母，但如果他仍然認不出這些字母，課程就結束了，可以改天繼續上課。我已經講過不暴露錯誤的必要性，在孩子沒有恰當反應的情況下不堅持教學的必要性。

　　第三階段；語言。把這些字母在桌子上放一會兒，然後指導者問孩子：「這是什麼」？

　　在教子音的時候，指導者只會讀出發音，然後把一個母音和它結合起來，讀出音節，用不同的母音來交替練習。她必須小心地強調子音的發音，重複它本身，例如：m、m、m、ma、me、mi、m、m。當孩子重複這個發音時，他就可以把它分離出來，然後加上母音。

　　不一定要在教授子音之前教完所有的母音，只要孩子知道一個子音，他就可以開始構詞了。不過這類問題由教育者自行判斷。

　　我覺得在子音的教學中遵循一個特殊的規則是不實際的。孩子對一個字母的好奇心常常引導我們去教他想要的子音；一個念出來的名字可能會喚醒他一種渴望，想知道組成它所必需的子音，而學生的這種意願，比任何有關教授字母順序的規則更加重要。

第二階段：建立字母符號的視覺—肌肉影像，以及建立寫字所需的肌肉運動記憶的練習

當孩子發子音的時候，他會有一種明顯的快感。這對他來說是一個很大的新奇，這一系列的聲音，如此多樣，卻又如此獨特，用字母這樣神祕的符號呈現出來。所有這一切都充滿了神祕感，引起了他們極大的興趣。有一天，我在露臺上，孩子們正在玩自由遊戲，我和一個兩歲半的小男孩在一起，他的母親暫時走開一會兒。我們在學校裡使用的字母表散落在幾張椅子上。這些字母混在一起了，我正把它們放回各自的隔間裡。完成後，我把箱子放在我旁邊的兩把小椅子上。小男孩看著我。最後，他走近盒子，手裡拿著一個字母 f。這時，孩子們排成一隊從我們身邊走過，看到那個字母，就齊聲喊出相應的聲音，繼續往前走。孩子沒有理會他們，而是把 f 放回去，拿起 r。孩子們又跑過去，看著他笑著，然後開始喊起來：「r、r、r！r、r、r！」漸漸地，嬰兒明白了，當他手裡拿著一個字母時，路過的孩子們都會發出叫喊。這使他非常高興，我想觀察他在這場比賽中能堅持多久而不感到疲倦。他堅持了整整三刻鐘！孩子們對這個孩子產生了興趣，圍著他團團轉，齊聲發出聲音，對他的驚喜哈哈大笑。最後，他幾次舉起 f，接收到大家發出的相同聲音後，又把字母拿給我看，說：「f、f、f！」他從一大堆混亂的聲音中學到：這個最先引起大哥哥姐姐們注意的長長的字母，也給他留下了深刻的印象。

字母的發音可以反映孩子的言語情況。學習缺陷幾乎都與孩子語言功能本身的不完善發展有關，指導者可能會一一注意到。透過這種方式，她可以保存孩子的進步紀錄，這種紀錄有助於她的個體教學，並將揭示這個孩子語言發展的更多資訊。

我們發現，糾正語言缺陷，對我們遵循與孩子發展有關的生理規律，並解決課程中所呈現的困難是有幫助的。然而，當孩子的語言得到充分發展，當他能發出所有的聲音時，我們在課堂上選擇哪個字母並不重要。

第十七章　教育法及相關教具的詳細說明

許多成人的永久性缺陷，是由於他們在嬰兒期的語言發展發生了功能性錯誤。如果我們對童年期的語言發展進行指導，而不是把注意力放在高年級兒童語言缺陷的矯正上，我們的研究結果會更加實用和有價值。事實上，很多發音上的缺陷都是由方言引起的，而這些缺陷在兒童期過後幾乎不可能糾正。然而，透過使用特別適合幼兒語言完善的教育方法，可能很容易消除這些問題。

我們這裡不談論與解剖或生理缺陷有關的實際語言缺陷，或與改變神經系統功能的病理事實有關的語言缺陷。現在，我們只討論那些由於重複錯誤的發音或模仿不完美的發音而造成的不規範現象。這種缺陷可能表現在任何一個子音的發音上，我想不出比發音練習更實用的方法來系統地糾正語音缺陷，這是透過我的方法，學習書面語言的必要部分。這些重要的部分將在獨立的一章中討論。

寫字教學中使用的方法可以參閱前面的小節。這樣的練習使孩子們能夠學習和固定正確握筆和書寫圖形符號所必需的肌肉能力。如果他在這些練習中有足夠長時間的鍛鍊，他就能夠寫出字母表中所有字母和所有簡單的音節，而不必拿著粉筆或鉛筆學習。

除此之外，我們在寫字教學的同時也開始了閱讀教學。當我們向孩子展示一個字母並說出它的發音時，他用視覺和肌肉的觸覺來確定這個字母的形象。他把聲音和它的相應符號連繫起來；也就是說，他把聲音和圖形符號連繫起來。當他看到並認出字母，他就在閱讀；當他追蹤字母，他就在寫字。因此，他認為這兩種活動是一種行為，隨著孩子的逐漸長大，這兩個行為將會慢慢分開，構成閱讀和寫字這兩個不同的過程。透過同時教授這兩種行為，或者更好地說，透過它們的結合，我們把孩子放在一種新的語言形式之前，而不用去確定哪一種應該占優勢。

孩子在這個發展過程中，是先學會閱讀還是先學會寫字，或者順序

相反，關於這一點，我們都不會再自找麻煩。我們必須擺脫一切成見，必須在實踐中等待這些問題的答案。我們可以預期，個體差異會在不同兒童的生長中表現出來某種行為更占優勢。因此我們可以用，基於個性自由發展的方法來研究孩子的心理，並擴展這種方法的範圍。

第三階段：單字構成練習

教學材料。主要由字母組成。這裡使用的字母在形狀和尺寸上與前面描述的砂紙字母相同，但這些字母是從紙板上剪下來的。這樣，孩子可以很容易地把它們放在任何他想放的地方。以 6 個字母的為例，我設計了一些可以儲存字母表的箱子。這些箱子或盒子很淺，被分成許多隔間，我在每個隔間裡放了一組同一字母的四份副本。隔室的大小並不相等，而是根據字母本身的尺寸來規劃的。在每個隔間的底部都黏上了一個不能取出的字母。這個字母是用黑紙板做的，當孩子用完字母後，在箱子裡置放其他字母時，可以減少他四處尋找合適隔間的麻煩。母音是從藍色紙板上剪下來的，子音從紅色紙板上剪下。

除此之外，我們還有一套用砂紙貼在紙板上的、一套從紙板上剪下來的大寫字母。數字的加工方式也相同。

練習。孩子認識一些母音和子音後，我們就把一個大盒子放在他面前，裡面裝著他知道的所有母音和子音。指導者非常清楚地說出一個詞；例如，「ma-ma」，非常清楚地說出 m 的發音，重複好幾次。每次總是有衝動的小傢伙抓住一個 m，把它放在桌子上。指導者重複「ma-ma」，孩子選擇了 a，把它放在 m 附近。接著，他很容易地拼出另一個音節。但是讀出他拼的這個詞，卻變得不那麼容易。事實上，他通常需要經過一定的努力才能成功地朗讀出來。在這種情況下，我幫助孩子，鼓勵他朗

第十七章　教育法及相關教具的詳細說明

讀，並和他一起發音清晰地讀一遍或兩遍這個詞，ma-ma、ma-ma。一旦他理解了遊戲的機制，孩子就會非常感興趣地自己往前走。我們可以朗讀任何單字，但要注意的是，孩子們必須分別理解組成單字的字母。他構造新詞，一個接一個地放置與發音相對應的符號。

(A) 觸覺訓練。透過手指在砂紙和光滑的紙板上交替移動來學習粗糙和光滑的區別；透過將幾何嵌板裝配到位，來區分不同的形狀；區分紋理。
(B) 透過觸摸學習寫字和閱讀。左邊的孩子正在描摹砂紙上的字母，並學習透過觸摸來認識它們。男孩和女孩正在用硬紙板字母拼單字。

第三階段：單字構成練習

(A) 孩子們正在觸摸字母。經過充分的準備練習，
左邊的孩子已經可以輕盈而細緻地進行觸摸。
右邊的孩子還沒有經過這麼多訓練。
(B) 用硬紙板符號拼單字。

看著孩子幹這活真是有趣極了。他全神貫注地坐在那裡看著盒子，幾乎不知不覺地動了動嘴唇，一個接一個地記下所有的字母，很少會拼寫錯誤。嘴唇的運動揭示了這樣一個事實：他對自己重複了無數次，他正在將其聲音翻譯成符號的單字。儘管孩子能寫出任何發音清晰的單字，但我們通常只聽寫那些眾所周知的單字，因為我們希望他的寫字能產生一個想法。當這些熟悉的詞被使用時，他會自發地多次重讀他所寫

第十七章　教育法及相關教具的詳細說明

的詞，用一種深思熟慮、意味深長的語氣重複它的發音。

這些練習的意義非常複雜。孩子分析、完善、固定自己的口語，把一個物體與他所說的每一個聲音對應起來。這個詞的構成為他提供了有力的證據，證明清楚有力地表達有其必要性。

因此，練習將所聽到的聲音與代表它的圖形符號連繫起來，為準確和完善的拼寫奠定了最堅實的基礎。

除此之外，構詞本身也是一種智力的鍛鍊。被讀出的單字向孩子提出了一個他必須解決的問題——他將透過記住這些符號，從其他符號中選擇它們，並按正確的順序排列它們來解決這個問題。當他重讀這個詞時，他就有了確切解決問題的辦法之證據，這個詞是他構成的，對所有知道如何朗讀它的人來說，它代表了一個概念。

當孩子聽到別人讀他構成的詞時，他會帶著一種滿足和驕傲的表情，並被一種快樂的驚奇所吸引。他對這種透過符號在自己和他人之間進行的交流印象深刻。書面語言對他來說，代表了他自己的智慧所達到的最高成就，同時也是一項偉大成就的回報。

當學生完成了構詞和單字的朗讀後，我們讓他按照我們在所有學習過程中努力建立的秩序習慣，把所有的字母「收」起來，把每個字母都放在自己的隔間裡。因此，在純粹而簡單的構詞練習中，孩子把比較和選擇圖形符號的兩種練習結合起來。首先，當他從面前的整盒字母中選擇那些必要的字母；其次，當他尋找每個字母必須替換的間隔。因此，在這一努力中，聯合了三種練習，來固定與單字發音相對應的圖形符號的印象。在這種情況下，我們透過三種方式來促進學習工作，所用的時間是舊方法的三分之一。我們很快就會看到，孩子一聽到這個詞，或想到一個他已經知道的詞，就會用他的心靈之眼看到組成這個詞所必需的所有字母，並把它們排列起來。他將以一種令我們無比驚訝的方式再現這一景象。

一天，一個四歲的小男孩獨自在露臺上跑來跑去，聽到他重複說了很多遍：「要組成 Zaira，我需要 z-a-i-r-a」。另一次，迪・多納托 (Di Donato) 教授在參觀「兒童之家」時，告訴了一個四歲的孩子自己的名字。那孩子用小寫字母拼寫他的名字，起初拼成了 —— diton。教授立刻把他的名字發音讀得更清楚一些：di do nato，孩子沒有打亂字母，而是拿起音節 to 放在一邊，把 do 放在空白處。然後他在 n 後面加了一個 a，然後拿起他放在一邊的 to，用它完成了這個詞。很明顯，當這個詞讀得更清楚時，這個孩子明白這個音節 to 不屬於這個詞的那個位置，意識到它屬於這個詞的末尾，因此把它放在一邊，直到他需要它為止。這在一個四歲孩子的身上是令人驚訝的，所有在場的人都感到驚訝。這可以解釋為，如果孩子要組成一個他聽到的單字，他必須有清晰並且複雜的符號感知。這一卓越的行為主要歸功於孩子透過反覆自發的練習而獲得的有序的心理狀態，這些練習有助於發展他的智力。

這三個時期包含了完整的書面語言習得方法。這種方法的意義是顯而易見的。聯合起來建立閱讀和寫字的心理、生理行為是分別而仔細地準備的。製造符號或字母所特有的肌肉運動是分開準備的，寫字工具的操作也是如此。詞語的構成，也被簡化為一種心理機制，即在聽到和看到的影像之間建立連繫。

有那麼一刻，孩子會不假思索地用上下筆劃填充幾何圖形，這是自由而有規律的；有那麼一刻，他會閉著眼睛觸摸字母，用手指在空中移動，再現字母的形狀；有那麼一刻，單字的構成已經成為一種心理衝動，這使得孩子即使在獨自一人的時候，也會對自己重複複誦「要組成 Zai-ra，我需要 z-a-i-r-a」。

現在，這個從來沒有寫過字的孩子已經掌握了寫字所需的所有行為。如果孩子在聽寫的時候，不僅知道如何構詞，而且立即把構詞做為

第十七章　教育法及相關教具的詳細說明

一個整體，包含在自己的思想中，那麼他將能夠寫字，因為他知道如何閉上眼睛做出書寫這些字母所必需的動作，而且他幾乎無意識地掌握了寫字的工具。

更重要的是，獲得這種靈活機制的孩子還擁有一種自由，這種自由給予孩子一種精神力量，這種精神力量遲早會在他自發寫字的時候爆發出來。這的確是我在正常兒童身上做的實驗所產生的奇妙反應。在貝蒂尼（Bettini）小姐指導的一個「兒童之家」裡，我對寫字的教學方法特別用心，我們學校有最漂亮的寫字樣本，因此，也許我只能描述一下這所學校作品的發展。

十二月的一個美麗的日子，陽光明媚，溫暖如春，我和孩子們一起爬上屋頂。他們到處嬉戲，有好些人聚集在我周圍。我坐在一個煙囪旁邊，對坐在我旁邊的一個五歲的小男孩說：「給我畫一幅這個煙囪的畫」。我一邊說著，一邊給他一支粉筆。他順從地接下粉筆，在構成屋頂露臺地板的瓷磚上畫了一幅煙囪的草圖。按照我對待孩子的習慣，我鼓勵他，稱讚他的成果。孩子看著我，笑了笑，停留了一會兒，好像要爆發出一些歡樂的行為，然後大聲說：「我會寫！我會寫字」！他又跪下來，在人行道上寫下「hand（手）」，然後滿腔熱情地寫下「chimney（煙囪）」、「roof（屋頂）」。他一邊寫，一邊繼續喊：「我會寫！我知道怎麼寫」！他高興的叫喊聲把其他的孩子們吸引了過來，他們圍成一個圈，目瞪口呆地看著他的作品。他們中有兩三個人興奮地顫抖著對我說，「是的，把粉筆給我」、「我也會寫」。然後他們開始寫各式各樣的詞：ma-ma（媽媽）、hand（手）、John（約翰）、chimney（煙囪）、Ada（艾達）。

他們之中沒有一個人曾拿過粉筆或其他任何寫字工具。這是他們第一次寫字，他們寫出了一個完整的單字，就像第一次說話的孩子說出了完整的句字。

嬰兒說的第一句話，給母親帶來了說不出的喜悅。孩子選擇了「母親」這個詞，似乎是為了表達對母性的敬意。我的孩子們寫的第一個字在他們內心激起了一種無法形容的喜悅之情。由於無法在頭腦中調整準備和行動之間的連繫，他們產生了一種幻覺，認為他們現在已經長大成人，知道如何寫字了。換句話說，在他們看來，寫字只是大自然賜予他們的眾多禮物中的一種。

他們相信，隨著他們越來越大，越來越強壯，總有一天他們會知道如何寫字。事實上，這就是現實。說話的孩子，首先是無意識地做好準備，完善導致單字發音的心理肌肉機制。就寫字而言，孩子做的事情幾乎是一樣的，但直接的教學幫助和以實際的方式準備寫字動作的可能性，使寫字能力的發展比正確說話的能力更快、更完美。

儘管這很容易完成，但準備工作不是局部性的，而是完整的。這些孩子掌握了寫字所需要的一切動作。書面語言不是逐漸發展起來的，而是以一種爆炸性的方式發展起來的，也就是說，孩子可以寫下任何單字。這是我們在孩子們的書面語言發展中的第一次經歷。在最初的日子裡，我們陷入了深深的感動之中。我們彷彿是在夢中行走，彷彿幫助實現了某種奇蹟。

第一次寫字的孩子充滿了興奮的喜悅，就像剛下過蛋的母雞。事實上，沒有人能逃離小傢伙的喧鬧表現。他會叫大家去看，如果有人不去，他就跑去拽他們的衣服，逼他們過來看。我們都得站在文字旁欣賞這一奇蹟，發出驚訝的讚嘆聲，和這位厲害的寫字者歡樂的叫聲夾雜在一起。通常，第一個單字會寫在地板上，孩子跪在它面前，以便更接近他的書寫儀式，更仔細地思考。

第一個單字寫完後，孩子們帶著一種瘋狂的喜悅，繼續到處亂寫。我看見孩子們在黑板前擠來擠去，站在地板上的孩子們後面又排了一

第十七章　教育法及相關教具的詳細說明

行，孩子們站在椅子上，這樣他們就可以在前面一排孩子的上方寫字了。其他的孩子因為沒有擠到可以寫字的位置而感到挫敗且惱怒，為了找一個可以寫字的小地方，他們把同伴坐的椅子翻轉過來。其他人跑到百葉窗或門口處，在上面寫字。在最初的日子裡，我們的地毯上寫滿了各種符號。每天的家庭報告告訴我們，家裡也發生了同樣的事情，有些母親為了拯救地面，防止孩子在麵包片上寫字，買了紙和鉛筆送給孩子。有一天，其中一個孩子給我帶來了一本寫滿了文字的小筆記本，母親告訴我，孩子寫了整整一個白天和一個晚上，入睡的時候手裡還拿著紙和鉛筆。

在最初的日子裡，這種我們無法控制的衝動活動，使我想到了大自然的智慧，它一點一點地發展口語，讓口語與思想的形成齊頭並進。想想看，如果大自然像我一樣輕率行事，結果會是什麼樣子！假設大自然首先允許人類透過感官收集豐富多彩的物質，並獲得大量的思想，然後在他身上完全準備好了表達語言的方法，最後直到那一刻才開口對孩子說，「去說話吧」！結果會是一種突如其來的瘋狂，在這種瘋狂的影響下，孩子感到毫無拘束，就會迸發出一股令人筋疲力盡、滔滔不絕的、怪異難懂的語句。

然而，我相信，在這兩個極端之間存在著一種快樂的媒介，就是真實而實用的方式。我們應該引導孩子逐步地去征服書面語言，但我們仍然應該讓它成為一個自發的事實，他的作品從一開始就應該近乎完美。

經驗告訴我們如何控制這種現象，如何引導孩子更冷靜地走向這種新的力量。孩子們看到同伴在寫字，於是透過模仿，他們會被引導盡快寫字。這樣一來，當孩子寫字的時候，他還沒有掌握完整的字母表，而且他能寫的單字數量也是有限的。他甚至不能透過他所知道的字母的組合，拼出所有的單字。他仍然享受寫下第一個字的喜悅，但這不再是一個驚天動地的驚喜，因為他看到每天都有如此美妙的事情發生，並知道

所有人遲早會得到同樣的禮物。這往往會創造一個平靜有序的環境，其中仍然充滿美麗和奇妙的驚喜。

拜訪「兒童之家」時，即使在剛剛創辦的幾週裡，人們也會有新的發現。舉個例子，這裡有兩個小孩，他們雖然洋溢著自豪和喜悅，卻在平靜地寫字。然而，這些孩子，直到昨天，還從來沒有想過要寫字！

指導者告訴我，他們之中的一個孩子昨天上午十一點開始寫，另一個下午三點開始寫。我們已經平靜地接受了這種現象，並預設它是孩子成長的一種自然形式。

教師的智慧決定什麼時候有必要鼓勵孩子寫字。只有當孩子在準備練習的三個階段已經很完美了，而且還沒有主動寫字的時候，才能鼓勵孩子寫字。存在一種危險，那就是在延緩寫字的過程中，孩子可能最終陷入混亂的努力中。

在這方面，老師幾乎可以準確地診斷孩子是否成熟的標誌是：填充幾何圖形的平行線的規則性、閉上眼睛辨識砂紙字母、在構詞時表現出的信心和準備。在透過直接邀請的方式進行干預之前，最好至少等一週，希望孩子能自發地寫字。當他開始自發地寫字時，老師可能會指導孩子寫字的進度。她能給予的第一個幫助是在黑板上劃線，以便引導孩子保持寫字的規律性和適當的尺寸。

第二種幫助，是引導寫字能力不穩定的孩子，重複對砂紙上字母的追蹤。她應該這樣做，而不是直接糾正他寫的字，因為孩子不是透過重複寫字的行為來完善自己，而是透過重複寫字前的行為來完善自己。我記得有個小小初學者，他想把黑板上的字寫得完美些，就把所有的砂紙字母都帶來了，在寫字前，他把要寫的字所需要的字母都觸摸了兩三遍。如果一個字母在他看來並不完美，他就把它擦掉，在重寫之前重新觸摸卡片上的字母。

第十七章　教育法及相關教具的詳細說明

　　我們的孩子們，即使已經寫字寫了一年，仍然繼續重複著這三項準備工作。因此，他們沒有真正地學習寫字，卻既學會了寫字，也學會了如何完善自己的書寫。對我們的孩子來說，真正的書寫是一種考驗，它來自內心的衝動，來自解釋一項卓越活動的樂趣，它不是一種練習。神祕主義者透過祈禱來完善自己的靈魂，我們的孩子也是如此，作為文明的最高表達，書面語言透過類似於但不是寫字的練習來學會和改進。

　　這種先準備後嘗試、先完善後實踐的思想，具有教育學價值。繼續糾正自己的錯誤，大膽地嘗試他做得不夠完美、不值得去做的事情，會使孩子對自己錯誤的敏感度降低。我的寫字方法包含了一種教育觀念：教導孩子謹慎，使他避免錯誤；尊嚴，使他向前看，使他走向完美；謙遜，使他與善的泉源緊密相連，透過善本身他就能夠取得精神上的勝利，使他遠離這樣一種錯覺，即眼前的成功是鼓勵他繼續所選擇的方式之理由。

　　事實上，所有的孩子，那些剛剛開始這三個練習的孩子和那些已經寫了幾個月的孩子聚集在一起，每天重複相同的練習，彼此平等，這裡沒有初學者和專家之分。所有的孩子都用彩色鉛筆填色，觸摸砂紙上的字母，用可移動的字母組成單字，大一點的孩子會幫助小一點的孩子。自我準備和自我完善的孩子都走同一條路。生活中也是一樣，因為比任何社會差別更為深刻的是一種平等，一個共同的交會點，在這裡所有的人都是兄弟姊妹。或者像在精神生活中，修習者和聖人會一次又一次地走過相同的經歷。

　　孩子們很快就學會寫字，因為我們開始只教那些表現出渴望寫字的孩子，而另一些孩子透過自發地關注指導者給其他孩子上的課，或者透過觀看其他孩子正在做的練習。有些孩子在沒有接受過任何課程的情況下學會寫字，僅僅是透過聽別人的課程。

一般來說，所有四歲的孩子都對寫字有濃厚的興趣，我們的一些孩子在三歲半就開始寫字了。我們發現孩子們特別熱衷於追蹤砂紙上的字母。

在我實驗的第一個階段，當孩子們第一次看到字母表時，有一天我請貝蒂尼夫人把她自己寫的所有字母帶到孩子們玩耍的露臺上。孩子們一看見它們，就聚集在我們周圍，伸出手指，急切地想摸那些字母。我記得那些拿到卡片的孩子把它們像旗幟一樣高高舉起，然後開始遊行，後面跟著所有的孩子，他們拍手歡呼。遊行隊伍從我們面前走過，大大小小的人都開心地笑了，而母親們則被喧鬧聲所吸引，靠在窗戶上觀看這一景象。

對於四歲的孩子來說，從準備練習的第一次試用到第一個書面單字的平均時間是一個月到一個半月。對於五歲的孩子來說，這段時間要短得多，大約一個月。但是我們的一個學生在二十天內學會了字母表上所有的字母。四歲的孩子在學習兩個半月之後，可以聽寫任何單字，並且沾墨水在筆記簿上寫字。我們的孩子一般學習滿三個月後就成了專家，寫了六個月的孩子可以和小學三年級的孩子相比。事實上，寫字是孩子在所有事情中最簡單、最愉快的一種。

如果成年人像六歲以下的孩子一樣容易學習，那麼掃除文盲就很容易了。我們可能會發現，要取得如此輝煌的成就，有兩個嚴重的障礙：肌肉感覺遲鈍，以及口語的永久缺陷，這些缺陷肯定會被翻譯成書面語言。我沒有做過這方面的實驗，但我相信，只要一個學年就足以帶領一個文盲，不僅能寫字，而且能用書面語言表達他的思想。

學習所需的時間就這麼多了。至於書法創作，我們的孩子從一開始就寫得很漂亮。字母的形狀帶著優美的弧度和流暢性，與砂紙模型的形狀驚人地相似。我們孩子的寫字之美，在小學裡很少有學生能與之比

肩，因為他們沒有專門的書法練習。我想知道要教十二、三歲的學生寫一個完整的單字時，不提起筆是多麼困難，於是我專門進行了研究。結果我發現只有少數幾個字母需要提起筆，所以他們在抄寫本上的上下筆劃是沒有太大用處的。

另一方面，我們的小小學生自發地，以一種驚人的方式，不提筆就寫下了整個單字，完全保持了字母的斜度和間距。這使不止一個參觀者驚呼：「如果不是親眼所見，我絕不會相信」。的確，書法是一種優越的教學形式，是糾正已經獲得的缺陷所必需的。這是一項漫長的工作，因為孩子看到模型時，必須遵循複製模型所必需的動作，而視覺感覺和他必須做出的動作之間沒有直接的對應關係。很多時候，書法是在所有缺陷都已確立、肌肉記憶準備就緒的生理期已經完成之後教的。

我們直接為孩子的寫字做準備，也為孩子的書法做準備，書法非常注重形式美（讓孩子觸摸手寫體字母）和字母的流暢性。（填色練習是為此做準備的）。

閱讀：從書面符號中領悟含義

教學材料。閱讀課程的教學材料是一些紙條或卡片，上面有字型清晰的單字和短語。除了這些卡片，我們還有各式各樣的玩具。

根據我的經驗，我們要清楚地區分寫字和閱讀，並且了解到這兩種行為並不是絕對需要同時發生的。與一般的觀點相反，寫字先於閱讀。我不認為孩子在驗證他所寫的單字時所做的測試是閱讀。他是把符號翻譯成聲音，就像他第一次把聲音翻譯成符號一樣。在這個驗證中，他已經知道了這個詞，並且在寫這個詞的時候對自己重複了一遍。

我對閱讀的理解是從書面符號中解讀一個想法。這個孩子沒有聽過

這個單字的發音，但是當他看到這個單字用硬紙板寫在桌子上時，他認出了它，他能說出它的意思，說明這個孩子在閱讀。讀單字和書面語的關係，與聽單字和「口頭語言」的關係是相同的。兩者都是用來接收他人所傳送給我們的語言。所以，直到孩子讀到了文字傳達的思想，他才開始閱讀。

我們可以說，寫字是一個心理運動機制占主導地位的事實，而在閱讀中，進入了一個純智力的工作。但顯而易見的是，我們的寫字方法為閱讀做好了充分的準備，使得困難幾乎難以察覺。事實上，寫字讓孩子了解到組成書面單字的字母組合的發音。當我們學校的孩子知道怎麼寫字的時候，他就知道怎麼讀單字的發音。然而，應該注意的是，當孩子用可移動的字母組合單字時，或者當他寫字時，他需要時間思考他必須選擇哪些符號來組成單字。寫一個單字比讀一個單字所需的時間要多得多。

單字閱讀遊戲

當一個知道如何寫字的孩子，面對一個他必須透過閱讀來解釋的單字時，他沉默了很長一段時間，並且通常以他本來的速度來閱讀組成部分。但只有當這個詞發音清晰並帶有語音重音時，它的意義才會變得明顯。現在，為了放置語音重音，孩子必須辨識單字；也就是說，他必須辨識單字所代表的意思。如果他要讀書，就必須加入傑出的智力工作。正因為如此，我按照下面的方式進行閱讀練習。很明顯，我完全拋棄了舊時代的啟蒙方式。

我準備了一些用普通寫字紙做的小卡片。在每一個字母上，我都用清晰的大字寫下一些眾所周知的單字，一個已經被孩子們讀了很多遍的

第十七章　教育法及相關教具的詳細說明

單字，它代表了一個實際存在的或他們熟知的物體。如果這個詞指的是他們面前的一個物體，我就把這個物體放在孩子面前，讓他解釋這個名詞。在這方面，我要說的是，這些閱讀遊戲中使用的對象大部分都是玩具，我們在「兒童之家」裡有很多玩具。這些玩具中，有洋娃娃之家的家具、球、洋娃娃、樹、羊群，或各種動物、錫兵、鐵路和各式各樣的簡單圖形。

如果說寫字有助於糾正或更好地指導和完善兒童的語言表達機制，那麼閱讀則有助於思想的開發，並將其與語言的發展連繫起來。事實上，寫字輔助生理語言，閱讀輔助社會語言。

那麼，正如我所指出的，我們從命名開始，也就是說，從閱讀已知或當前物體的名稱開始。

不存在從簡單或困難的單字開始的問題，因為孩子已經知道如何讀任何單字；也就是說，他知道如何讀它的發音。我讓孩子慢慢地把書面單字翻譯成聲音，如果發音準確，我就僅僅說「快一點」。孩子第二次讀得更快，但仍然常常不理解。然後我重複，「快一點，快一點。」他每次讀得都快一點，重複同樣的發音，最後這個詞突然出現在他的意識中。然後他看著它，好像他認出了一個朋友，帶著滿足感。這就完成了閱讀練習。這是一門非常快速的課程，因為它只呈現給一個已經透過寫字準備好的孩子。我們已經把乏味而愚蠢的 ABC 入門書和無用的抄寫本一起埋葬了！

當孩子讀了單字後，他把卡片放在有相應名字的物體下面，然後練習結束了。

我們最有趣的發現之一是設計了一個遊戲，透過這個遊戲，孩子們可以不費吹灰之力就學會讀單字。我們在一張大桌子上攤開了各式各樣的玩具。他們每個人都有一張相應的卡片，上面寫著玩具的名字。我們

把這些小卡片疊起來，放在一個籃子裡，知道怎麼讀的孩子們可以輪流從籃子裡抽出這些卡片。每個孩子都要把卡片放回書桌，靜靜地展開，在心裡默讀，而不是給周圍的人看。然後他必須再把它折起來，這樣裡面的祕密就不為人所知了。他手裡拿著摺疊好的卡片，走向桌子。然後他必須把一個玩具的名字唸清楚，然後把卡片交給指導者，以便她能證實他讀的單字。於是，這張小卡片就成了流通幣，他可以用它來獲得他命名的玩具。因為，如果他把這個詞唸得清楚，並指出正確的對象，指導者就允許他拿著玩具，想玩多久就玩多久。

當每個孩子都有機會的時候，指導者叫第一個孩子，讓他從另一個籃子那裡抽一張牌。他一抽完這張卡片就看了。上面寫著他一個同伴的名字，他還不知道怎麼讀，所以不能有一個玩具。能讀出這個名字的孩子可以把他玩過的玩具送給他的朋友。我們教孩子們以一種親切和禮貌的方式來給予這些玩具，並伴隨著鞠躬。這樣，我們摒棄了一切階級區分的觀念，激發了對那些沒有我們幸福的人的仁慈之情。這個閱讀遊戲進行得很精彩。這些可憐的孩子擁有這麼漂亮的玩具，哪怕只是一小會兒，他們的滿足感也很容易想像。但是，當孩子們學會了理解寫在紙上的卡片，卻不肯拿玩具時，我感到多麼驚訝啊！他們解釋說，他們不想浪費時間在玩耍上，寧願貪得無厭地一張接一張地抽出卡片來讀！

我看著他們，試圖了解這些靈魂的祕密，我對他們的偉大一無所知！當我站在熱切的孩子們中間沉思時，我發現他們喜愛的是知識，而不是愚蠢的遊戲，這使我充滿了驚奇，使我想到了人類靈魂的偉大！

因此，我們把玩具收起來，開始製作成百上千張紙條，上面寫著孩子、城市和物體的名字，還有透過感官練習了解的顏色和性質。我們把這些紙條放在開啟的盒子裡，放在孩子們可以自由使用的地方。我原以為，這種孩子氣的反覆無常至少會表現成孩子們沒用完一個盒子的卡片

第十七章　教育法及相關教具的詳細說明

就去用另一個盒子。但事實並非如此，每個孩子都貪得無厭地把手裡的盒子掏空了，然後再去掏空另外一個盒子。

一天，我走進學校，發現指導者讓孩子們把桌椅放在露臺上，在露天上學。一些小傢伙在陽光下玩耍，而其他人則圍著放著砂紙字母和可移動字母的桌子坐成一圈。

指導者坐在離她不遠的地方，而她腿上抱著一個狹長的盒子，裡面裝滿了許多的紙條，盒子邊上放著一雙雙小手，渴望能收到心愛的卡片。「你可能無法相信」，指導者說，「但我們已經這樣玩了有一個多小時了，他們還不滿意呢！」我們試著把球和洋娃娃帶給孩子們，但沒有成功；只有獲得知識才能給他們帶來最大的樂趣。

看到這些令人驚訝的結果，我已經想到了用印刷體字型來測試孩子們，並建議指導者在一些紙條上印刷文字。但是孩子們阻止了我們！大廳裡有一本日曆，上面有許多文字是用清晰的字型印刷的，而其他文字則是用哥德式字型印刷的。孩子們在閱讀的狂熱中開始看這本日曆，令我難以形容的驚奇的是，他們不僅閱讀了印刷品，而且還閱讀了哥德式的字型。

現在，就差讓孩子們讀書了，可是我覺得現在的書都不適合我的方法。

母親們很快就有了證明他們孩子進步的證據；在其中一些孩子的口袋裡發現了一張小紙條，上面寫著採購的粗略說明：麵包、鹽等等。我們的孩子正在為母親列出採購清單！其他母親告訴我們，他們的孩子不再在街上跑來跑去，而是停下來看商店的招牌。

一個四歲的男孩，在兒童之家裡用同樣的方法接受教育，他用下面的方式讓我們吃驚。孩子的父親是一名議員，收到了許多信件。他知道兩個月來，他兒子一直透過有助於學習讀寫的練習來學習，但他對這一點不太重視，而且對這種方法也沒有什麼信心。有一天，當他坐在旁邊看書的時候，男孩在旁邊玩耍，一個僕人進來，把一大堆剛送來的信放

在桌子上。小男孩注意到了，舉起每封信，大聲念出信封上的地址。對他父親來說，這就是一個名副其實的天大奇蹟。

至於學習讀寫所需的平均時間，經驗似乎表明，從孩子寫字的那一刻起，從書面語言的這種初階階段到高級閱讀狀態的過程平均需要兩週。然而，閱讀中的確定感，要比完美的寫字慢得多。在大多數情況下，字寫得漂亮的孩子仍然讀得很差。

不是所有同齡的孩子在閱讀和寫字上都處於同一個階段。我們不僅不強迫一個孩子，甚至不邀請他，也不以任何方式試圖誘使他做他不想做的事。因此，有時會發生這樣的情況，有些孩子沒有自發地出現在這些課程中，我們也並不干涉，他們不知道如何閱讀或寫字。

如果連壓迫孩子意志、破壞孩子自發性的舊式方法，都不相信必須在六歲前掌握書面語言知識，那我們就更不用說了！

在沒有更廣泛經驗的情況下，我不確定口語完全發展的時期，是否是開始發展書面語言的適當時機。

在任何情況下，幾乎所有用我們的方法訓練的正常兒童，在四歲時就開始寫字，五歲時就知道如何讀和寫，至少和傳統學校讀完小學一年級的兒童一樣。他們可以提前一年進入小學二年級。

短語閱讀遊戲

短語閱讀遊戲。我的朋友們一看到孩子們會讀印刷品，就給我做了插圖精美的書作為禮物。翻閱這些簡單的童話故事書之後，我確信孩子們不會理解它們。老師們對他們學生的能力感到非常滿意，試圖向我表明我錯了，讓不同的孩子給我讀，並說他們讀得比那些讀完傳統學校小學二年級的孩子好得多。

第十七章　教育法及相關教具的詳細說明

然而，我不想自欺欺人，做了兩次試驗。我先讓教師給孩子們講其中一個故事，同時我觀察孩子們自發地對故事感興趣的程度。孩子們的注意力在幾句話之後就轉移了。我禁止老師命令那些不聽的孩子轉回注意力，於是，教室裡一點一點地響起了嗡嗡聲，因為每個不愛聽的孩子都回到了原本的事情上。

很明顯，孩子們讀這些書似乎很快樂，但是他們並沒有從某種意義上獲得快樂，而是享受他們所獲得的機械能力，即把圖形符號翻譯成他們所認識的單字的發音。事實上，孩子們在閱讀書籍時並沒有表現出他們在寫紙條時所表現出的那種堅毅，因為他們在書中遇到了那麼多不熟悉的單字。

我的第二個測試，是讓一個孩子讀書給我聽。我沒有用任何解釋性的評語來打斷，就像一位教師試圖幫助孩子理解他正在讀的故事，會說：「停一下。你明白嗎？你讀了什麼？你告訴我小傢伙是怎麼開大馬車的，是嗎？注意書上說了什麼」。

我把書給了一個小男孩，友好地坐在他旁邊，當他讀完後，我簡單而嚴肅地問他，就像對朋友說的那樣，「你明白你在讀什麼嗎」？他回答說：「不明白」。但他臉上的表情似乎想讓我對自己的要求進行解釋。事實上，透過閱讀一系列單字，別人複雜的想法可能會傳達給我們，這對我的孩子們來說是未來的一個美麗的勝利，一個驚喜和快樂的新來源。

書籍訴諸於邏輯語言，而不是語言的機制。在孩子能夠理解和欣賞一本書之前，必須在他身上建立起邏輯語言。在知道如何讀一本書的單字和讀懂它的意思之間，在知道如何讀一個單字和如何演講之間存在著同樣的距離。於是，我停止了讀書，等待著。

一天，在一段自由交談的時間裡，四個孩子同時站起來，臉上洋溢著喜悅的表情，跑到黑板前，按以下順序寫下了幾句話：

「哦，我們的花園開花了，我們真高興」。這對我來說是一個巨大的驚喜，我深深地感動了。這些孩子自然而然地開始寫作，就像他們自然而然地寫下第一個單字一樣。

機械準備是一樣的，這種現象是合乎邏輯地發展起來的。當時機成熟時，邏輯清晰的語言在書面語言中爆發。

我知道我們可以開始讀短語了。我求助於孩子們所用的方法，我在黑板上寫下：「你們愛我嗎」？孩子們慢慢地大聲念著，沉默了一會兒，彷彿在思考，然後大叫：「是的！是的」！我繼續寫著：「那就安靜下來，看著我」。他們大聲念著，幾乎是在喊叫，但還沒唸完，一片肅穆的寂靜就開始了，孩子們安靜地坐著，只能聽到挪動椅子的聲音。就這樣，我和他們開始用書面語言進行交流，這件事引起了孩子們的極大興趣。漸漸地，他們發現了文字傳遞思想的偉大品質。每當我開始寫字的時候，他們都急切地想明白我一言不發表達出來的意思。

的確，書面語言不需要口語。只有當它完全脫離口語時，才能理解它的偉大之處。

在閱讀入門之後，孩子們非常喜歡下面的遊戲。在一些卡片上，我寫了一些長句，描述孩子們要做的某些動作；例如，「關上百葉窗；打開前門；然後稍等片刻，按最初的樣子安排事情」。「非常有禮貌地請你的八個同伴離開椅子，在房間中央排成兩隊，然後讓他們踮著腳尖前後移動，不要出聲」。「問問你那三個唱得很好的老同伴，他們是否願意走進房間中央，排成一排，和你一起唱一首你選的歌」。諸如此類。我一寫完，孩子們就抓起卡片，把它們帶到座位上，全神貫注地自發地讀著，全都在絕對的寂靜中。

我問：「你明白嗎」？「是的」！我說，「那就照卡片上說的做吧」！很高興看到孩子們迅速而準確地按照所選擇的動作做。一個偉大的活動，

第十七章　教育法及相關教具的詳細說明

一種新的運動，在房間裡誕生了。有的人把百葉窗關上，然後再打開；有的人讓同伴踮著腳尖跑，有的唱歌；有的人在黑板上寫字，有的從櫥櫃裡拿東西。驚奇和好奇引起了一片寂靜，這一課引起了孩子們最強烈的興趣。似乎有一種魔力從我身上散發出來，刺激著一種前所未有的活動。這種神奇的語言是書面語言，是人類最偉大的文明。

孩子們深刻地理解了它的重要性！當我出去時，他們聚集在我周圍表示感謝和愛意，說：「謝謝您！謝謝您！謝謝您的課」！

這已成為最受歡迎的遊戲之一：我們首先建立全然的寂靜，然後提出一個放著摺疊紙條的籃子，每個紙條上面寫著描述一個行動的長句。所有懂得閱讀的孩子都可以抽出一張紙條，在心裡讀一、兩遍，直到他們確定自己明白為止。然後，他們把紙條交還給指導者，並著手實施行動。由於許多這樣的行動需要其他不知道如何閱讀的孩子的幫助，由於他們中的許多人需要處理和使用材料，大家在奇妙的秩序中忙碌起來，只有小腳輕輕奔跑的聲音和孩子們唱歌的聲音會打破寂靜。這是一個意外的啟示，完美的自發紀律。

經驗告訴我們，寫字必須先於邏輯閱讀，正如寫字先於閱讀一樣。它還表明，如果是教孩子接受一個想法，閱讀應該是心理的，而不是口頭的。

大聲朗讀意味著運用語言的兩種形式，即口頭和書面，因此是一項複雜的任務。眾所周知，一個成年人要在公共場合讀一篇論文，他是透過讓自己掌握文章的內容來為之做準備的。大聲朗讀是最困難的智力活動之一。因此，如果我們希望孩子在閱讀時理解文章的思想，就應該讓他們在心裡默讀。當書面語言上升到對邏輯思維的解釋時，它必須與口頭語言隔離開來。事實上，它代表了在遠處傳遞思想的語言，此時感覺和肌肉機制並不運作。它是一種精神上的語言，使所有懂得閱讀的人都能相互交流。

> Vogliamo augurare
> la buona Pasqua all'in=
> gegnere Edoardo Talamo
> e alla principessa Maria?
> Diremo che conducano
> qui i loro bei bambini.
> Lasciate fare a me:
> Scriverò io per tutti
> 7 Aprile 1909.

五歲小孩用鋼筆寫字的例子。縮小四分之一。
翻譯：「我們祝願土木工程師愛德華·塔拉莫和瑪麗亞公主度過一個快樂的復活節。我們會邀請他們把漂亮的孩子帶到這裡來。交給我吧：我會為所有人寫字。1909年4月7日。」

■ 「兒童之家」的教育所達到的水準 ■

「兒童之家」的教育已經到達了很高的水準，因此做為一個合乎邏輯的結果，整個小學必須改變。如何對小學低年級進行改革，按照我們的方法逐漸推廣，這是一個無法在這裡討論的大問題。我只能說，我們的幼兒教育將徹底替代小學一年級，因為囊括了一年級的教學內容。

未來進入小學的孩子，應該像我們的孩子那樣懂得讀寫，懂得照顧自

第十七章　教育法及相關教具的詳細說明

己,懂得穿脫衣服、自己盥洗,擁有良好的行為,遵循禮貌的規則,他們高度自律,透過自由發展並成為自己的主人。孩子們除了完全掌握口頭語言外,還具備基本的閱讀書面語言的能力,並開始征服邏輯語言。

這些孩子發音清晰,寫字有力,動作優美。他們從小生長在對美學的崇拜中,擁有最真摯的人性,他們是對環境有智慧和耐心的觀察者,以知識自由的形式擁有自發推理的力量。

對於這樣的孩子,我們應該找到一所值得接納他們並引導他們走上人生和文明道路的小學,一所忠於同樣重視塑造孩子人格的教育原則的學校,尊重孩子的自由,尊重他自發的表現。

第十八章
兒童期的語言

第十八章　兒童期的語言

書面語言的重要性

　　書面語言由聽寫和閱讀構成，包含完整機制（聽覺通道、中樞通道、運動通道）的口頭語言，並且按照我的教學法所促進的發展方式，基本上是建立在口頭語言基礎上的。

　　因此，可以從兩個角度來考慮書面語言：

1. 一種具有顯著社會重要性的新語言，它被增加到自然人的口頭語言中。這就是通常賦予書面語言的文化意義，因此，在學校裡教授這種語言，並不考慮它與口語的關係，而只是為了向社會人提供他與同伴關係中的必要工具。
2. 書面語言和口頭語言之間的關係，以及在這種關係中，最終利用書面語言來完善口語的可能性。這是一種新的想法，我希望堅持這個想法，並賦予書面語言生理上的重要性。

　　此外，由於口語既然是人類的一種自然功能，又是為社會目的而使用的一種工具，因此書面語言在其形成過程中，可以被視為神經系統中建立的新機制的有機整體，也可以被視為用於社會目的的一種工具。

　　簡言之，書面語言不僅具有生理上的重要性，而且還有一個獨立於它以後將要發揮的高級功能的發展期。

　　在我看來，書面語言一開始就困難重重，這不僅是因為它一直以來都是用非理性的方法來教授的，而且是因為我們試圖讓它一經習得之後就被期待能很快的表現出來。在一個文明的民族裡，經過幾個世紀的不斷完善，書面語言才被固定下來。

　　想想我們使用的方法有多不合理！我們分析了圖形符號，而不是產生字母符號所必需的生理行為。這並沒有考慮到，任何圖形符號都很難實現，因為符號的視覺表現與產生它們所必需的運動表現沒有必然連

繫。例如，單字的聽覺表徵與口頭語言的運動機制有關。因此，除非我們在符號的視覺表現之前已經確定了運動，否則激發刺激性運動動作，是一件困難的事情。要激發一種產生運動的活動是一件困難的事，除非這種運動以前是透過實踐和習慣的力量建立起來的。

例如，我們把寫字分析為小直線和小曲線，向孩子呈現了一個沒有意義的符號，因此他不感興趣，而且這種呈現不能決定一種自發的運動衝動。因此，這種人為的行為構成了一種意志的努力，這種努力使孩子迅速精疲力竭，表現為厭倦和痛苦。除了這一努力之外，還需要同時建立肌肉連繫，協調握持和操縱寫字工具所需的動作。

各種壓抑的情緒伴隨著這些努力，並導致了不完美和錯誤的符號，教師必須對此糾正，並且不斷的批評讓孩子更加沮喪。因此，當孩子被催促去努力學習時，教師的要求與糾正是壓抑，而不是恢復了他的精神力量。

儘管遵循了這樣一個錯誤的過程，在痛苦中學習的書面語言仍然是立即被用於社會目的。書面語言仍然不完善和不成熟，被用來服務於語言的句法結構，以及高級精神中樞的理想表達。我們必須記住，口語在本質上是逐漸形成的。當高級精神中樞在庫斯穆爾（Kussmaul）所說的口述中，以表達複雜思想所必須的語法結構，即用邏輯思維的語言使用這些詞彙時，口語已經在詞彙中建立起來了。

簡言之，語言的機制是高級心理活動的必要前提，而高級心理活動將會使用語言的。

語言發展的兩個階段

語言的發展有兩個階段：準備神經通道和中樞機制，使感覺通道與運動通道相連繫的低階階段；由高級心理活動決定的高級階段，高級心

第十八章　兒童期的語言

理活動透過預先形成的語言機制被外在化。

因此，例如，在庫斯穆爾提出的關於口頭語言機制的方案中，我們首先必須區分一種大腦的不穩定弧（代表單字的純機制），它建立在口語的第一種形式中。E 代表耳朵，T 代表語言的運動器官，作為一個整體，這裡用舌頭（tongue）表示，A 是語言的聽覺中樞，M 是運動中樞。EA 和 MT 通道為周邊通道，前者為向心通道，後者為離心通道，AM 通道為中間連繫通道。

單字的聽覺意象所在的中心 A 可以再次細分為下圖三個部分：聲音（So）、音節（Sy）和單字（W）。

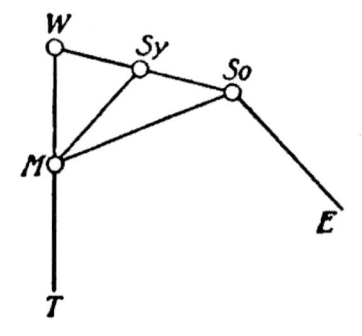

語言的病理學似乎證實，在某些形式的中樞感覺障礙中，患者只能發出聲音，或者最多只能發出聲音和音節。

小孩子一開始也對簡單的語言聲音特別敏感，他們的母親可以用這些聲音吸引他們的注意力，s 這個聲音對孩子有特別的吸引力；而後來孩子對音節也很敏感，母親撫摸他，說：「ba、ba、punf、tuf！」

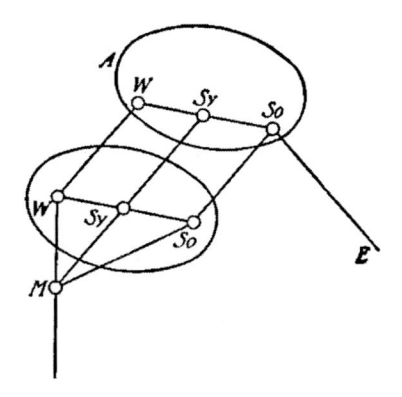

最後是一個簡單的詞，在大多數情況下是雙音節的，會吸引孩子的注意力。

但是對於運動中樞來說，同樣的事情也可以重複；孩子在開始時發出簡單或雙重的聲音，例如 bl，gl，ch，這種表達讓媽媽們樂壞了；然後孩子開始發出明顯的音節：ga，ba；最後是雙音節單字，通常是 ma-ma。

當孩子說出單字來表示一個想法時，他就開始了口語。例如，當看到他的母親並認出她時，他說「媽媽」；當看到一條狗時，他說「狗」；當想吃東西時，他說：「爸爸」。

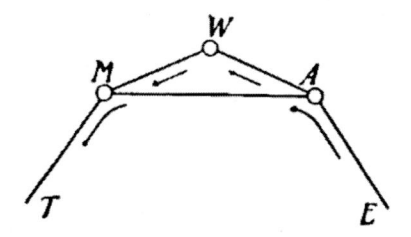

因此，我們認為語言是從建立了與知覺的關係時開始的；而語言就其心理運動機制而言，它本身仍然是非常初級的。

也就是說，當在語言的機械形成仍然是無意識的反射弧之上時，單字的辨識發生了，也就是說，單字被感知並與它所代表的對象相連繫，語言被認為已經開始了。

第十八章　兒童期的語言

　　在這個層次上，發展到後期，當聽力更好地感知單字的組成音時，語言繼續按比例完善的過程，心理運動通道對發音的滲透性更強。

　　這是口語的第一個階段，它有自己的開始和發展，透過感知，引導語言本身原始機制的完善；在這個階段，口頭語言得以建立，這將是成年人以後可以支配表達自己思想的手段，而口頭語言一旦建立起來，成年人就很難加以改善或糾正：事實上，文化的高級階段有時伴隨著一種不完美的口頭語言，這種語言妨礙了一個人思想的審美表達。

　　口頭語言的發展發生在兩歲到七歲之間：一個感知的年齡。在這個年齡層裡，孩子的注意力會自然而然地轉向外部物體，記憶力特別強。這也是能動性的年齡，在這個階段，所有的精神運動通道都變得通透，肌肉機制建立起來。在生命的這段時間裡，透過聽覺通道和口語運動通道之間的神祕連繫，聽覺感知似乎有直接的力量來激發複雜的發音動作，這些動作是在這些刺激之後本能地發展起來的，就像從沉睡中醒來一樣。眾所周知，只有到了這個年齡，才有可能獲得一種語言的所有特徵性變化，而這種變化在以後試圖建立起來是徒勞的。母語發音很好，因為它建立在兒童時期；而學習說一門新語言的成年人，必定會把外國人語言中特有的缺陷帶到語言中去：只有 7 歲以下的孩子同時學習幾種語言，才能接受和再現所有的口音和發音特點。

　　因此，兒童時期獲得的缺陷，如方言或壞習慣造成的缺陷，到了成人期也無法磨滅。

　　後來發展起來的高級語言，口述，不再起源於語言的機制，而是利用機械語言的智力發展。當口頭語言透過其機制的運用而發展，並透過感知而豐富時，口述隨著句法的發展而發展，並透過知識文化而豐富。回到語言的框架，我們看到，在定義低階語言的弧線之上，建立了 D —— 口述，從這個口述中產生了言語的運動衝動，這個運動衝動被建

立為適合表現智者思想的口語，這種語言會隨著知識文化的發展而逐漸豐富，透過語法的研究而不斷完善。

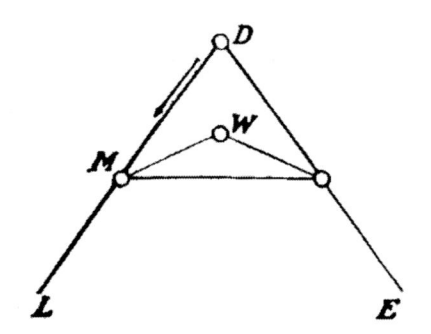

迄今為止，由於一種先入為主的觀念，人們認為書面語言只應進入口述的發展，做為獲得文化和允許語法分析和語言結構的適當手段。自從「口頭語言有翅膀」以來，人們已經承認知識文化只能藉助於一種穩定的、客觀的、能夠被分析的語言，如書面語言。

但是，我們承認書面語言是一種寶貴的，甚至是不可或缺的智力教育工具，因為它固定了人們的思想，允許他們在書中被分析和的吸收，而並且他們仍然是不可磨滅的文字記憶，我們可以藉此分析語言的句法結構。那麼，為什麼我們不承認它在更簡單的任務中是有用的呢？那就是固定代表感知的單字，分析組成它們的聲音？

在教學偏見的驅使下，我們無法將書面語言的概念與迄今為止我們使其完全發揮作用的功能的概念區分開來；而且在我們看來，向仍處於簡單認知和能動性年齡的兒童教授這種語言，從心理和教育角度看都是一種嚴重的錯誤。

但讓我們擺脫這種偏見，重新審視書面語言本身，重構其心理生理機制。它比口頭語言的心理生理機制要簡單得多，而且更容易直接接受教育。

第十八章　兒童期的語言

　　寫字是一件簡單得令人吃驚的事。因為讓我們來考慮聽寫：我們可以用口語做一個完美的類比，因為運動神經行為必須與聽覺相符。可以肯定的是，在這裡，聽覺言語和口頭語言之間並不存在神祕的關係；但是寫字的動作遠比口頭語言所需要的動作簡單，而且是由大肌肉來完成的，所有的肌肉都是外部的，我們可以直接在上面活動，使運動通道通透，建立心理肌肉機制。

　　這確實是我的方法所做的，它直接為動作做準備；因此，所聽到言語的心理運動衝動找到了已經建立的運動通道，並在寫字行為中爆發性地表現出來。

　　真正的困難在於對圖形符號的解釋；但我們必須記住，兒童正處於感知的年齡，在這個階段，感覺、記憶以及原始聯想正是參與了自然發展的特徵性過程。此外，我們的孩子已經準備好透過各種感官的練習，透過有條理的想法和心理聯想來感知圖形符號；類似於感知想法的遺產，在發展過程中為語言提供了材料。能認出三角形並稱之為三角形的孩子，能認出字母 s 並發出 s 的聲音。這是顯而易見的。

　　讓我們不要談論過早的教學；讓我們擺脫偏見，讓我們訴諸於經驗，這表明在現實中，孩子們不費吹灰之力，更不用說帶著明顯的愉悅來辨識作為物體呈現的圖形符號。

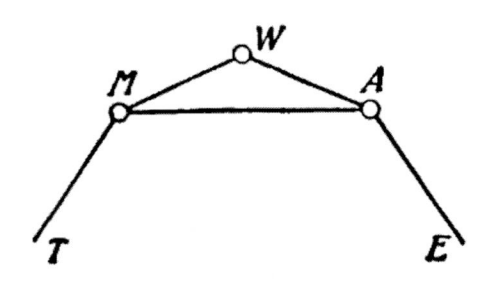

言語分析的必要性

在這個前提下，讓我們來考慮兩種語言機制之間的關係。

根據我們的計畫，三、四歲的孩子早就開始說口頭語言了。但他正處於一個口頭語言表達機制不斷完善的時期，與此同時，他獲得語言內容和感知。

孩子可能沒有完全聽懂他所說的話的所有組成部分，如果他聽懂了，也有可能發音不好，因此留下了錯誤的聽覺知覺。在容易適應運動的年齡過去之前，透過練習口頭語言的運動通道，兒童應該準確地建立完美發音所需的運動，否則錯誤的機制將被固定，缺陷變得不可治癒。

為此，有必要對言語進行分析。當我們希望完善語言時，我們首先從作文開始，然後進入語法學習；當我們希望讓他們的語言形式得到完善，我們首先教學生用語法寫作，然後進行寫作形式分析。因此，當我們希望完善言語時，首先需要言語存在，然後才能恰當地進行分析。因此，當孩子開始說話，應該在語言發展完成，機制已經固定下來之前，對言語進行分析，以期完善它。

現在，語法和修辭在口語中是不可能出現的，而需要藉助於書面語言，因為書面語言總是把話語放在眼前進行分析，言語也是如此。

瞬態分析是不可能的。

語言必須具體化並保持穩定。因此有必要使用文字或圖形符號來表示。

在我寫字方法的第三個階段，也就是言語合成，包括對單字的分析，不僅是對符號的分析，而且是對成分音的分析，符號代表了它的翻譯。也就是說，孩子把聽過的單字，也就是他完整接收到、並且了解其含義的單字，分成聲音和音節。

第十八章 兒童期的語言

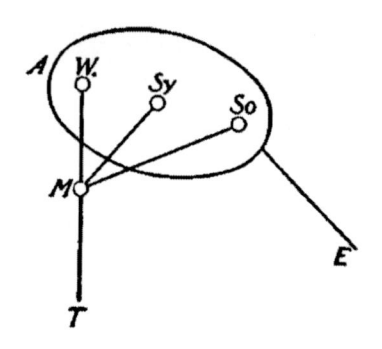

讓我提醒大家注意下面的圖表，它代表了寫作和演講兩種機制的相互關係。

而在口語的發展過程中，組成詞的聲音可能會被不完全地感知到，在圖形符號的教學中，相應地對於聲音（教學就是給孩子一個砂紙字母，給它一個明確的命名，讓孩子看得見摸得著），不僅對聽覺的感知被清楚地固定，而且這種感知與另外兩種感知相關聯：對書面符號的中心運動感知和中心視覺感知。

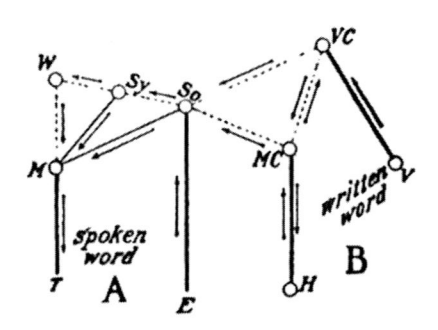

口頭語言　書面語言

外圍通道用粗線表示，中心通道用虛線表示，與聽覺的發展有關的通道用細線表示。E 耳朵；So 聽覺中樞；Sy 音節聽覺中樞；W 單字聽覺中樞；M 發音運動中樞；T 發音器官（舌）；H 寫字器官（手）；MC 寫字運動中樞；VC 圖形符號視覺中樞；V 視覺器官。

VC、MC、So 構成的三角形代表了三種感覺與言語分析的連繫。

當字母被呈現給孩子，讓他觸摸並看到它，同時被命名時，向心通道 E-So、H，MC，So 和 V，VC，So 發揮作用。當讓孩子單獨或伴隨著

一個母音給字母命名時，外部刺激在 V 中發揮作用，並透過 VC，So，M，T 和 V，VC，So，Sy，M，T。

當透過圖形符號中的視覺刺激這些聯結通道建立起來時，相應的口頭語言的運動就被激發，就可以對其缺陷一一進行研究。透過維持引起發音的圖形符號的視覺刺激，並伴隨著教師發出的相應聲音的聽覺刺激，他們的發音可以得到完善。這種發音是透過與所聽到的語音相關的先天條件來實現的。也就是說，在視覺刺激引起的發音過程中，在語言器官相對運動的重複過程中，聽覺刺激被引入到練習中，有助於完善構成口語的孤立音或音節音的發音。

後來，孩子在聽寫的情況下寫字，將語音翻譯成符號，他將聽到的言語分析成語音，透過相應的肌肉感覺已經可以滲透的通道將其翻譯成書面語言動作。

教育缺失會導致語言缺陷

語言的缺陷和不完善一部分是由於器官的原因，包括神經系統的畸形或病理改變，但一部分是與語言形成時期獲得的功能缺陷有關，包括口語成分發音的不穩定。這樣的錯誤是因為孩子聽到發音不全的單字，或者聽到不規範的言語。方言口音也屬於這一類，但也有一些惡習使兒童在童年時口頭語言的固有缺陷持續存在，或透過模仿兒童時期周圍的人所特有的語言缺陷，而引起兒童的這些缺陷。

兒童語言的正常缺陷，是由於口頭語言器官的複雜肌肉機構尚未發揮良好的功能，因而無法再現某種先天運動的感覺刺激的聲音。發音所必需的動作聯結是一點一點建立起來的。結果就是單字的發音不完善或者不完整，因此單字也是不完整的。組成的語言，而這些單字往往是不

第十八章　兒童期的語言

完整的。這些缺陷被歸因為「口齒不清」，尤其是由於孩子還不能控制舌頭的運動。它們主要包括：s、r、l、g發音困難、喉音缺陷、口吃等，普雷耶等人認為，口吃還包括抑制單字的第一個音。

有些發音上的缺陷，涉及到母音的發音以及子音的發音，是由於這個事實，即孩子完美複製的聲音無法被完美地聽到。

因此，在第一種情況下，這是由於周圍運動器官和神經通道的功能不足，原因在於個人；而在第二種情況下，錯誤是由聽覺刺激引起的，原因在於外界。

這些缺陷在男孩和成人身上往往持續存在，儘管減弱了，但最終會產生一種錯誤的語言，這種語言後來會在拼寫時出現錯誤，例如方言導致的拼寫錯誤。

如果一個人考慮到人類語言的魅力，他必然會承認一個沒有掌握正確口語的人低人一等，而沒有完善清晰的語言，教育中的審美是無法想像的。雖然希臘人把語言教育的藝術傳到了羅馬，但這種實踐並沒有被人文主義所恢復，人文主義更注重環境的審美和藝術作品的復興，而不是人的完善。

今天，我們才剛剛開始用教學方法糾正語言的嚴重缺陷，如口吃的實踐，但進行語言鍛鍊以讓語言趨於完美的思想還沒有做為一種普遍的方法，做為人類審美完善的偉大作品的一個細節，滲透到我們學校。

如今，一些聾啞教師和聰慧的正音愛好者正試圖在小學推行各種形式的正音，但統計研究顯示收效甚微，這種語言缺陷在學生中普遍存在。這些練習基本上是透過靜默療法來獲得語言器官的平靜和休息，以及耐心地重複單獨的母音和子音；在這些練習中還增加了呼吸訓練。這裡無法詳細描述這些練習方法，這些練習時間長而緩慢，與學校的教學很不協調。但在我的方法中，可以發現所有的語言矯正練習：

1. 靜默練習，它使語言的神經通道能夠完美地接受新的刺激；
2. 發音課程。首先由教師對幾個單字（特別是必須與具體概念相連繫的名詞）進行清晰發音，透過這種方式，語言的清晰和完美的聽覺刺激開始了。當孩子構思出單字所代表的物體概念（對物體的辨識）時，教師會重複這些刺激。最後，孩子必須大聲重複這個單字，發出它的每個單獨的聲音；
3. 書面語言練習。這個練習中，對語音進行分析，並使其以幾種方式分別重複。當孩子學習字母表中的獨立字母時，當他構成或寫下單字時，重複他們的聲音，他把這些聲音分別翻譯成合成的或書面的言語。
4. 體操練習。如我們所見，包括呼吸練習和發音練習。

我相信，在未來的學校裡，「在小學裡糾正」語言缺陷這種觀念將會消失，取而代之的是更為理性的觀念，即透過關心幼兒時期的語言發展來避免語言的缺陷，因為語言發展正是在這個時期確立的。

第十八章　兒童期的語言

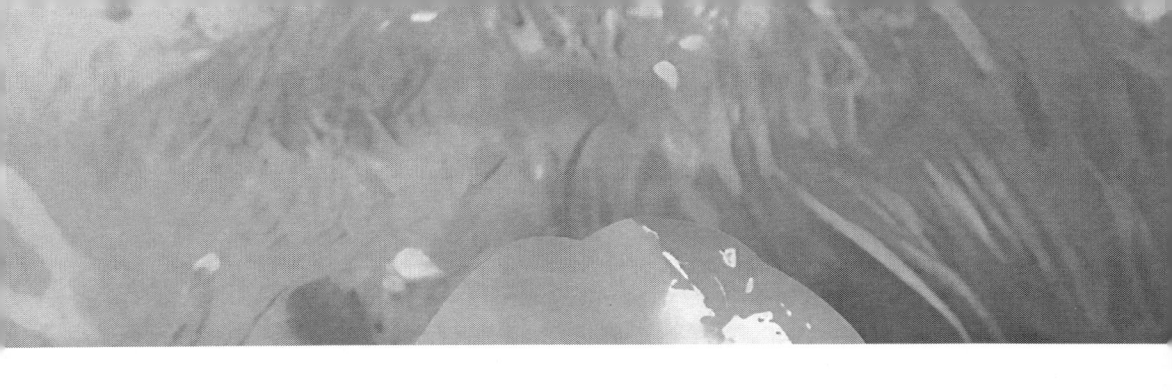

第十九章
數字教學：算術入門

第十九章　數字教學：算術入門

三歲的孩子在進入我們學校時已經知道如何數到二或者三了。因此，他們很容易在數物品的過程中學會數字。可能有十幾種不同的方法，日常生活中也有很多機會，例如，母親會說：「你的圍裙少了兩個釦子」，或「我們需要在桌上再放三個盤子」。

我首先使用的方法之一就是數錢。我用嶄新的錢，如果可能的話，我應該用硬紙板做一些好的複製品。我在倫敦的一所貧民學校見過這樣的錢。

零錢是一種吸引孩子注意力的教學方式。我給孩子們看一、二、四個生丁（法國貨幣），孩子們用這種方法學會數到十。

沒有一種教學形式比讓孩子們熟悉常用的硬幣更為實用，也沒有一種練習比換硬幣更有用。它與日常生活息息相關，使所有的孩子都非常感興趣。

在以這種經驗主義的方式教過數字之後，我轉向更系統性的練習，把一套已經用於感覺訓練的積木作為教學材料，也就是說，迄今為止用於長度教學的十根木棒。這些木棒中最短的相當於十公分，最長的相當於一公尺，而中間的木棒被分成一分米（十公分）長的小段，交替塗成紅色和藍色。

有一天，當一個孩子整理好木棒，按照長度的順序排列，我們讓他數一數紅色和藍色的圖案，從最短的那根開始，即一；一、二；一、二、三等，每根木棒的計數總是回到一，從 A 側開始。然後我們讓他觸摸著 B 側，按照他們含有小段的數量，給從最短到最長的每根木棒命名，在 B 側小段的數量是逐漸上升的。這與我們前面數數的結果是相同的：1、2、3、4、5、6、7、8、9、10。為了知道棒的數量，我們從 A 邊開始數，得到相同的數字：1，2，3，4，5，6，7，8，9，10。三者的對應關係使孩子驗證了自己的知識，當這個練習使他感興趣時，他會重複很多次。

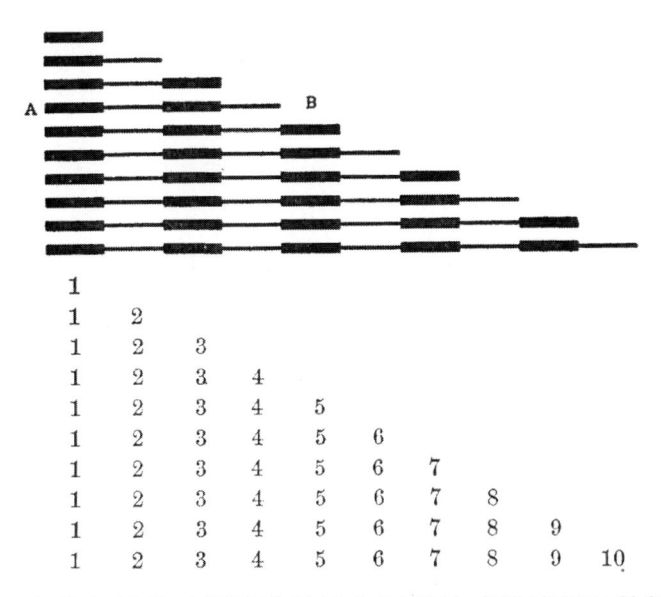

```
      A                    B
```

```
1
1  2
1  2  3
1  2  3  4
1  2  3  4  5
1  2  3  4  5  6
1  2  3  4  5  6  7
1  2  3  4  5  6  7  8
1  2  3  4  5  6  7  8  9
1  2  3  4  5  6  7  8  9  10
```

我們現在將之前孩子們辨識長棒和短棒的感覺練習和數數練習結合起來。指導者在地毯上打亂幾根木棒，挑了一根給孩子看，讓他數有幾節，例如 5 節。然後她讓他拿給她下一個長度的木棒。他用眼睛挑選，指導者讓他把這兩根木棒並排擺放，並數一數它們的小節，以此來驗證他的選擇。這樣的練習可以多種多樣地重複，透過這些練習，孩子們可以學會為長階梯上的每一個部分指定一個特定的名稱。我們現在可以把它們稱為第一件、第二件等等，最後，為了簡潔起見，我們可以在課上把它們稱為一、二、三等。

以圖形符號呈現數字

在這一點上，如果孩子已經知道如何寫，我們可以呈現用砂紙製作和安裝在卡片上的數字。在呈現這些內容時，方法與字母教學中使用的方法相同。「這是一」。「這是二」。「把一給我」。「把二給我」。「這是數字幾」？孩子用手指描數字，就像在字母練習中一樣。

第十九章　數字教學：算術入門

數字練習。圖形符號與數量的關聯。

我設計了兩個托盤，每個托盤分成五個小隔間。在每個隔間的後面可以放一張印有數字的卡片。第一個紙盤中的數字應該是0、1、2、3、4，第二個紙盤中的數字應該是5、6、7、8、9。

這個練習是淺顯易懂的，我們在隔間內放置一些與隔間後面卡片上所示的數字相對應的物體。我們給孩子們各式各樣的東西，讓課程多樣化，但主要是利用大木釘，它們不會從桌子上滾下來。我們在孩子面前放了一些這樣的東西，孩子的任務是把這些東西放在他們的位置上，一個木釘對應於標有一的卡片，以此類推。當他完成後，他把托盤拿給指導者，讓她驗證他的工作。

零的課程。我們等待著，直到孩子指著裝有標示為零的卡片隔間問：「我必須在這裡放什麼呢」？然後我們回答說，「什麼都沒有；零就是什麼都沒有」。但通常這是不夠的。有必要讓孩子感受到我們所說的沒有。為此，我們利用小遊戲來極大地娛樂孩子們。我站在他們中間，轉向其中一個已經用過這種材料的人，我說，「來吧，親愛的，來我這裡零次」。孩子幾乎總是來找我，然後跑回他的地方。但是，我的孩子，你來過一次，我告訴過你是零次」。然後他開始懷疑那我該怎麼辦呢」？什麼都沒有；零就是什麼都沒有」。「但我怎麼能什麼都不做呢」？「什麼都不要做。你必須坐著別動。你絕對不能來，任何時候都不能來。零次」。我重複這些練習，直到孩子們聽懂為止，當我叫他們來找我零次，或者給我零個吻的時候，他們會非常高興地保持安靜。他們自己也經常大叫，「零就是什麼都沒有！零就是什麼都沒有」！

數字記憶練習

當孩子們認出寫出的數字並且理解這個數字表示的數值時,我給他們做以下練習:

我把舊日曆上的數字剪下來,貼在紙條上,然後摺疊起來,放進盒子裡。孩子們拿出紙條,把它們摺疊起來,帶到座位上,看完以後把它們重新摺疊起來,保守祕密。然後,這些孩子一個接一個或者成組地(他們自然是班上年齡最大的孩子)走到指導者的大桌子前,那裡放著一組組各式各樣的小東西。每個人都選擇與他畫的數字相對應的數量。與此同時,這個數字被留在了孩子的座位上,在一張神祕地摺疊起來的紙條上。因此,孩子不僅要在來來往往的動作中記住自己的數字,而且要在拿取東西的時候,一件件地數。在這裡,指導者可以對數字記憶進行有趣的個人觀察。

當孩子拿好他的東西後,他會把它們放在自己的桌子上,排成兩列,如果數字不是偶數,他會把奇數塊放在最後兩個物體尾部的中間位置。因此,這些物體的排列方式如下:

```
o    o    o    o    o    o    o    o    o    o
x    xx   xx   xx   xx   xx   xx   xx   xx   xx
          x    xx   xx   xx   xx   xx   xx   xx
                    x    xx   xx   xx   xx   xx
                              x    xx   xx   xx
                                        x    xx
```

叉代表物體,圓圈代表包含寫有數字的摺疊紙條。孩子擺好東西後,等待著驗證。指導者來了,開啟紙條,讀出數字,數物體的數量。

當我們第一次玩這個遊戲的時候,經常會發生這樣的事情:孩子們拿的東西比紙條上要求的要多,這並不是因為他們不記得數字,而是因

第十九章　數字教學：算術入門

為他們狂熱地想要擁有最多的東西。一點點本能的貪婪，這是原始本性和未受教育的人所共有的。指導者試圖向孩子們解釋說，把所有這些東西放在桌子上是沒有用的，而遊戲的重點在於拿取確切數量的物品。

他們一點點地接受了這個想法，但並不像人們想像的那麼容易。這是一種真正的自我否定的努力，它使孩子控制自己在規定的限度內，並且在看到其他人拿更多物品時，他只能拿兩個。因此，我認為這個遊戲更多的是意志力的運用，而不是數數。一個拿到零的孩子，當他看到所有的同伴都站起來，自由地拿走他無法接近的東西時，他不應該離開自己的位置。很多時候，一個孩子懂得如何完美地數數，他會很高興地把一組精美的物品按正確的順序放在桌子上，並滿懷信心地等待老師的考核，但是他卻剛好拿到了零。

最有趣的是研究那些拿到零的孩子臉上的表情。由此產生的個體差異，幾乎是每個個體「性格」的一種揭示。有些孩子保持冷漠，拿出滿不在乎的姿態，以掩蓋失望的痛苦，另一些孩子則不由自主地流露出這種失望。還有一些孩子因為自己奇特的境遇而無法掩飾地微笑，這讓夥伴們感到好奇。有些孩子會帶著一種渴望而近乎嫉妒的神情，注視著同伴的一舉一動，而有些孩子則會立即接受這種情況。同樣有趣的是，當在驗證過程中被問到「那你呢，你什麼東西都沒取」？時，他們會說「我拿到了零」。「我拿到的數字是零」。這些話都平淡無奇，但豐富的面部表情和各種聲調，顯示出千差萬別的情感。事實上，很少有孩子能愉快地解釋這個非同尋常的事實。更多的孩子要麼看起來悶悶不樂，要麼只能勉強接受。

因此，我們告訴孩子們遊戲的意義所在，說：「保守零的祕密是很難的。把紙折緊，別讓它溜走。這是所有事情裡面最難的」。的確，過了一段時間，孩子們被保持安靜的困難所吸引，當他們最後開啟標有 0 的紙條時，可以看出他們對自己能夠保守祕密很滿意。

從 1 到 20 的加減乘除

我們用來教第一次算術運算的教學材料和數數的相同,即按一公尺的刻度由短到長的木棒,包含了十進位制的初次概念。

正如我所說的,這些木棒是用它們所代表的數字來命名的,一、二、三等等,它們是按長度排列的,也是按數字排列的。

第一個練習是試著把較短的木棒放在一起形成十。最簡單的方法是依次從一根上取最短的木棒,放到下面相應的長棒末端。同時可以說:「取一加九,取二加八,取三加七,取四加六。」這樣,我們就有了四組等於十的木棒。還有五,但是,把它的頭轉過來,它從十的一端轉到另一端,進而清楚地表明了一個事實,二乘五等於十。

這些練習是重複的,一點一點地教孩子更專業的語言;九加一等於十,八加二等於十,七加三等於十,六加四等於十,剩下的五則是二乘五等於十。最後,如果他能寫字,我們就教他加號、等號和乘號。這就是我們在孩子們整潔的筆記本上看到的:

9+1=10

8+2=10

5×2=10

7+3=10

6+4=10

當孩子們都很好地學會了這些,並且把它們高興地寫在紙上時,我們就讓他們注意到,當把這些拼成十的木棒拆開,放回原來的位置時所做的工作。從最後形成的十中,我們拿走四,留下六;拿走三,留下七;拿走二,留下八;最後,我們拿走一,留下九。確切地說,十減四等於

第十九章　數字教學：算術入門

六；十減三等於七；十減二等於八；十減一等於九。

至於剩下的五，是十的一半，把長棍切成兩半，就是把十分成兩份，等於五，十除以二等於五。所有這些的書面記錄如下：

10-4=6

10-3=7

10÷2=5

10-2=8

10-1=9

一旦孩子們掌握了這個練習，他們就會自然而然地擴展這個練習。我們能用兩種方法組成三嗎？我們把一放在二後面，然後為了方便記錄，寫下 2+1=3。我們能讓兩根木棒組成四嗎？3+1=4，4-3=1，4-1=3。二和四的關係等同於五和十的關係，我們把二號棒反轉，表示兩倍的二就是四：4/2=2；2X2=4。另一個問題來了：讓我們看看有多少根木棒可以玩同樣的遊戲。三和六、四和八都可以，也就是說，

2×2=4　3×2=6　4×2=8　5×2=10

10÷2=5　8÷2=4　6÷2=3　4÷2=2

在這一點上，我們發現用立方體玩數字記憶遊戲是有幫助的：

從這個排列中，我們可以立刻看到哪些數字可以被二除 —— 那些底部沒有單個立方體的數字。這些是偶數，因為它們可以兩個兩個地成對

排列。二的除法很容易，只要把兩行分開就行了。數一下每一列立方體的數量，我們就得到了商。為了重新組合原始數，我們只需要重新組合兩個佇列，因此 2X3=6。所有這些對五歲的孩子來說並不難。

重複很快就會變得單調，但我們很容易對練習進行改變，再拿一套長棒，而不是把一號棒放在九後，而是把它放在十後。同樣地，把二放在九後面，三放在八後面。用這種方法，我們要使木棒的長度超過十；我們要學會把木棒的長度命名為十一、十二、十三等等，直到二十根為止。小立方體，也可以用來確定這些更高的數值。

我們學會了十以下的操作，繼續到二十是毫無困難的。唯一的困難在於十進位元制數，這需要一定的課程。

十進位制課程：10 以上的運算

必要的教學材料包括一些方形卡片，上面用大號印刷數字十，以及一些長方形卡片，大小為正方形的一半，包含從 1 到 9 的單個數字。我們把數字排成一行：1，2，3，4，5，6，7，8，9，10。然後，我們再次從 1 開始。這個 1 就像一組木棒中的那一部分，在 10 號棒中，延伸到 9 號棒以外。沿著階梯一直數到九，仍然有一段，因為沒有更多的數字，我們再次指定為 1；但這是一個比第一個高的 1，為了區別於第一個，我們在它附近放了一個零，一個沒有任何意義的符號。這是 10。用單獨的長方形數字卡按順序覆蓋零，我們看到它們形成了：11，12，13，14，15，16，17，18，19。這些數字是加在 10 號棒上，先加 1 號棒，再加 2 號棒，再加 3 號棒，以此類推，直到我們最後把 9 號棒加在 10 號棒上，這樣就得到了一個很長的木棒，數一下紅色和藍色相間的小節，我們得到了 19。

第十九章　數字教學：算術入門

然後指導者可以給孩子看卡片，上面寫著數字16，他可以把木棒6放在木棒10之後。然後，她拿走了帶6的卡片，把帶8的卡片放在零上，然後孩子拿走了木棒6，用木棒8代替，這樣就得到了18。每一個動作都可以這樣記錄：10+6=16；10+8=18 等等。我們用同樣的方法進行減法。當數字本身開始對孩子有一個明確的意義時，就在一張長卡片上進行組合，將帶有九個數字的長方形卡片排列在圖 A 和 B 所示的兩列數字上。

10	10	10
10	20	11
10	30	12
10	40	13
10	50	14
10	60	15
10	70	16
10	80	17
10	90	18
		19
		20

在卡片 A 上，我們疊加在第二個 10 的 0 上，長方形卡片上有 1，下面有 1，下面有 2，以此類推。因此，雖然十個數字中的一個保持不變，但右邊的數字從 0 到 9。

在卡片 B 中，使用更為複雜。這些卡片以十的數字級數疊加在一起。幾乎我們所有的孩子都數到 100，這個數字是對他們學習好奇心的回報。

我不認為這一階段的教學需要進一步的說明。每一位老師都可以在算術運算中用簡單的物體進行擴展的實際練習。

第二十章
練習的順序

第二十章　練習的順序

在實際應用教學法的過程中，了解先後提供給孩子的練習順序或各個系列是有幫助的。

在本書的第一版中，明確指出了每一個練習要循序漸進。但是在「兒童之家」中，我們同時開始了各式各樣的練習，並且在材料的整體準備中存在等級。自從本書首次出版以來，透過在「兒童之家」的經驗，已經可以明確界定這些等級了。

教具準備和練習的順序和等級

第一級

孩子剛剛入學時就可以做下列練習：

輕輕地移動椅子（生活實踐）。

系鞋帶、扣鈕扣等。

圓柱體（感覺練習）。

其中最有用的練習是插座圓柱體。孩子開始集中注意力。他做了第一次比較，第一次選擇，在其中他練習了判斷。因此他的智力得到鍛鍊。

在這些插座圓柱體的練習中，可以遵循以下從易到難的順序：

1. 圓柱體高度相同，直徑遞減。
2. 圓柱體的所有尺寸遞減。
3. 圓柱體只有高度降低。

第二級

生活實踐練習。安靜地站起來和坐下。走直線。

感覺練習。處理尺寸的材料。長樓梯。角柱,或大樓梯。立方體。

在這裡,孩子進行辨識尺寸的練習,就像他在圓柱體練習中那樣,但是有所不同。這些物體要大得多,因而差異比之前的練習要明顯得多,但在這裡,只有孩子的眼睛能辨識這些差異並控制錯誤。在前面的練習中,錯誤是透過教學材料本身物理條件特性向孩子們揭示出來的。除了自身按順序對應的那個空間外,孩子無法將對象放置其他的空間中,這就提供了這種控制。最後,在前面的練習中,孩子做的動作要簡單得多(坐著的時候,他用手把物品按順序擺放),而在這些新的練習中,他完成的動作顯然更複雜、更困難,而且他本身的肌肉力量也還很小。他從桌子上走到地毯上,站起來,跪下,搬運重物。

我們注意到,孩子們會分不清體積最大的兩件物體,在他學會正確排列其他物體之後,很長一段時間沒有意識到這樣的錯誤。事實上,這些物體之間的尺寸差距是相同的,但相對的差異隨著物體本身尺寸的增大而減小。例如,底部為 2 公分的小立方體的大小是底部為 1 公分的最小立方體的兩倍,而底部為 10 公分的最大立方體的大小與系列中相鄰立方體的底部(底部為 9 公分的立方體)相差不大。

因此,從理論上講,在這種練習中,我們應該從最小的一塊開始。事實上,我們可以用教體積和長度的材料來做到這一點。但我們不能用立方體來做,立方體必須被布置成一個小「塔」,這一列方塊的底部必須始終有一個最大的立方體。

孩子們首先被這座塔所吸引,很早就開始玩它了。因此,我們經常看到非常小的孩子在玩塔,高興地相信他們建造了它,他們不經意間用

第二十章 練習的順序

旁邊最大的立方體作為基礎。但是，當孩子重複這個練習，以一種確定的方式自動糾正自己的錯誤時，我們可以肯定，他的眼睛已經接受了訓練，能夠覺察出每一個物體之間的細微差別。

在三種不同尺寸的積木中，最大的積木各有 10 公分的差異，而在另外兩種積木中，長度的差異只有 1 公分。從理論上講，似乎應該首先使用大的積木來吸引注意並排除錯誤。然而，事實並非如此。孩子們被這組積木所吸引，但他們在使用積木時犯下的錯誤最多，只有在很長一段時間內消除了其他兩組積木的每一個錯誤之後，他們才能把長樓梯安排得完美。在教授維度的這個系列中，這可能會被認為是最困難的。

至此，孩子能夠帶著興趣把注意力集中在溫度感覺和觸覺刺激上。

因此在實踐中，感覺發展的程序與心理測量學在科學研究中所指出的理論程序並不一致。感覺發展也並不遵循生理學和解剖學在描述感覺器官的關係時所指出的進展。

事實上，觸覺是最原始的感覺，觸覺器官是最簡單、分布最廣的器官。但是很容易解釋為什麼我們並沒有第一個用觸覺來進行感官刺激的教學呈現，以吸引注意力。

因此，當注意力的訓練已經開始時，我們可以向孩子呈現粗糙和光滑的表面（在書中其他地方描述的某些溫度感覺練習之後）。

這些練習如果在適當的時候進行，孩子們會非常感興趣。要記住的是，這些遊戲是非常重要的，因為在它們的基礎上，結合我們後面介紹手的運動練習，我們教孩子學會了寫字。

連同上述兩個系列的感覺練習，我們可以開始「顏色配對」，即辨識兩種相同的顏色。這是色覺的第一次練習。

在這裡，也只有孩子的眼睛介入判斷，就像尺寸的練習一樣。第一

個色覺練習很容易，但如果孩子想饒有興趣地重複這個練習，他必須已經透過前面的練習獲得了一定程度的注意力訓練。

與此同時，孩子聽到了音樂，他沿著直線行走，同時指導者演奏著有節奏的進行曲。漸漸地，他學會了用某些動作自發地伴奏。這當然需要重複同樣的音樂。（為了獲得節奏感，重複同樣的練習是必要的，就像在處理自發活動的所有訓練一樣）。

靜默練習也被重複進行。

第三級

生活實踐練習。孩子們自己洗衣服，自己穿衣服和脫衣服，擦桌子，學習使用各種物品等。

感覺練習。我們現在向孩子介紹如何辨識刺激的不同層級（觸覺層次、色彩等），讓他自由地鍛鍊自己。

我們開始呈現聽覺刺激（聲音、噪音），以及壓力刺激（重量不同的小片）。

同時，針對層級，我們可以呈現平面幾何嵌板。這裡開始了手指跟隨嵌板輪廓運動的訓練。這項練習，連同同時進行的辨識分級觸覺刺激的練習，為寫字做好準備。

這一系列帶有幾何圖形的卡片，我們是在孩子完全辨認出木製嵌板中相同的圖形之後給他們的。這些卡片是準備寫下抽象符號的。孩子學會辨識形狀輪廓，並且所有前面的練習在他體內形成了有序和理解，它們可以被認為是他從感覺練習到寫字，從準備到實際進入教學的橋梁。

第二十章　練習的順序

第四級

生活實踐練習。孩子們擺放餐具，清理餐桌。他們學會整理房間。他們現在被教導自己進行清潔衛生工作（例如刷牙、清潔指甲等）。

透過線上有節奏的練習，他們學會了以完美的自由和平衡行走。

他們知道如何控制和指揮自己的動作（如何保持沉默，如何移動各種物體而不摔碎它們，也不發出噪音）。

感覺練習。在這個階段，我們重複所有的感覺練習。此外，本文還介紹了利用一系列小鐘辨識音符的方法。

與寫字有關的練習。圖案。孩子過渡到金屬幾何平面嵌板。他已經可以用協調的動作跟隨輪廓。在這裡，他不再用手指跟隨，而是用鉛筆，在一張紙上留下了雙重記號。然後他用彩色鉛筆給圖形填色，就像他以後拿著筆寫字一樣。

同時，孩子們還被教會辨識和觸摸用砂紙製成的字母表中的一些字母。

算術練習。在這一點上，在重複感覺練習的同時，我們使用長樓梯練習，但是以一個與之前不同的目標。我們讓孩子數藍色和紅色的小節數，從一個小節組成的棒開始，一直數到十小節組成的棒。我們繼續進行這樣的練習，並進行其他更複雜的練習。

在繪圖練習中，我們從幾何嵌板的輪廓過渡到輪廓圖，這些輪廓圖將作為圖案的模型。

這些都具有教育學的重要意義，表現了我們教學方法中經過最仔細研究的細節。

它們作為一種繼續進行感覺訓練的手段，幫助孩子觀察他的周圍環境。因此，它們增進了他的智力完善，為寫字做好了長短筆畫的準備。

經過這樣的練習，孩子們就可以很容易地寫出各種字母了，不再需要義大利普通小學各班所用的劃線筆記本。

在掌握書面語言的使用方面，我們教授了字母表中的字母，以及用可移動字母組成單字。

在算術方面，孩子們學習了數字的知識。孩子把相應的數字放在每根組成長樓梯的紅藍相間的木棒旁邊。

孩子們現在用木釘做練習。遊戲也包括在數字下面的桌子上放置相應數量的彩色物體。這些物體按兩列排列，從而使奇數和偶數的問題變得清晰（這來自塞根的設計）。

第五級

我們繼續之前的練習。我們開始更複雜的節奏練習。

在繪圖練習中，我們開始：

1. 水彩的使用。
2. 自然寫生（花卉等）。

用可移動的字母組合單字和短語。

1. 自發地寫下單字和短語。
2. 從指導者準備的紙條上讀字母。

我們繼續從長樓梯開始的算術運算。

這個階段的孩子表現出非常有趣的發展差異。在我們的指導下，他們的智力飛速地成長。

這種快樂的成長讓我們如此欣喜，因為我們在這些孩子身上看到，人類在精神中按照自己的深層規律成長。只有進行試驗的人才知道，播下這樣的種子，會帶來多麼令人喜悅的收穫。

第二十章 練習的順序

第二十一章
關於紀律的一些觀點

第二十一章　關於紀律的一些觀點

優於普通學校的紀律

從義大利語版出版以來，我們累積的經驗一再向我們證明，在我們有四十個甚至五十個幼兒的班級裡，紀律要比普通學校好得多。基於這個原因，我認為，對我們基於自由的方法所得到的紀律來分析，會引起美國讀者的興趣。

無論誰去參觀一所管理良好的學校［例如，由我的學生安娜·麥克切羅尼（Anna Maccheroni）指導的羅馬學校］，都會對孩子們的紀律印象深刻。從三歲到七歲，一共有四十個小孩，每個人都專注於自己的學習任務：有的在做感覺練習，有的在做算術練習，有的在學習字母，有的在畫畫，有的在小木架上固定和解開布片，還有的在擦桌子。有些孩子坐在桌子旁，有些孩子坐在地毯上。物體輕輕地移動，孩子們踮著腳尖，發出低沉的聲音。偶爾會有一聲歡呼雀躍的叫聲，只是被壓低了聲音，「老師！老師！」孩子急切地呼喚，「看！看看我都做了些什麼」。但一般來說，大家都在全神貫注地做手頭的工作。

教師悄悄地走來走去，走到召喚她的孩子身邊，指導他們的操作，這樣在孩子需要時會發現她就在身邊，不需要時就會忘記她的存在。有時，時間靜靜流逝。他們看起來像是「小大人」，一些「兒童之家」的訪客會這樣稱呼他們。或者，正如另一個人所說的，「正在審案的法官」。

孩子們對學習任務有著如此濃厚的興趣，從來不會因為有沒有擁有一件物品而發生爭吵。如果一個孩子完成了一件特別棒的事，他的成就是別人欽佩和喜悅的泉源：沒有人會因為別人的財富而痛苦，但一個人的勝利是所有人的喜悅。他經常發現現成的模仿者。他們似乎都很高興和滿足於做他們能做的事，而不嫉妒別人的行為。三個小傢伙在七個大孩子的身邊安靜地工作，就像他滿足於自己的身高，不羨慕大孩子的身

材一樣。一切都在最深刻的平靜中進行著。

如果老師希望全體孩子做一些事情，例如離開他們非常感興趣的任務，她所需要做的就是低聲說一句話，或做一個手勢。孩子們就會全神貫注，熱切地看著她，急切地想知道如何服從。許多參觀者看到老師在黑板上寫下指令，孩子們高興地服從了。不僅是老師，而且任何要求學生做某事的人都會驚訝地看到他們在最細微的細節上服從，並帶著樂於助人的快樂。經常有參觀者想聽一個正在畫畫的孩子唱歌。孩子順從地離開他的畫，但當他的禮貌行為完成時，他又回到他中斷的活動中。有時較小的孩子會在服從之前完成他們的任務。

在對那些聽我講課的老師進行考試時，我們注意到這種紀律的驚人結果。在實踐考試中，孩子們被分成小組，參加考試的老師根據抽籤的題目，帶孩子們做一個特定的練習。當孩子們等著輪到他們時，他們被允許做自己想做的事。他們不停地操作，考試造成的中斷一結束，他們就回去繼續練習了。每隔一段時間，他們其中的一個就來給我們看一幅自己畫的畫。這件事發生時，芝加哥的喬治小姐曾多次在場，在巴黎創辦第一家「兒童之家」的普約爾夫人對孩子們無盡的親切、耐心和毅力感到驚訝。

人們可能會認為這些孩子受到了嚴重的壓抑，如果不是因為他們毫不膽怯，不是因為他們明亮的眼神，不是因為他們快樂而自由的外表，不是因為他們熱情地邀請他們看他們的作品，不是因為他們帶著參觀者四處走動，向他們進行解說的方式。這些東西讓我們覺得，孩子們是家裡的主人，他們熱情地摟著老師的膝蓋，把她拉下來親吻她的臉，說明他們小小的心靈可以隨心所欲地自由舒展。

任何看到他們擺放餐具的人，一定會驚喜連連。四歲的小侍者們拿著刀叉和湯匙，分發到不同的地方；他們端著盛著五個水杯的盤子，最後他們從一張桌子走到另一張桌子，端著裝滿熱湯的大碗。不犯錯誤，

第二十一章　關於紀律的一些觀點

不打碎杯子，不灑一滴湯。吃飯的時候，小侍者們並不引人注目，他們殷勤地關注著餐桌的情況。如果一個人盤子裡的湯喝完了，孩子就會馬上給他添上。如果他想要吃下一道菜，侍者就會輕快地端走他的湯盤。所有客人都感到很愉快。

蒙特梭利學校的孩子們在用餐
餐桌擺放在羅馬方濟各修道院學校的庭院

位於紐約市塔利鎮的蒙特梭利學校
左邊兩個女孩在搭建大樓梯和塔樓。
中間那個男孩已經搭完長樓梯，正在把數字放到相應的木棒邊上。
右邊的孩子在追蹤砂紙字母。

想到四歲孩子一般都會做些什麼：他們大聲叫喊，碰到什麼就打碎什麼，需要別人為自己服務。每個人都被我剛才描述的景象深深打動，這顯然是人類靈魂深處潛藏的能量發展的結果。我經常看到在這個宴會上圍觀這些小傢伙的人，他們感動得熱淚盈眶。

但我們絕不可能透過命令、說教等眾所周知的要求手段獲得這種紀律。這些孩子不僅行動井然有序，而且他們的生命也得到了深化和擴展。事實上，這樣的紀律與學校對孩子們這個年齡的特殊訓練是在同一個層面上的，它當然不取決於老師，而是取決於一種發生在每個孩子的內在生命中的奇蹟。

如果我們試著去思考成年人生活中的相似之處，我們就會想起皈依的現象，想起殉道者和使徒力量的超人提升，想起傳教士的恆心，想起僧侶的服從。世上除了這些事以外，沒有其他在靈性的高度上，能與「兒童之家」的紀律相提並論的。

要獲得這樣的紀律，指望訓斥或口頭勸誡是完全無用的。這樣的方法也許在一開始會有效果；但很快，真正的紀律出現的那一刻，所有這一切都悲慘地落空，幻想終將面對現實 ──「黑夜讓位與白晝」。

紀律的第一縷曙光誕生在工作中

紀律的第一道曙光來自於實際練習過程。在某個特定的時刻，一個孩子碰巧對一件作品產生了濃厚的興趣，他的表情、高度集中的注意力和反覆進行同一個練習的毅力都表明他的興趣。此時，這個孩子已經踏上了通向紀律的道路。無論他從事的是感覺的練習，還是扣釦子、繫鞋帶或者洗碗的練習，都是一樣的。

我們可以透過反覆的「靜默課程」來對這種現象的永續性產生一些影

第二十一章　關於紀律的一些觀點

響。孩子們完全靜止，警覺地注意捕捉遠處輕語名字的聲音，然後小心地協調動作，以免撞到椅子或桌子，踮起腳尖。所有這一切都是最有效的準備，讓整體人格、運動力量和心靈準備就緒。

一旦讓孩子們形成工作的習慣，我們就必須一絲不苟地加以監督，按照經驗來循序漸進地進行練習。在我們建立紀律的努力中，我們必須嚴格運用這種方法的原則。它不是透過語言來獲得的；沒有人透過「聽別人說話」來學習自律。自律現象需要一系列完整行為的準備，在應用一種真正的教育方法時會對這些行為預設的。紀律總是透過間接手段達到的。目的的達成不是透過攻擊錯誤、與錯誤作鬥爭，而是透過在自發的工作中展開活動。

我們不能隨意地進行這項工作，必須藉助我們的教育方法。它必須是出於人類本能的渴望，能夠讓生命的潛在傾向自然流轉，或是讓個人一步步地前進。

有序的運動對肌肉來說意味著真正的休息

正是這樣的工作，使人格井然有序，開啟了無限成長的可能性。例如，嬰兒缺乏控制力，從根本上來說是因為缺乏肌肉訓練。這個孩子總是處於一種無序的運動狀態：他摔倒在地上，做出奇怪的手勢，他大喊。然而這些運動狀態裡潛藏著尋求建立協調運動的需求，這種協調運動會在後期逐步建立起來。嬰兒還不能進行各種肌肉運動，還不能掌握語言器官。他最終將獲得這些運動的能力，但目前他還處在充滿錯誤的實驗階段，在這個階段他為達到理想的目的而努力，而這個目的潛藏在他的本能中，但在他的意識中不清楚。對嬰兒說，「像我一樣站著別動」，並不能給他的黑暗帶來光明；命令不能幫助我們在進化過程中，給一個人

複雜的心理肌肉系統帶來秩序。

在這一點上，我們被這樣一個例子弄糊塗了：一個成年人由於一種邪惡的衝動而更喜歡混亂，他可能會（假定他可以）服從一種尖銳的訓誡，這種訓誡使他的意志轉向另一個方向，朝向他所認知到的、他力所能及的秩序。就幼兒而言，這是一個幫助志願行動自然演變的問題。因此，有必要教授所有的協調動作，盡可能地分析它們，並逐步發展它們。

因此，我們有必要教孩子不同程度的靜止，以及從椅子上站起和坐下、走路、踮著腳尖、沿著地板上的直線保持直立和平衡等等動作。我們教導孩子移動物體，小心地放下它們，最後是與穿脫衣服有關的複雜動作（透過學校繫鞋帶和扣鈕扣的框架被分解）。對每一個練習，我們都必須對動作的不同部分進行分析。完美的靜止和後續動作的日臻完善，取代了習慣性的「安靜！別動」！的命令。這並不令人驚訝，但很自然地，孩子透過這種練習可以獲得自律，但是他們還不能自如地控制自己的肌肉。簡而言之，他透過行動對自然作出反應，而這些行為不再表現出混亂，而是井然有序的工作。這是一種自律，透過一系列征服才能達到這種自律。如此自律的孩子，不再是最初那個被動向好的「乖孩子」，而是一個讓自己變得更好的人，一個克服了通常年齡限制的人，一個向前邁進了一大步的人，一個在現在征服了未來的人。

因此，他變得更加自主。他不需要總是有人在身邊，徒勞地告訴他，「安靜！乖一點」！其實他們混淆了「安靜」和「好」這兩個對立的概念。「好」並不代表什麼都不做，而是由行動來實現的。事實上，那些朝著「好」的方向前進的人才是好人，構成這種好的是他們自身的發展和有序的外部行為。

在我們對兒童所作的努力中，外部行為是刺激內部發展的手段，這

第二十一章　關於紀律的一些觀點

兩個因素密不可分地交織在一起。工作使孩子在精神上得到發展，而精神發展得越充分，孩子的工作就完成得越好，這讓他更加愉悅，因此繼續在精神上發展。所以，自律不是一個事實，而是一條道路，在這條道路上，孩子以相當科學的方式準確地掌握「抽象的善」的概念。

但除此之外，他還享受至高無上精神秩序的快樂，這種精神秩序是透過征服而間接獲得的，目的是確定的。在漫長的準備中，孩子經歷了快樂、靈性的覺醒和快樂，這些快樂、靈性的覺醒構成了他內心的寶庫，他在寶庫中穩定地儲存著甜蜜和力量，這將是正義的泉源。

簡言之，孩子不僅學會了走動和做有用的動作；他還學會了一種特殊的優雅動作，使他的手勢更加正確和吸引人，使他的四肢和整個身體變得如此平衡和自信；這是一種優雅，它使他的臉上的表情和他那安詳而明亮的眼睛更為優美，它向我們表明，精神生命的火焰已經又在一個人身上點燃了。

很明顯，逐步自發地發展起來的協調行動（也就是說，由孩子自己在練習中選擇和執行）所需要的努力，必須比聽天由命的孩子所做的無序行動更少。肌肉的真正休息，本質上是為了行動，是在有序的行動。正如對於肺來說，真正的休息就是在純淨的空氣中按照正常的節奏呼吸。如果讓肌肉長期處於安靜狀態，不讓它運動，就是迫使它們遠離自然的運動衝動。因此，除了使它們疲勞外，還意味著迫使它們進入退化狀態；正如被迫靜止的肺會立即死亡，整個機體也會隨之死亡。

因此，有必要清楚地記住這樣一個事實，即任何自然行為的休息，都存在於某種特定的符合其本性的行為形式中。

既然人生而是一種智慧的生物，那麼他的行為越有智慧，他就越能保持平靜。當一個孩子只是以一種無序的、不連貫的方式行動時，他的神經力量就處於極大的壓力之下；而另一方面，他的神經力量被積極地

增加,並被智慧的行動所放大。這些行動給了他真正的滿足感,以及一種他戰勝了自己的自豪感,他發現自己進入了原本以為不可踰越的世界,受到默默引導他的人無聲的尊重。

這種「神經力量的擴大」是一個可以從生理上分析的過程,它來自於透過合理運動使器官發育,來自於血液循環的改善,來自於所有組織活動的加快,來自於所有有利於身體發育和保證身體健康的因素。精神幫助身體成長,心臟、神經和肌肉透過精神的活動幫助它們的進化,因為靈魂和身體的提升是殊途同歸的。

以此類推,我們可以說嬰兒期的思維雖然具有紊亂的特點,但它也是「一種尋找有序的手段」。孩子們可以在不斷的嘗試中實現這個目的,但往往會受到阻擾。有一次在羅馬的賓西亞公園,我看到一個大約一歲半的嬰兒,他帶著可愛的笑容正在努力玩耍,試圖用鏟子往一個小桶裡裝沙礫。在他旁邊有一位衣著光鮮的保母,顯然很喜歡他,這位保母會認為她給了孩子最深情、最周到的照顧。到了該回家的時候了,保母耐心地勸孩子不要再玩耍了,讓她把他放到嬰兒車裡。看到她的勸誡沒有影響到小傢伙的堅定,她就自己往桶裡裝滿了沙礫,把桶子和嬰兒放進嬰兒車,堅信她已經給了他想要的東西。

但實際上發生的場景是,那孩子大聲哭喊,小臉上寫滿了對暴力和不公正的抗議。這一系列的錯誤讓這個小生命無法忍受!小男孩不想讓桶裡裝滿沙礫,他想透過必要的運動把桶裝滿,這樣就滿足了他精力充沛身體的需求。孩子潛意識的目標是自我發展,而不是把石頭裝滿。外部世界的生動景色只是一個空洞的幻影,他的生活需求成為現實。事實上,如果他把桶裝滿了,他很可能又把桶倒出來,以便繼續裝滿,直到他內心的滿足。正是為這種滿足而努力的感覺,使他的臉變得紅潤而帶著微笑;精神上的歡樂、鍛鍊和陽光,是他輝煌生活的三道光芒。這個

第二十一章　關於紀律的一些觀點

孩子生活中常見的小插曲，是所有孩子的一個縮影，即使是最受疼愛的孩子。他們不被理解，因為成年人用自己的尺度來判斷他們：他認為孩子的願望是獲得某種有形的東西，並慈愛地幫助他做到這一點。其實，孩子對他的無意識的願望，他自己的發展，有著特殊的要求。因此，他鄙視已經獲得的一切，渴望那些仍有待追求的東西。例如，他更喜歡穿衣服的動作，而不是穿著整齊的狀態。他寧願自己隨手洗一洗，也不願滿足於自己的清潔狀態。他寧願為自己蓋一間小房子，而不僅僅是自己現有的房子。他的自我發展是他真正的樂趣，幾乎是他唯一的樂趣。小嬰兒到一歲結束時的自我發展在相當程度上取決於吸收營養，但在隨後的發展過程中，它有助於其機體心理生理功能的有序建立。

賓西亞公園裡那個漂亮的嬰兒就說明了這一切：他希望協調自己的志願行動，透過舉重鍛鍊肌肉，訓練眼睛估算距離，在與他從事工作有關的推理中鍛鍊智力，透過決定自己的行動來激發意志力。而愛他的女人，卻以為他的目的是要得到一些鵝卵石，多麼可悲啊。

當我們認為學生的願望是擁有資訊時，我們也在重複類似的錯誤。我們幫助他在智力上掌握這一超然的知識，透過這種方式阻止他的自我發展，我們使他限於悲慘的境地。在學校裡，人們普遍認為獲得滿足感的方法是「學點東西」。但是，讓我們學校的孩子們自由地學習，我們就能夠非常清楚地遵循他們自動的自我發展的自然方法。

只有不斷重複的練習才能讓生命得到發展

對孩子來說，學到一些東西只是一個出發點。當他學會了一個練習的意義之後，他就開始享受重複它的樂趣，他確實以最明顯的滿足感重複了無數次。他喜歡執行那個動作，因為透過它，他正在發展他的精神活動。

對這個事實的觀察結果是，對許多學校今天所做事情的批評。例如，當學生被問到問題時，老師通常會對一個急於回答問題的人說：「不，不是你，因為你知道這一點」，並特別向她認為答案不確定的學生提問。不知道的人要說話，知道的人要緘默。這種情況之所以發生，是因為人們習慣於把知道某件事的行為看作是最終目的。

然而，在日常生活中，我們有多少次會重複我們最了解的事情，我們最關心的事情，我們內心某種生命力所回應的事情。我們喜歡唱熟悉的音樂短語，因此很享受，成為我們生活的一部分。我們喜歡重複那些讓我們高興的事情，我們非常清楚，儘管我們很清楚我們說的不是什麼新鮮事。無論我們重複多少次主的禱告，它總是新的。沒有兩個人能比戀人更相信彼此的愛，然而他們就是不斷重複彼此相愛的人。

但要想以這種方式重複，首先必須存在要他重複的思想。一個思想上的把握，是開始重複不可缺少的。發展生命的練習在於重複，而不僅僅是對思想的把握。當一個孩子達到重複練習的階段，他就走上了自我發展的道路，這種狀況的外在標誌就是他的自律。

這種現象不一定常發生。不同年齡的孩子不會重複同樣的練習。事實上，重複對應一種需求。這裡是教育實驗方法的步驟。有必要提供那些與個體所感受到的發展需求相對應的練習，如果孩子的年齡使他超過了某種需求，就永遠不可能在充分的狀態下獲得錯過適當時機的發展。因此，孩子長大了，發展往往就不可逆轉了。

另一個非常有趣的觀察結果是，它與執行動作所需的時間長度有關。第一次做某件事的孩子，動作非常緩慢。在這方面，他們的生活跟我們完全不一樣。小孩子慢慢地、堅持不懈地完成各種他們喜歡的複雜操作，如穿衣、脫衣服、打掃房間、洗衣服、擺桌子、吃飯等等。在這個過程中，他們非常有耐心，克服了發育不成熟所帶來的所有困難。但

第二十一章　關於紀律的一些觀點

另一方面，我們注意到他們正在「疲憊不堪地」或者「浪費時間」去完成一些我們不費吹灰之力就能馬上完成的事情，於是我們代替他們去做。我們總是抱著同樣的錯誤想法，認為達成目的就是完成行動，我們給孩子穿衣服、洗衣服，從他手裡抓起他喜歡拿的東西，把湯倒進他的碗裡，餵他，給他擺放餐具。在這樣的服務之後，我們專橫而不公正地認為他是無能的。我們常常說他「沒有耐心」，僅僅是因為我們沒有足夠的耐心，讓他的行為遵循不同於我們自己的時間規律。我們稱他為「暴君」，正是因為我們對他實行暴政。這種對兒童的汙衊、錯誤的指責和誹謗已經成為有關兒童看法理所當然的一部分，而他們其實是如此地有耐心和溫柔。

孩子，就像每一個為生存權而戰的強壯生物一樣，反抗任何觸犯他內心神祕衝動的東西，那是大自然的聲音，是他應該服從的。他用暴力的行動，尖叫和哭泣，表明他已經被壓制，被迫離開了他生命中的使命。他顯示自己是一個叛逆者，一個革命者，一個反傳統主義者，反對那些不理解他的人，那些幻想他們在幫助他，其實是在拖他後腿的人。因此，即使是愛他的成年人，也會在他的脖子上釘上另一個誹謗的鉚釘，認為小孩子天生就是頑皮的。

如果我們陷入一群雜耍者之中，會發生什麼呢？如果我們繼續照常行事，就會被這些表演者弄得眼花撩亂，快速地穿衣吃飯，我們試圖做的每件事都從我們手中被奪走，轉眼間就完成了，而我們自己就淪為無能、懶惰的人？我們不知道如何表達自己的困惑，我們會用瘋狂的敲打和喊叫來保護自己。他們會用最堅強的意志來服務我們，會說我們傲慢、叛逆、無能。可是我們了解自己的環境，會對那些人說，「來到我們的國度，你將看到我們建立的燦爛文明，你將看到我們取得的輝煌成就」。這些雜耍演員會無限欽佩我們，幾乎不敢相信他們的眼睛，因為

他們看到我們的世界是如此美麗和活躍，如此自律，如此和平，如此友善，但節奏比他們緩慢得多。

在兒童和成人之間，這樣的事情正在發生。

透過重複，兒童可以在注意、比較和判斷練習中讓感覺更加靈敏

對感官的教育正是在重複練習中進行的；其目的不是讓孩子知道物體的顏色、形狀和不同的性質，而是透過注意力、比較和判斷的練習來完善他的感官。這些練習是真正的智力體操。這類體操，透過各種器械的合理指導，有助於智力的形成，正如體育鍛鍊增強身體的健康和加速身體的生長一樣。透過外部刺激分別訓練各種感官的孩子，集中注意力，逐項發展智力活動，就像透過單獨準備的動作訓練肌肉活動一樣。這些心理體操不僅是心理感官上的，而且為思想的自發聯想、從確定的知識中發展出來的推理、和諧平衡的智力鋪平了道路。當孩子在這個世界上發現自己時，當他同時思考和頌揚在外面世界裡向他展示的新事物時，當他在自己成長意識的細膩情感中時，他們是那些能帶來精神爆炸的火藥列車，使他如此強烈地高興。最後當他內心翻湧起來的時候，幾乎是透過一個自發成熟的過程，就像內在生長的現象一樣，是學習寫字和閱讀的外在產物。

有一次，我碰巧看到一個兩歲的孩子，是我的一個醫學同事的兒子，他從把他帶到我這裡的母親身邊逃離，撲倒在他父親書桌上的一堆東西上，裡面有長方形的寫字板和墨水瓶圓蓋。看到這個聰明的小傢伙盡最大的努力去完成，我們的孩子們以無盡的快樂重複的練習，直到他們完全記住為止，我很感動。父親和母親把孩子拉開，責備他，並解釋

第二十一章　關於紀律的一些觀點

說,試圖阻止孩子接觸他父親的書桌和家具是徒勞的。「孩子不安分,頑皮」。我們經常看到所有的孩子受到責備,因為儘管他們被告知不要這樣做,但他們會「抓住一切」機會。現在,正是透過引導和發展這種「抓住一切」的自然本能,並了解到幾何圖形之間的關係,我們讓四歲的孩子們準備好迎接他後來對自發寫字現象的喜悅和勝利。

對寫字板和墨水瓶感興趣的孩子總是努力著去實現他的願望,總是被比他強大的人阻礙和挫敗,總是為他不顧一切的努力而失敗感覺興奮和哭泣,他正在浪費他的神經力量。如果他的父母認為這樣的孩子能得到真正的休息,那他們就錯了。我們學校裡的孩子們是真正處於休息狀態的孩子,他們熱情而幸福地,自由地把幾何圖形拿出來放回正確的位置或凹槽,這些幾何圖形是為他們更高的自我發展本能提供的;他們在最完全的精神平和中歡欣鼓舞,卻不知道他們的眼睛和手在引導他們進入正確的狀態——一種新語言的奧祕。

我們的大多數孩子在做這些運動時會變得平靜,因為他們的神經系統處於休息狀態。那麼我們就說,這樣的孩子安靜善良;外在的紀律,在普通學校如此熱切地追求,但是遠遠不夠的。

然而,作為一個冷靜的人和一個自律的人是不一樣的,因此,在這裡,透過孩子們的冷靜表現出來的事實,實際上是一種現象,與他們身上正在發展的真正的自律相比,僅僅是身體上的和區域性的。

通常(這是另一個誤解)我們認為我們需要做的就是命令他去做,以獲得一個孩子的自願行動。我們假裝這種強迫自願行為的現像是存在的,我們稱之為「孩子的服從」。我們發現小孩子特別不聽話,或者說他們的反抗到四、五歲的時候已經變得如此有力,以至於我們陷入絕望,幾乎想放棄讓他們服從的努力。我們強迫自己讚美小孩子「服從的美德」,根據我們公認的偏見,這種美德應該特別屬於嬰兒期,應該是「嬰

兒的美德」，但是我們卻並沒有從中學到任何東西，因為我們之所以如此強調這種美德，只是因為我們發現讓孩子聽話如此的困難。

這是一個很常見的錯誤，即試圖透過祈禱、命令或暴力來獲得難以獲得或不可能獲得的東西。例如，我們要求小孩子聽話，而小孩子則想要月亮。

我們只需要反思一下，這種我們如此輕視的「服從」，是大孩子的一種自然傾向，也是作為成年人的一種本能。我們意識到它是自發產生的，它是人類最強烈的本能之一。我們發現，社會是建立在一個奇妙的服從基礎上的，文明是在順從的道路上前進的。人類組織往往建立在濫用服從的基礎上，而犯罪組織則把服從做為他們的基石。

多少次，社會問題都集中在把人從一種「服從」的狀態中喚醒的必要性上，這種狀態導致了人被剝削和殘酷對待！

服從的本質是一種犧牲

順從自然意味著犧牲。我們習慣於世界上無限的服從，習慣於自我犧牲的條件，習慣於準備放棄，所以我們稱婚姻為「幸福的狀態」，儘管它是由服從和自我犧牲組成的。一個士兵，他的命運是服從，如果他在戰場上犧牲，會得到百姓的崇敬。而我們認為任何試圖逃避服從的人都是罪犯或瘋子。除此之外，有多少人有過這樣一種深刻的精神體驗：渴望服從某樣東西，或者某個人引導他們走上人生的道路，而不是為了服從而犧牲某樣東西。

第二十一章　關於紀律的一些觀點

服從需要培養意志力和執行力

因此，如果愛孩子，我們自然應該向他指出服從是人生應當遵從的法則。幾乎每個人在面對小孩子特有的不服從時都會感到焦慮，這一點也不足為奇。但順從只能透過心理人格的複雜形成才能做到。要服從，不僅要有服從的願望，而且要知道如何服從。因為，當命令做某件事時，我們預先假定孩子有相應的積極或抑制的力量，很明顯，服從必須跟隨意志和思想的形成。因此，透過獨立的練習來詳細地準備這種形成，間接地促使孩子服從。這本書的主題是方法，每一部分都包含了意志力的練習，當孩子完成了指向某一特定目的的協調行動，當他完成了他要做的事情，當他耐心地重複他的練習，他在訓練他的意志力。同樣地，在一系列非常複雜的練習中，他透過活動來建立他的抑制能力；例如在「靜默課程」中，要求對許多動作進行長時間的持續抑制，而孩子則在等待著被召喚，後來當他被召喚並想高興地回答時，他需要嚴格地自我控制，非常安靜、小心翼翼地跑到他的老師面前，盡最大的努力不撞到椅子或桌子或發出噪音。

算術練習也可以幫助孩子練習自我控制，當孩子一次又一次地抽取出一個數字時，他必須從他面前的大量物體中，只拿走與他手中的數字相對應的數量，而根據我們的經驗，這時孩子實際上會想要取走更多的物體。此外，如果他有機會抽到零，他得兩手空空地坐在那裡耐心等待。鍛鍊意志力的另一種訓練是在「零的課程」中，當孩子被要求 0 次到老師面前，0 次親吻時，他們得安靜地站著。這時我看到他們正在努力「服從」我的命令，同時克服自己的本能。用餐時，我們的孩子端著滿滿一大碗熱湯，把自己與一切可能干擾他的外界刺激隔離開來，抵制著他孩子氣的奔跑和跳躍的衝動，不屈服於拂去臉上蒼蠅的誘惑，並且全神貫注於不讓湯盤掉下來或打翻的重大責任。一個四歲半的小東西，每次

他把湯盤端到一張桌子上，就興奮地蹦起來，然後又拿起湯盤放到另一張桌子上，控制自己清醒地走著。儘管他很想玩，但在他把湯遞上二十張桌子之前，他從來沒有離開過他的任務，而且他從來沒有忘記控制自己行動所必需的警惕。

意志力和其他一切活動一樣，都是透過有條不紊的鍛鍊來激發和發展的，我們所有意志力的鍛鍊也是精神上和實踐上的。在漫不經心的旁觀者看來，這孩子似乎在學習行動的精確和優雅，在磨練他的感官，在學習如何讀寫；但更深刻的意義在於，他在學習如何成為自己的主人，如何成為一個意志敏捷和堅定的人。

我們經常聽到這樣的說法：孩子的意志應該被「打破」，對孩子的意志最好的教育就是學會向大人的意志屈服。撇開每一個暴政行為的根源不談，這種想法是不合理的，因為孩子不能放棄他所沒有的東西。我們以這種方式阻止他形成自己的意志力，我們犯下了最大的、最應受責備的錯誤。他從來沒有時間或機會去檢驗自己，去估算自己的力量和局限性，因為他總是被打斷，被我們的暴政所折磨，在不公正中煎熬，因為他總是因為各種原因而受到嚴厲的責備。

由此產生了幼稚的怯懦，這是一種道德上的弊病，是由一種無法發展的意志所造成的，它與暴君有意識或無意識地掩蓋自己錯誤的慣常誹謗一起，我們認為這是童年的固有特徵。我們學校的孩子從不膽小。他們最吸引人的品質之一是待人坦誠，在別人面前繼續執行任務，並坦率地展示自己的工作。一個被壓抑、膽小的孩子在任何地方都不自在，除了和他的玩伴，或者和街頭頑童在一起，他才會感覺輕鬆，因為他的意志沒有得到充分發展。他表現出無知而野蠻，就像身體被壓縮的「宮廷侏儒」一樣。然而，我們這個時代幾乎所有的孩子的精神成長都受到了如此的對待。

事實上，在所有的教育學大會上，人們都聽說我們這個時代的巨大

第二十一章　關於紀律的一些觀點

危險是學生缺乏個性；然而這些危言聳聽者並未指出，這種狀況是由於教育的管理方式，是由於對學生的奴役，壓制了學生的意志力和個性力量。補救的辦法只有重新賦予孩子人性的發展。

除了發展意志力的練習之外，服從的另一個因素是執行它必須服從的行為能力。我的學生安娜·麥克切羅尼（Anna Maccheroni，先後在米蘭和羅馬朱斯蒂大道的「兒童之家」任教）做了一個有趣的觀察，涉及到孩子的服從和他「知道怎麼做」之間的連繫。當他的個性開始形成時，服從就做為一種潛在的本能出現在孩子身上。舉個例子，一個孩子開始嘗試某項運動，突然有一天，他完美地完成了；他很高興，盯著它，並希望再做一遍，但有一段時間，這項運動並不成功。後來，他幾乎每次都能做到，但如果別人讓他做，他就會犯錯誤。外部命令尚未產生自願行為。然而，當練習總是成功的時候，絕對肯定的是，其他人的命令給孩子帶來了有序的適當行動，也就是說，孩子每次都能執行所收到的命令。從每個人在學校或家中與孩子相處的經歷來看，這些事實（在個別情況下有變化）是顯而易見的心理發展規律。

人們經常聽到一個孩子說：「我確實做過這樣那樣的事，但現在不行了」！一個對學生的無能感到失望的老師會說：「然而那個孩子做得很好，現在不行了」！

孩子的發展最後會有一個完善期，在這個階段，孩子才永久獲得執行某些操作的能力。孩子會經歷三個階段：一、潛意識期。在孩子混亂的頭腦中，秩序透過一種神祕的內在衝動從混亂中產生，做為一種外在結果，產生一種完成的行為。然而，這種行為在意識領域之外，不能隨意複製；二、意識期，是指在行為的發展和確立過程中，存在於意志部分的某種行為；三、完善期，是指意志能夠引導和引起行為，進而回應他人的命令。

而服從遵循類似的階段。當處於無序的第一階段時，孩子並不服

從，就好像他是精神上的聾子，聽不到命令。在他想服從的第二個階段，他看起來好像理解了命令，並想對它作出反應，但不能，或至少不能總是成功地做到這一點，當他這樣做道時也沒有表現出快樂。在第三階段，他立刻熱情地服從，當他在練習中變得越來越完美時，他為自己知道如何服從而自豪。在這個時期，他快樂地奔跑著去服從令他感興趣的、最不易察覺的請求，這樣他可以離開自己生命的孤獨，帶著服從的行為進入另一個人的精神存在。

這種建立在以前混亂意識中的秩序，是紀律和精神發展的結果，像一個新的創造物一樣展開。當「黑夜與白晝分離」的時候，突然的情緒和精神上的壯舉就會從這樣的思維定勢中浮現出來，讓人想起聖經中創造的故事。孩子不僅獲得了自己孜孜以求的東西，還有獲得了精神生活的餽贈，那是愛、溫柔、對正義自發的愛的第一朵花，它使這些孩子的靈魂散發出芬芳，並給予「聖靈的果實」的應許：「聖靈的果實是愛、喜樂、平靜、溫柔、良善、信仰、謙和」。

他們道德高尚，因為他們在重複練習中鍛鍊耐心，在服從別人的命令和欲望中鍛鍊長期的痛苦，在不嫉妒和競爭的情況下為別人的幸福而歡喜。他們在內心的快樂和平靜中行善，他們非常勤奮。但他們並不以這樣的正義為榮，因為他們沒有意識到獲得正義是一種道德優越感。他們已經踏上了通往正義的道路，僅僅因為這是實現真正自我發展和學習的唯一途徑。他們以樸素的心享受著將在這條道路上收穫的和平果實。

這是實驗的第一個大綱，它顯示了一種間接的紀律形式。在這種形式中，批評和說教的老師被取代了，孩子們的工作和自由得到了合理的組織。它涉及一種在宗教領域比在學術教育領域更為常見的生活觀念，因為它訴諸於人類的精神能量，但它建立在工作和自由的基礎上，而工作和自由是所有公民進步的兩條道路。

# 第二十一章　關於紀律的一些觀點

第二十二章
結論和印象

第二十二章　結論和印象

教師已經成為「兒童之家」中自發工作的領導者

在「兒童之家」裡，舊式的教師已經不見了：她疲憊不堪地堅持著僵化的紀律，在吵吵嚷嚷、喋喋不休的話語中虛度光陰。

我們用教具取代了這樣的教師，這些教具本身包含了對錯誤的控制，使每個孩子都有可能接受自主訓練。老師因此成了孩子們自發學習的指導者。她是一種被動的力量，一種靜默的存在。

每一個孩子都專心致志地做自己的事，而指導者在觀察他們時，可以對他們進行心理觀察。如果按照科學的標準，有序地收集這些心理觀察，對兒童心理學的重建和實驗心理學的發展會有很大的幫助。我相信，我的方法為科學教育學的發展創造了必要的條件，而採用這種方法的人，在這樣做的過程中，就會開設一個實驗教育學的實驗室。

宗教教育所產生的問題必須透過實證教育法來解決

從這些工作中，可以期待我們今天談論的所有教學問題得到積極解決。因為透過這樣的工作，我們已經解決了其中的一些問題：學生的自由、自主訓練、在家庭生活和學校任務的工作和活動之間建立和諧關係，使兩者為兒童教育共同努力。

我們沒有充分意識到宗教教育的重要性，宗教教育問題也應該透過實證教育方法來解決。如果宗教與文明相伴而生，那麼它就必須深深扎根於人性之中。我們已經有了最美麗的證據，證明孩子對知識的本能熱愛。他經常被誤判，被認為沉迷於無意義的玩耍和缺乏思想的遊戲。一

個因渴望知識而離開遊戲的孩子，已經顯露出他自己是真正的人類之子，幾個世紀以來，人類一直是科學和文明進步的創造者。我們輕視了人類之子，給了他愚蠢而有辱人格的玩具，給了他一個懶惰的世界，在那裡他被一個糟糕的紀律所窒息。現在，在自由之中，孩子也應該告訴我們，人類天生是有信仰的生靈。

有成見地否定人的宗教情感，剝奪人類對這種情感的教育，就是犯了一種教育學錯誤，類似於先認為孩子不會為了學習而學習。這種無知的假設使我們控制了學生，使他成為奴隸，以使他看起來遵守紀律。

我們假定宗教教育只適用於成人，這一事實可能類似於當今教育中存在的另一個深刻錯誤，即在有可能進行感覺訓練的時候忽視了這種訓練。成年人的生活實際上是運用感官從環境中蒐集各種感覺訊息。如果對此缺乏準備，往往會導致實際生活中的不足，導致許多人在毫無目的的努力中浪費精力。我們並不想把感覺訓練作為實際生活的指南，和宗教教育作為道德生活的指南二者等同起來，而是為了舉例說明，提醒大家注意，在沒有宗教信仰的人當中，我們常常發現效率低下、不穩定的情況，多少寶貴的個人力量就這樣被可悲地浪費了。

有多少人有過這種經歷！當心靈得到了安慰，精神的覺醒姍姍來遲的時候，心靈卻無法建立一種平衡，因為它已經太習慣於被剝奪了靈性的生活。我們看到了同樣可憐的宗教狂熱例子，或者我們看到了心靈與頭腦之間的激烈鬥爭，心靈一直在尋求自己的安全和安靜的港口，而頭腦卻不斷地把它拉回到飽含衝突思想和情感的、波濤洶湧的海洋中。這些都是最重要的心理現象，它們可能是人類所有問題中最嚴重的問題。歐洲人在這些問題上仍然充滿偏見和成見。我們只是思想的奴隸。生命是自由的，不受束縛的。真正不相信的人，並不害怕自己不相信的東西，也不反對他認為不存在的東西。如果他相信並戰鬥，他就會成為自由的敵人。

第二十二章　結論和印象

在美國，偉大的實證科學家威廉·詹姆斯（William James）闡述了情感的生理學理論，同時也闡釋了宗教「意識」在心理上的重要性。我們無法知道未來思想的進步程度：例如，在「兒童之家」中，紀律透過征服自由和獨立取得了勝利，這奠定了未來教育方法進步的基礎。對我來說，它帶來了透過教育救贖人類的最大希望。

也許，同樣地，透過思想和意識自由的征服，我們正朝著宗教的偉大勝利前進。經驗將證明，在「兒童之家」中沿著這條路線所作的心理觀察無疑將是非常有趣的。

這本由一人編寫的早期教育法書籍，必定會由其他人效仿其中的方法。我希望其他教育工作者，能從對我們所教育孩子們的個別研究出發，詳盡地闡述他們的實驗結果，它們將成為未來的教育學書籍。

從學校的實際情況來看，我們的教學方法有一個優勢，可以在同一個教室裡教不同年齡的孩子。在我們的「兒童之家」裡，我們有兩歲半的孩子，他們還不能使用最簡單的感官練習，還有五歲半的孩子，他們的發展水準可能與小學三年級相當。他們每一個人都透過自己的力量來讓自己更好，並在有個體差異的內在力量的指引下不斷進步。

這種方法的一大優點是，它將使農村學校的教學更容易，而且在兒童人數很少，但年齡參差不齊的小鄉鎮的學校將具有很大的優勢，這樣的學校無法僱用一名以上的教師。我們的經驗表明，一位指導者可以指導一群從三歲到小學三年級，不同發展階段的兒童。另一個巨大的優勢在於，書面語言的教學極為便利，使掃除文盲和培養民族語言成為可能。

至於教師，她可以在不同發展階段的孩子中間待上一整天，就像母親和各個年齡層的孩子待在家裡一樣，不會感到疲倦。

孩子們自行自主學習，在這樣做的過程中，他們在日常生活的所有

行為都獲得了主動的紀律和獨立。一位聰明的教師不僅能觀察他們的身體發育，而且能觀察他們的智力和道德的進步，在這位教師的指導下，透過我們的方法，孩子們能夠獲得很好的身體發育，除此之外，他們內在的人類靈魂會完美地展現出來。

我們錯誤地認為，兒童的自然教育應該是純粹的身體教育，但靈魂也有它的本性，原本要在精神生活中得以完善，是人類存在的主導力量。我們的方法考慮到孩子自發的心理發展，並透過觀察和經驗證明有效的方法來幫助這種發展。

如果身體上的照顧能使孩子因為身體健康而快樂，那麼智力和道德上的照顧就可以使他獲得精神上的至高樂趣，並使他進入一個不斷驚喜和有新發現的世界，不僅是外部環境，而且也在他自己的靈魂深處。

正是透過這樣的快樂，理想的人類才能成長，只有這樣的快樂才配在人類幼年的教育中占有一席之地。

我們的孩子明顯不同於那些在普通學校灰色圍牆裡長大的孩子。他們面容平和快樂，友善大方，行動自主。他們跑來圍在訪客們身邊，用坦率的態度和他們說話，帶著既溫柔又嚴肅和有教養的親切感伸出他們的小手，感謝這些客人對我們的禮遇，他們明亮的眼睛和愉快的聲音，讓我們覺得他們的確是不尋常的小人物。他們以一種隱祕和簡單的方式展示自己的學習成果和能力，就好像他們要求所有關注他們的人給予認可。通常，一個小孩會坐在客人旁邊的地板上，默默地寫著客人的名字，並加上一句溫柔的感謝。彷彿他們想讓來訪者感受到他們心中深深的感激之情。

我們看到這一切，最重要的是，當我們和這些孩子們一起從學校繁忙的工作中走出來，進入他們深深享受的、絕對而深刻的寂靜中時，我們不由自主地被感動，並感到我們已經觸碰到了這些孩子的靈魂。

第二十二章　結論和印象

「兒童之家」的精神影響力

「兒童之家」似乎對每個人都產生了精神上的影響。我在這裡看到，那些身體力行的人，那些忙於貿易和國家問題的偉大政治家們，像脫下一件不合身的衣服一樣，擺脫了世界的重擔，陷入了一種簡單的忘我狀態。他們被人類靈魂在其真實本性中成長的願景所影響，我相信這就是為什麼他們會聲稱我們神奇而又幸福的孩子們，處在比我們自己更高的進化階段。我理解偉大的英國詩人華茲華斯是如何陶醉於大自然，想要擁有她一切和平與美麗的祕密。祕密終於揭曉了 —— 一切自然的祕密在於一個幼兒的靈魂，他擁有人類生命的真正意義。但這種「在我們幼年時就在我們身邊」的美卻漸漸模糊不清；「監獄的陰影，開始接近成長中的男孩……最後，人類意識到它消失了，消失在日常之中」。

確實，我們的社會生活往往只是我們內在的自然生命的黑暗和死亡。這些方法可以保護人類內在的精神之火，保持人類的本真不受破壞，並使其擺脫社會壓迫和有辱人格的枷鎖。它是一種以伊曼努爾·康得 (Immanuel Kant) 的崇高理念為指導的教學方法：「完美的藝術回歸自然」。

「兒童之家」的精神影響力

蒙特梭利早期教育法：

尊重天性 × 感官訓練 × 激發潛能，從「兒童之家」到全球課堂，自由與紀律並存的全面發展之書

作　　　者：	[義]瑪麗亞・蒙特梭利（Maria Montessori）
翻　　　譯：	楊潔
責 任 編 輯：	高惠娟
發 行 人：	黃振庭
出 版 者：	崧燁文化事業有限公司
發 行 者：	崧燁文化事業有限公司
E - m a i l：	sonbookservice@gmail.com
粉 絲 頁：	https://www.facebook.com/sonbookss/
網　　　址：	https://sonbook.net/
地　　　址：	台北市中正區重慶南路一段61號8樓

8F., No.61, Sec. 1, Chongqing S. Rd., Zhongzheng Dist., Taipei City 100, Taiwan

電　　　話：(02)2370-3310
傳　　　真：(02)2388-1990
律 師 顧 問：廣華律師事務所 張珮琦律師

-版權聲明-

本書版權為樂律文化所有授權崧燁文化事業有限公司獨家發行電子書及紙本書。若有其他相關權利及授權需求請與本公司聯繫。未經書面許可，不得複製、發行。

定　　　價：450 元
發 行 日 期：2024 年 10 月第一版
◎本書以 POD 印製

國家圖書館出版品預行編目資料

蒙特梭利早期教育法：尊重天性 × 感官訓練 × 激發潛能，從「兒童之家」到全球課堂，自由與紀律並存的全面發展之書 / [義]瑪麗亞・蒙特梭利（Maria Montessori）著，楊潔 譯 .-- 第一版 .-- 臺北市：崧燁文化事業有限公司 , 2024.10
面；　公分
POD 版
ISBN 978-626-394-922-5(平裝)
1.CST: 學前教育 2.CST: 蒙特梭利教學法 3.CST: 教學理論
523.21　　　　　113014880

電子書購買

爽讀 APP　　　臉書